Michael Walsh
Keine Angst vor
klassischer Musik

W0175181

Aus dem Amerikanischen
übersetzt und bearbeitet von
Corinna Steinbach

Piper München Zürich

Von Michael Walsh liegen in der Serie Piper außerdem vor:
Keine Angst vor Opern (2317)

Deutsche Erstausgabe
1. Auflage Dezember 1997
3. Auflage Oktober 2000
© 1989 Michael Walsh
Titel der amerikanischen Originalausgabe:
»Who's Afraid of Classical Music?«, Fireside Book,
Simon & Schuster, New York 1989
© der deutschsprachigen Ausgabe:
1997 Piper Verlag GmbH, München
Umschlag: Büro Hamburg
Stefanie Oberbeck, Katrin Hoffmann
Umschlagabbildung: Barry Blitt
Foto Umschlagrückseite: Foto Justa, München
Redaktion und Satz: Lektyre Verlagsbüro
Olaf Benzinger, Germering
Druck und Bindung: Clausen & Bosse, Leck
Printed in Germany   ISBN 3-492-22318-4

Inhalt

Vorwort

Wie soll man sich klassische Musik anhören? Und warum soll man überhaupt klassische Musik hören? Während der sechzehn Jahre als ausübender Musikkritiker hat man mir diese Fragen bestimmt viele hundertmal gestellt. Ansonsten absolut intelligente und weltoffene Menschen – viele davon in ihrem Bereich höchst erfolgreich – haben offenbar das Gefühl, das richtige Hören von klassischer Musik sei eine Art Geheimwissenschaft. Zumindest aber stecke irgendein Trick dahinter, oder man brauche einfach ein angeborenes Talent dazu.

Selbst wenn diese Leute Musik mögen und sogar in Konzerte oder zu Opernaufführungen gehen, glauben sie doch, daß ihre Meinung über das, was sie eben gehört haben, nicht so gut oder wertvoll – kurz gesagt: nicht so sachkundig – sei wie etwa meine. (Andere sind natürlich davon überzeugt, daß ihre Meinung die einzig zutreffende ist, und sie zögern auch nicht, mich das wissen zu lassen.) Als ob klassische Musik eine Art Freimaurerloge wäre, ein Geheimbund mit geheimem Handschlag und einem Paßwort, das nur die Eingeweihten kennen. Womit wir wieder bei den Ausgangsfragen wären. Wie? Warum?

Dieses Buch, das sich ganz klar an den Laien wendet, wird Ihnen – so hoffe ich jedenfalls – diese Fragen zufriedenstellend beantworten. Auf wissenschaftliche Abhandlungen oder auf Erörterungen technischer Probleme werden Sie nur selten stoßen, eher schon auf ketzerische Einwürfe und kulturelle Querverweise zu allem möglichen, von Arnold-Schwarzenegger-Filmen bis zu den geistreichen Sprüchen des Yogi Berra. (Zwei Freikarten zum Konzert seiner Wahl für den ersten Leser, der sie alle ausmachen kann. Fahrtkosten nicht inklusive.)

Meine Gedankengänge sind häufig unorthodox, manche wird der eine oder andere von Ihnen sicher irritierend und ärgerlich finden. Mein Stil ist locker, meine Einstellung gelegentlich respektlos. Meine Absicht allerdings, so hoffe ich doch, ist ernsthaft und ernst gemeint: nämlich die, den Neuling anzuleiten, die Welt der klassischen Musik verstehen und lieben zu lernen, ihm zu helfen, ihr einen Platz in seinem Leben einzuräumen.

Um dieses Ziel zu erreichen, habe ich eine unkonventionelle Struktur gewählt. *Keine Angst vor klassischer Musik* soll unterhaltsam sein, so als säßen wir zusammen und plauderten über Musik. In diesem Buch werden Sie zu den wichtigsten und interessantesten Komponisten kurze biographische Anmerkungen finden und sich über einige große Werke des Grundrepertoires informieren können.

Doch ich habe versucht, Ihnen musikalische Bildung nicht nach dem Waschzettelprinzip nahezubringen. Als ungeeignet habe ich auch die Theorien verworfen, die nach Art der chinesischen Speisekarten funktionieren, sowie all die Ausprobiert-und-für-falsch-befunden-Tricks, die traditionell gern von den wohlmeinenden Musiksachverständigen verwendet werden, dieser Plage des Hochschuldaseins. Natürlich strebe ich auch keine enzyklopädische Vollständigkeit an. Es gibt genügend gute Bücher zum Thema klassische Musik, allerdings setzen fast alle einiges Wissen voraus. Nicht dieses Buch. Es ist durch und durch ein Spiegel meiner eigenen Vorlieben, Interessen und Vorurteile, und es erhebt keinerlei Anspruch auf Vollständigkeit oder Fairneß.

Vielen habe ich zu danken, vor allem meiner Familie, die tapfer Wochenenden, Ferien und sogar Weihnachten geopfert hat, um mir beim Schreiben zu helfen. Die Hinweise und Korrekturen meiner Frau Kate waren unschätzbar. Mein Freund Mark Glabman löste das Thema von Kapitel 3 aus, als er mich eines Tages in einer Pariser Bar fragte: »Wie hörst du dir klassische Musik an?« (Typisch Paris!) Dank ebenso an meinen Agenten, den unvergleichlichen Don Congdon, und an meine Lektorin bei Fireside, Barbara Gess; die Geduld, die sie aufbrachte, als ich das Repertoire-Kapitel überarbeitete, daran herumbastelte, es andauernd umbaute und »nur noch ein Werk« mit aufnehmen wollte, weiß ich sehr zu schätzen. (Trotzdem mußte ich einiges weglassen.)

Auch meinem Arbeitgeber, dem *Time magazine,* bin ich Dank schuldig; dessen finanzielle Möglichkeiten haben es mir schließlich gestattet, während der letzten acht Jahre auf der Suche nach Musik-Stories mehrfach die Welt zu bereisen. Der Zufall wollte es so, daß ich diese Stories sehr oft in den glanzvollen europäischen Hauptstädten und an exotischen Orten Asiens recherchieren mußte – meine Kollegen fanden die Anzahl dieser »Zufälle« allerdings höchst erstaunlich.

Schließlich möchte ich meiner Chefredakteurin bei *Time*, Martha Duffy, danken. Immer wieder hat sie meine Arbeit auf ihre strengen hohen Standards hin getrimmt und in einem für uns beide qualvollen Prozeß versucht, einen besseren Schreiber und Kritiker aus mir zu machen. »Schreiben Sie nicht für Ihre Kollegen, schreiben Sie für den Leser«, sagte sie zu mir fast jede Woche. Jede Schwäche im Hinblick auf die Verständlichkeit sei ausschließlich Fehler des Autors. Aus purer Rache habe ich dieses Buch ihr gewidmet.

Zum Schluß noch ein Wort des Dankes an meinen Kollegen Henry Pleasants, dessen oft aufrührerische Werke in diesem Buch des öfteren erwähnt werden und von dessen Philosophie es durchdrungen ist. Als ich vor einiger Zeit in London Henry gegenüber erwähnte, daß ich dieses Buch als eine Art Fortsetzung seines *The Agony of Modern Music* schriebe, lächelte er und sagte: »Erwarte nicht, daß jemand dir das dankt. Ich hab's auch nicht getan.«

Und jetzt: Vorhang auf.

Michael Walsh, New York City/München

Einleitung

Machen wir uns nichts vor: Sie hassen klassische Musik. Nein, Sie hassen sie nicht direkt, das wäre übertrieben. Früher, da haben Sie klassische Musik gehaßt: zu spießig, zu lang, zu langweilig. Heute stehen Sie ihr, drücken wir es einmal so aus, gleichgültig gegenüber.

Na gut, nicht so ganz gleichgültig: Sie mögen das *Elvira Madigan*-Klavierkonzert von Mozart ebenso wie das kleine Bach-Ding, das George Winston spielt, und den Miniausschnitt aus Strauss' *Alsosprachzarasonstwas*, den Kubrick zu Beginn von *2001* verwendet. Wenn Sie sich's recht überlegen, mögen Sie Klassik inzwischen doch ein bißchen.

Ja, gut. Geben Sie es nur zu. Wenn Sie Gäste haben und zur leisen Hintergrundmusik doch wieder nur die neuesten New-Age-Träumereien auflegen – obwohl Sie wissen, daß es durchaus Besseres gibt, etwas mit, na ja, eben mehr Klasse –, dann kommen Sie sich irgendwie unterbelichtet vor. Sie könnten den neuen CD-Spieler, den Sie neulich gekauft haben, wirklich mehr nutzen. Und am Sonntagmorgen beim Brunch lesen Sie eigentlich ganz gern die Zeitung und hören dabei Vivaldi auf Ihrem Klassiksender. Gleichgültig ist wohl doch nicht das richtige Wort.

Oder haben Sie einfach keine Ahnung, sind eingeschüchtert? Haben Sie etwa Angst? Ja, das ist es wohl! Sie sind ahnungslos, eingeschüchtert und haben wirklich Angst! Ahnungslos, was den Unterschied zwischen mezzoforte und Mezzosopran angeht; eingeschüchtert von den Kennern, die über diverse Vladimir- Horowitz-Konzerte sprechen wie Weinkritiker, wenn sie sich über die Vorzüge der einzelnen Châteaus und Jahrgänge auslassen; und Sie haben Angst davor, sich zum Narren zu machen, wenn Sie so tun, als könnten Sie bei Diskussionen zu Themen dieser Kunstform mitreden. (Überlegen Sie mal: Haben Sie jemals jemanden getroffen, der behauptet hat, sich mit klassischer Musik auszukennen, wenn er oder sie wußte, daß ein wirklicher Fachmann im Raum war? Ich wette, nicht.)

Sie sehnen sich zwar danach, das ganze jugendliche Drum und Dran Ihres Lebens abzustreifen und als gestandener Mann oder kultivierte Frau angesehen zu werden – schließlich sind Sie inzwischen zweifellos erwachsen. Dennoch waren Sie immer bestrebt, klassischer Musik aus dem Weg zu gehen. Jetzt aber ist Allgemeinwissen plötzlich »in«. Sie stauben also Ihren Tolstoi ab, frischen Ihren Shakespeare auf, sehen sich die Bilder in Ihrem Museum mit neugierigerem Auge an. Aber Musik bleibt für Sie ein einziges Mysterium: Was ein BMW ist, weiß jeder, aber ein BWV... Es ist an der Zeit, diese Urangst abzuschütteln, die Spielsachen der Kindheit beiseite zu legen und entschlossen die Blütezeit Ihres Lebens anzutreten.

Ich habe nicht vor, oberlehrerhaft darüber zu dozieren, wie gut klassische Musik für Sie ist. Ganz so einfach wie in der denkwürdigen Anzeige für den Radiosender KFAC in Los Angeles, die einen schäbigen Mr. Hyde zeigte, der sich nur durch Einschalten des Klassiksenders in einen eleganten Mr. Jekyll verwandelte, ist die Sache nicht: Musik macht einen nicht zwangsläufig zu einem schöneren oder klügeren oder erfolgreicheren Menschen. Heute sollte keiner mehr denken, klassische Musik sei moralisch hochstehend und gut für die Seele. Musik ist moralisch neutral. Strawinsky hat sogar einmal behauptet, daß Musik keinen anderen Inhalt habe als den des abstrakten Klangs. Musik schafft keinen sittlich-moralischen Superman. Im Gegenteil, man muß wohl kaum darauf verweisen, daß es gerade im Bereich der klassischen Musik einige auffallend schreckliche Menschen gab (den Komponisten Richard Wagner etwa, der dachte, die ganze Welt stünde in seiner Schuld – stimmt ja auch irgendwie). Lieber sollte man klassische Musik als eine der belebendsten und befriedigendsten Sinnesfreuden ansehen.

Bei Ihrer musikalischen Entdeckungsreise via Platte/CD, Konzert und Lektüre werden Sie vor allem auch sich selbst entdecken. Wenn Sie dann durch die Musik auch noch zu einem besseren Menschen werden, prima – garantiert ist das aber nicht. Was letzten Endes aber für Sie herausspringt, ist, daß Sie ein intelligenterer, reiferer und glücklicherer Mensch sein werden – und wenn Sie dadurch dann besser aussehen, klüger und erfolgreicher sind – um so besser. Denken Sie daran, John Barrymore verwandelte sich ohne Spezialeffekte von Jekyll zu Hyde. Sie können das auch – es ist nur eine Frage der Einstellung. In gewisser Weise haben Sie Glück, daß Sie sich gerade jetzt mit ernster Musik beschäftigen wollen.

Glück, weil Ihre negativen Eindrücke vor nicht allzu langer Zeit schwer zu widerlegen gewesen wären. Die E-Musik-Szene stellte sich nämlich als ein fast geschlossener Kreis ehrfurchtsvoller Kultanhänger dar, die den heiligen Mysterien einer obskuren Kunstform huldigten. (Näheres dazu in Kapitel 6.) Doch gerade in den letzten dreißig Jahren hat sich einiges durchaus positiv entwickelt, vor allem – und das ist wirklich erfreulich – wurde der Begriff »E-Musik« deutlich weiter gefaßt. Nach und nach schwinden jetzt die fürchterliche Arroganz und die Engstirnigkeit, die dem Image der klassischen Musik bislang erheblich geschadet haben: Jedesmal, wenn Sie die kleinen alten Herrschaften aus einem Konzertsaal strömen sehen, weil man sie mit einem neuen Stück beleidigt hat, vermerken Sie diesen Anblick als einen Sieg für die rechtgläubigen Menschen auf der ganzen Welt.

Eigentlich kommt es überhaupt nicht darauf an, ob das Stück schon etwas älteren Datums (etwa Anton Weberns *Sinfonie*) – oder ganz neu ist (etwa das jüngste Werk von Terry Riley) oder ob es aus einer anderen Musiksparte entlehnt ist (wenn etwa das klassische, aber punkig-rockig angehauchte Kronos-Quartett seine Konzerte mit Jimi Hendrix' *Purple Haze* schließt) oder sogar ein bißchen derb klingt (wie Duke Ellingtons *Black, Brown, and Beige*). Der Punkt ist doch der: Klassische Musik ist nicht nur das, was man in den Konzertsälen und Opernhäusern zu hören bekommt. Das wäre so restriktiv, als würde man sagen, Essen sei nur das, was in großen französischen Restaurants serviert wird. Was die Orchester und Opernhäuser auf ihr Programm setzen, das ist nichts weiter als ein kleiner Ausschnitt aus dem großen weiten Universum der klassischen Musik, das jenseits des bequemen, sicheren, bekannten Planeten liegt, auf dem sie sich bewegen. Große Kunst verbirgt sich schließlich auch in den polyphonen Feuerwerken des Mittelalters und der Renaissance, in der schlichten Eleganz eines Scott-Joplin-Rags und in den minimalistischen Meditationen eines Steve Reich oder Philip Glass genauso wie in der Volksmusik Ungarns, im New Orleans Jazz, im samtigen Gesang eines Frank Sinatra und in den aufputschenden Songs der Dire Straits. Glauben Sie wirklich, Sie hätten von ernster Musik keinen blassen Schimmer? Sie wissen mehr darüber, als Sie ahnen.

Trotzdem: so recht überzeugt sind Sie nicht. »Ich interessiere mich zwar für klassische Musik, aber...« Genau das ist der Punkt. Dieses Buch will Ihnen weder eine frömmelnde Predigt über das alles überdauernde Genie Mozarts halten, es will Ihnen keine Komponistenwaschzettel liefern, und es will kein Vademecum sein, das Einsteiger wie Sie dazu befähigt, bei wichtigtuerischem Partygerede mitzuhalten. Ich hoffe vielmehr, daß es Sie sanft und angenehm zur Musik hinführt, und zwar mit Hilfe einer praktischen Mischung aus Informationen, persönlichen Beurteilungen, Empfehlungen und Erläuterungen. Ich möchte, daß Sie Musik genauso lieben wie ich.

Aber erwarten Sie nicht, daß ich Sie ehrfurchtsvoll durch ein Museum führe.

Im Gegenteil: Wir sind hier, um einige Ikonen zu zerstören. Natürlich ist es wichtig, die großen Komponisten vorzustellen und ihre Hauptwerke zu besprechen. Aber wie Chili Davis einst über Dwight Gooden sagte: »Er ist doch kein Gott, Mann!« Mozart schrieb obszöne Briefe an seine Cousine und unflätige Kanons für Chor, Beethoven leerte seinen Nachttopf in sein Klavier aus, Liszt war ein Lüstling, Chopin lebte mit einem weiblichen Transvestiten zusammen, Brahms konnte nur mit Prostituierten Sex haben, Geschlechtskrankheiten haben sowohl Schumann als auch Smetana in den Wahnsinn getrieben und Schubert das Leben gekostet. Worüber wir hier reden, ist kein weltfremder Mönchsorden.

Nun zu diesem Wort mit dem O am Anfang: Oper. Lange bevor die Marx Brothers in *A Night at the Opera* ihre Nummer über den *Troubadour* abzogen, hatten die Leute schon ihren Spaß daran, sich über diese so erhabene und gleichzeitig so lachhafte musikalische Form lustig zu machen. Und wie steht es mit Ihnen? Klassische Musik mögen Sie eigentlich nicht, aber Oper, da sind Sie sich sicher, die können Sie nicht ausstehen. Im Grunde aber ist Oper die lohnendste, wenn auch anspruchsvollste und komplexeste Kunstform. Schon geringe Investitionen an Zeit und Geduld bringen Ihnen hohe Dividenden ein. Warten Sie's ab: Nach meiner Schnelleinweisung werden Sie, noch bevor Sie *Maskenball* sagen können, schon für den ganzen *Ring* gewappnet sein – oder zumindest für die *Bohème*.

Natürlich besprechen wir auch das Standardrepertoire – diese ungefähr vierzig elementaren Stücke, die jeder kennen sollte: Sinfonien von Haydn, Mozart, Beethoven und Brahms; Opern von Mozart, Verdi und Puccini, Kammermusik von Beethoven und Schubert. Was aber liegt jenseits dieser konservativen, sicheren Musikauswahl? Dieses Buch wird es Ihnen verraten.

Und wie kommen wir, praktisch gesehen, zu unserer neuen Kultiviertheit? Vor allem mittels Aufnahmen. Wir leben in einem Zeitalter, in dem das vorherrschende musikalische Medium der CD-Spieler/Plattenspieler/das Grammophon ist. Auf jedes Konzert, das Sie live erlebt haben, kommen bei Ihnen vermutlich tausend Platten. Kein Grund zum Wehklagen, wir müssen nur die Vorzüge und die Gefahren von Aufnahmen klar erkennen.

Die Snobs werden Ihnen erzählen, für Live-Aufführungen gäbe es keinen Ersatz, was auch weitgehend stimmt. Aber genauso wie man mit Gewinn und Genuß ein Shakespeare-Stück lesen kann, so helfen uns Platten dabei, das riesige Repertoire überhaupt erst kennenzulernen.

Glauben Sie mir, wenn Sie erst einmal ein gewisses Interesse und Wissen entwickelt haben, ist ein Besuch in der Philharmonie oder in der Oper sowieso nicht mehr weit.

(Apropos Snobs: Falls Sie unorthodoxe Munition brauchen, die Sie einsetzen können, wenn es hart auf hart kommt, lesen Sie bitte den Anhang.)

Hilfen für den Plattenkauf sollten Sie sich von mir nicht erhoffen. Nichts kennzeichnet ein Buch schneller als veraltet als Plattenempfehlungen, vor allem heutzutage, wo Labels ge- und verkauft werden wie ... na ja, wie eben all die anderen Firmen an der Wall Street. Die Etablierung der CD in den letzten Jahren bedeutete auch, daß eine ungeheuer große Anzahl alter Platteneinspielungen verlorenging. Manches erlebte seine Wiederauferstehung auf CD, aber es ist nicht abzusehen, was einer Neuauflage im neuen Medium für wert befunden wird. Also: Entwickeln Sie lieber Ihre eigenen Vorlieben für Interpretationen. Das schaffen Sie auch ohne mich, und für Sie ist diese Erfahrung wichtig und nützlich. Spaß macht es außerdem.

Genau wie die Rebellen der sechziger Jahre ihren Schlaghosen entsagt und sich anspruchsvolleren Freuden – gutem Wein, Edelbieren und Edelklamotten – zugewandt haben, so sind Sie jetzt dabei, sich vorsichtig an den eleganten Wagen der klassischen

Musik heranzumachen. Sie treten zwar noch gegen die Reifen, wünschen sich aber insgeheim, wenigstens eine kleine Spritztour damit machen zu können. *Keine Angst vor klassischer Musik* gibt Ihnen die Schlüssel in die Hand und bugsiert Sie auf den Fahrersitz.

Meine Damen und Herren, lassen Sie die Motoren an!

1
Von Tönen, Zahlen und Köcheln

Keine Panik – wir wissen doch beide, daß Sie bereit und willig sind, ein bißchen mehr über klassische Musik zu erfahren. Aber Sie wissen nicht genau, warum. Also: warum überhaupt?

Weil klassische Musik eine der ruhmreichen Errungenschaften der westlichen Zivilisation ist, deshalb. Weil kein gebildeter Mensch durchs Leben gehen sollte, ohne die Bekanntschaft mit Bach, Beethoven und Brahms gemacht zu haben. Weil es ein Zeichen von Kultiviertheit ist, wenn man Kenner und Liebhaber klassischer Musik ist. Weil ... na ja, weil es Ihnen helfen wird, Mitglieder des anderen Geschlechts kennenzulernen.

Nein, im Ernst. Waren Sie schon mal in einem Konzert in Japan? Das Publikum besteht fast ausschließlich aus jungen Männern und Frauen – vor allem Frauen. Auch in Deutschland strömen junge Menschen in die Philharmonie in Berlin, in den Gasteig in München, zu den Avantgarde-Events in Köln. Warum, glauben Sie, sind die da? Nicht nur wegen Beethoven und Berio.

Trotzdem: ist klassische Musik nicht langweilig und belanglos? Wie viele kommen schon in die Konzerte, verglichen mit Veranstaltungen der großen Popstars? E-Musik und populär? Bestimmt nicht. Denken Sie. Aber klassische Musik ist nicht so unbedeutend, wie Sie glauben.

Ich werde es sehr einfach beweisen. Erinnern Sie sich an Eric Carmens *Never Gonna Fall in Love Again*? Das Thema ist aus Sergej Rachmaninows *Zweiter Sinfonie*. Die Hälfte der Melodien der Broadway-Show *Kismet* stammen aus verschiedenen Werken von Alexander Borodin, etwa seiner Oper *Prinz Igor*. Andrew Lloyd Webber hat Teile aus Puccinis *Turandot* in seinem Hit *Phantom der Oper* verwendet. Diese und noch Hunderte ähnlicher Melodien zu mögen ist nicht schwer. Dabei dachten Sie doch sicher, klassische Musik muß von Natur aus gräßlich klingen wie zum Beispiel Beethovens *Große Fuge*.

Und dann noch diese Fremdwörter! Und die vielen verschiedenen Sprachen! Alles halb so schlimm. Auch wenn Sie Französisch oder Italienisch nicht fließend sprechen, können Sie sich das meiste doch zusammenreimen. Sie werden überrascht sein, wie schnell Sie lernen. Ich habe einen amerikanischen Freund, der makelloses Libretto-Italienisch und -Deutsch spricht. Er weiß, wie man »Hilfe!«, »Ich sterbe!« oder »Ich liebe dich!« in drei verschiedenen Sprachen sagt – ist doch klasse, wenn er mal eine weibliche Polizistin oder Ärztin in Rom oder München kennenlernt. Worauf ich hinauswill, ist folgendes: Sie können vieles sehr schnell lernen und müssen sich nicht gleich für einen Kurs an der Abendschule eintragen. Denn, ehe Sie sich's versehen, sagen Sie *I quattro staggioni*, ohne mit der Wimper zu zucken. Ich persönlich garantiere Ihnen, bevor ich mit Ihnen fertig bin, wissen Sie, wie man die meisten Namen und Ausdrücke richtig ausspricht.

Und nun zu Ihnen: Sie sind ein ehemaliger Uni-Radikaler – hi, Johnny! – und jetzt ein Profi mit gutem Job – hi, Tom! – guter Ehefrau – hi, Anne! –, nettem Haus, nettem Auto. Sie haben sogar 1,2 Kinder und einen reinrassigen Dalmatiner. Sie brauchen etwas Neues, worauf Sie sich einschießen können, und das liefere ich Ihnen.

Stellen Sie sich klassische Musik als eine Art Bodybuilding vor, Sie stemmen doch Gewichte, oder etwa nicht? Man fängt mit einer Art Grundübung an, um Masse aufzubauen, dann geht man über zur Feinarbeit, um dem Ganzen den letzten Schliff zu geben. Genauso ist es mit klassischer Musik. Wir beginnen mit dem Grundrepertoire – den Werken, die die Qualitätsprüfung durch die Zeit bestanden haben –, runden dann unser Lernprogramm mit ausgewählten Kennerthemen ab. Ohne Fleiß kein Preis: Hier wird nicht geschummelt – wir sind hier, um zu arbeiten. Aber Sie sind derjenige, der sich anstrengen muß. Das Training erfordert Zeit und Geduld; und es gibt keine sofortige Belohnung. Sind Sie trotzdem bereit?

Dann fangen wir an. Was bedeutet »op.«?

Dauernd sieht man diese Abkürzung, gefolgt von einer Zahl – op. 4, op. 125 und so weiter –, hinter dem Titel eines Stückes. Sie wissen schon, wie bei Beethovens *Hammerklaviersonate* op. 106 oder, noch schlimmer, seiner *Klaviersonate* op. 10, Nr. 3. Eine Sonate hat also einen Beinamen, die andere eine weitere Zahl – das reicht schon wieder, um Sie schreiend zu *I Want to Hold Your Hand* zurückzubringen.

Aber es ist wirklich ganz einfach. Die abschreckende Abkürzung »op.« steht nur für opus, das lateinische Wort für Werk. Der Plural davon heißt opera, was nichts mit den singenden Fettwänsten auf der Bühne zu tun hat. (Ich habe nie behauptet, das hier sei logisch.) Wie auch immer, die Opus-Bezeichnung ist normalerweise absolut nicht der vom Komponisten gewählte Titel eines Werks, sondern Erfindung des Verlegers. Normalerweise gilt: je niedriger die Opus-Zahl, desto früher das Werk. Allerdings ist das nicht immer so: Ein Jugendwerk kann manchmal auch erst zu einem späteren Zeitpunkt in der Karriere eines Komponisten verlegt worden sein, zum Beispiel nachdem er populär geworden war. Vielleicht hat der Komponist aber auch sein gesamtes Frühwerk unterschlagen und erst ein ausgereiftes Stück zu seinem offiziellen Opus 1 gemacht. Man weiß ja nie. Manchmal gibt ein Verleger mehr als ein Werk auf einmal heraus – etwa drei Klaviersonaten, die gleichzeitig veröffentlicht werden –, also tauft er sie op. XY, Nr. 1, 2 und 3. So einfach geht das.

Natürlich hat nicht jedes Musikstück eine Opus-Zahl. Manchmal steht da auch ein »K.« oder »KV«-sowieso oder ein »D«-sowieso. Und, um Gottes willen, da gibt es auch noch »WoO«-sowieso. Hilfe! Oder sollte ich lieber rufen »Aiuto«?

Passen Sie auf: »K.« oder »KV« steht für Köchel-Verzeichnis. Ludwig Köchel, ein österreichischer Botaniker, der im 19. Jahrhundert lebte, beschloß einfach so aus Spaß, Mozarts Gesamtschaffen zu katalogisieren. (Die Leute scheinen damals mehr Zeit gehabt zu haben. Oder vielleicht waren sie einfach klüger. Egal, jedenfalls haben sie ihre Zeit nicht mit Fernsehen vertan.) Er hat das so gut gemacht, daß sein Verzeichnis mit einigen Modifikationen bis heute gilt. Bei »D« liegt der Fall ganz ähnlich, nur daß der Buchstabe hier für Otto Erich Deutsch steht, den Musikwissenschaftler, der Schuberts Sauhaufen in eine sinnvolle Ordnung gebracht hat. KV- und D-Zahlen sollen chronologisch sein. Eine KV-Nummer im Bereich fünfhundert bedeutet ein spätes Werk; bei Schubert hat eine Zahl im Bereich um die Tausend eine ähnliche Bedeutung. (WoO bedeutet schlicht »Werke ohne Opus« – meist handelt es sich dabei um so etwas wie Jugendwerke oder posthum veröffentlichte Werke.) Aber vergessen wir nicht, daß sowohl Mozart als auch Schubert schon mit Mitte Dreißig starben; »Spätwerk« bedeutet also nicht unbedingt »Alterswerk«.

»Spät« bezieht sich immer auf die Phase innerhalb einer Karriere. Bei Beethoven wird sie in drei Abschnitte unterteilt – früh, mittel und spät. Natürlich gibt es immer wieder Streitereien darüber, wann welche Periode beginnt, aber im allgemeinen ist man sich einig. Die sechs Streichquartette op. 18 sind früh, ebenso die *Mondscheinsonate* (op. 27, Nr. 2); die berühmte *Appassionata* sowie die Sinfonien 3 bis 8 sind Werke aus der mittleren Periode; die *Neunte*, die letzten fünf Streichquartette plus die *Große Fuge* sowie die letzten fünf Klaviersonaten sind Spätwerke. Als Faustregel gilt: Je populärer das Stück ist, desto wahrscheinlicher handelt es sich um ein Werk der mittleren Periode; je kunstverständiger die Bewunderung für ein Stück ausgedrückt wird, desto wahrscheinlicher ist es ein Spätwerk. Abgesehen von der *Mondscheinsonate* scheint sich kaum jemand so recht für den frühen Beethoven zu interessieren; irgendwie klingt der wie ein wildgewordener Haydn.

Jetzt habe ich die *Mondscheinsonate* schon zweimal erwähnt. Warum haben Stücke manchmal Beinamen? Und wer erfindet sie?

Wieder ist es normalerweise der Verleger, wobei er manchmal ein Stichwort des Komponisten aufgreift. Als Beethoven einmal von seinem Verleger gefragt wurde, um was es in seiner Sonate op. 31, Nr. 2 ginge, antwortete er barsch: »Lesen Sie Shakespeares *Sturm*.« So wurde daraus die *Sturmsonate*.

Sehen wir uns ein anderes Stück an: Schuberts *Sinfonie Nr. 9*, genannt die *Große*. Hat etwa Schubert, als er sie schrieb, ausgerufen: »Ein großes Werk«?

Vielleicht hat er das, möglich wäre es. Der wahre Grund aber ist der gleiche, aus dem einer der Apostel Jakobus der Ältere, der andere Jakobus der Jüngere genannt wurde – um sie auseinanderhalten zu können (in diesem Fall durch ihr unterschiedliches Alter): Es gibt zwei C-Dur-Sinfonien, eben die *Große* und die *Kleine*, die *Sinfonie Nr. 6*. Achtung: Manchmal wird die *Große C-Dur-Sinfonie* als *Sinfonie Nr. 7* bezeichnet. Lassen Sie sich nicht in die Irre führen. Die Numerierung der Schubert-Sinfonien war früher ein bißchen verschroben. Es gibt eine *Siebte* von Schubert, aber die ist in E-Dur und wurde nur skizziert, aber nie vollendet. Die wiederum ist nicht zu verwechseln mit der *Sinfonie Nr. 8*, bekannter als die *Unvollendete*, die Schubert aus irgendeinem Grund absichtlich nicht vollendet hat. Um alles noch schlimmer zu machen, haben einige Wissenschaftler beschlossen, das Fragment der *E-Dur-Sinfonie* einfach völlig zu ignorieren und die *Unvollendete* als Nr. 7 und die *Große* als Nr. 8 zu bezeichnen. Da soll sich einer auskennen!

Glauben Sie bloß nicht, komplizierter ginge es nicht. Es geht. Nehmen wir die Dvorak-Sinfonien. Irgendwie wurden jahrelang nur die fünf späten Sinfonien gedruckt. Die vier früheren kamen erst später dazu. (Dvorak glaubte bis zu seinem Tod, seine erste Sinfonie, die mit dem Beinamen *Zlonitzer Glocken*, sei verschollen.) Hätte man sich doch gleich denken können – seit Beethoven schreibt jeder neun Sinfonien: Schubert, Bruckner, Mahler, obwohl Bruckner eine *Nullte Sinfonie* (doch, hat er) und Mahler in Wirklichkeit zehn oder elf Sinfonien geschrieben hat, je nachdem, ob man *Das Lied von der Erde* als Sinfonie wertet, was richtig wäre, und ...

Jedenfalls sind die Sinfonien von Antonin (manchmal auch Anton) Dvorak früher eins bis fünf gezählt worden; die berühmte *Sinfonie aus der Neuen Welt* wird oft noch wie früher als Nr. 5 und nicht als Nr. 9, wie heute üblich, bezeichnet. Um alles noch weiter zu verkomplizieren, hat man nämlich die vier ursprünglich unveröffentlichten Sinfonien nicht einfach dazugezählt. Die strahlende Nr. 1 in D-Dur wurde zu Nr. 6; die dramatische Nr. 2 in d-Moll wurde zu Nr. 7; Nr. 3 in F-Dur wurde zu Nr. 5; Nr. 4 (die entzückende D-Dur-Sinfonie) wurde zu Nr. 8; und die *Neue Welt* wurde Nr. 9. Natürlich gab es neue Sinfonien mit der Zählung 1, 2, 3 und 4. Da haben Sie's. Fragen Sie mich bloß nicht nach Bruckner.

Na gut: Bruckner hat neun Sinfonien geschrieben, aber später hat jemand beschlossen, man müsse ein Frühwerk aufführen, also gab man dem die Nummer Null. Dann gab es da noch die sogenannte *Studenten-Sinfonie*, die ab und zu aufgeführt wird. Das Problem ist nur, Bruckner hat seine ziemlich langen Werke gern umgearbeitet – oder schlimmer noch: andere haben es übernommen, sie für ihn umzuarbeiten, und zwar sowohl zu seinen Lebzeiten als auch danach –, so daß mehrere Sinfonien in verschiedenen Fassungen existieren, unter anderem Ausgaben von einem gewissen Haas und einem gewissen Novak. Dann beschloß wieder ein anderer, daß Bruckners erste Fassungen, so lang sie auch sind, trotzdem eigentlich besser seien, also erschienen sogenannte Urtext-Ausgaben – Ausgaben, die das Original wiedergeben sollen. Dann ... schon gut,

Sie wissen schon. Zum Glück ist es nicht immer so verwirrend. Obwohl, wenn man es recht besieht, sind einige von Mozarts 41 Sinfonien eigentlich keine Sinfonien (eher Ouvertüren) und die 104 von Haydn sind eher eine beliebig festgelegte Anzahl als eine genaue Zählung.

Na, ich komme wohl zu sehr in Fahrt. Ich hoffe, ich werfe nicht mit zu vielen Begriffen um mich, die Sie nicht verstehen – ein typischer Fehler, der uns, die wir mit Musik zu tun haben, häufig unterläuft: Wir gehen davon aus, daß jeder weiß, was wir meinen, wenn wir von einer Sinfonie in C-Dur oder E-Dur sprechen. Gibt es auch M-Dur oder Z-Dur? Und da wir gerade dabei sind, was ist eine Sinfonie, was eine Sonate?

Eins nach dem anderen. Fangen wir mit der Tonart an, in der ein Stück steht. Denken Sie sich irgendein Lied, zum Beispiel *Alle meine Entchen*. Die letzte Note, die Sie singen, ist der Grundton der Tonart, in der das Lied steht. Wenn wir es also in C-Dur singen, dann singen wir sowohl bei »Alle« als auch bei »Höh'« ein C. Die Tonart bezeichnet die Art einer musikalischen Phrase, die der Grund dafür ist, daß man das Gefühl hat, daß alles zu einer bestimmten Note zugeht; diese Note nennt man Grundton oder Tonika. Oder anders ausgedrückt: Sie können nicht einfach bei »(Schwänzchen in) die« aufhören zu singen. Genausowenig wie man den Satz nicht mit »die« beenden kann, so wenig kann man einen musikalischen Satz auf einer beliebigen Stufe der Tonleiter aufhören lassen. Wenn Sie – wie die meisten Menschen – an Tonalität glauben, dann müssen Sie, um Ihren musikalischen Gedanken zu Ende zu bringen, zum C zurück. Und um nichts anderes geht es beim Begriff Tonart.

Und was ist Tonalität, fragen Sie? Tonalität meint nichts anderes, als daß das jeweilige Stück ein tonales Zentrum, außerdem im Normalfall gut pfeifbare Melodien und einen Schlußton hat, der wichtiger ist als alle anderen und klar angibt: Ende. Im Gegensatz zur Atonalität: Ein atonales Stück geht &%§$%/&/&§$%!, das Publikum schnarcht vor sich hin, und die Musik endet egal wo, auf jeden Fall abrupt.

Bedenken Sie aber, daß wir *Alle meine Entchen* nicht immer in C-Dur singen müssen. Wir können das Lied in zwölf verschiedenen Dur-Tonarten singen (es gibt auch noch zwölf Moll-Tonarten, aber davon später). Wir können es in H-Dur singen, oder in As-Dur oder Fis-Dur. Wie es für Ihre Stimme am bequemsten ist. So etwas nennt man Transponieren. Das ist so ähnlich, wie wenn man etwas aus einer Sprache in eine ihr sehr verwandte andere Sprache übersetzt: gleiche Bedeutung, etwas andere Färbung.

Die meisten Leute denken, Stücke in Moll seien immer traurig. Das stimmt aber nur teilweise. Grundsätzlich hat eine Moll-Tonart eine sogenannte erniedrigte dritte Stufe der Tonleiter. Wollte man *Alle meine Entchen* in c-Moll statt in C-Dur singen, müßte man die Note bei der Silbe »mei-(ne)« um einen Halbton tiefer singen – das wäre auf der Tastatur eines Klaviers die benachbarte tiefere Taste. Viele finden, durch diese kleine Veränderung klingt das Ganze traurig. Sicher, Komponisten verwenden Moll-Tonarten für besonders ernste und schwere Musik. Aber nicht immer. Richard Strauss' Oper *Elektra* endet mit einem hysterischen Tanz der Heldin (der den von ihrem Bruder verübten Mord an ihrer Mutter und ihrem Stiefvater feiert; eins sage ich Ihnen: in Opern geht es hoch her), der sich dermaßen steigert, daß sie irgendwann schlagartig tot umfällt. Doch der letzte Akkord dieser hochkomplexen Partitur ist ...: C-Dur! Strauss mildert die Wirkung jedoch dadurch, daß er direkt davor einen es-Moll-Akkord setzt, und dieser in unseren Ohren noch nachhallende Klang des Es färbt den Schlußklang. Um eine Vorstellung davon zu bekommen, versuchen Sie einmal, einen C-Dur-Akkord auf dem Klavier zu spielen, gleichzeitig aber ein Es mitten hineinzuquetschen. Wow! Langsam finden Sie doch Gefallen daran, oder?

Dann lassen Sie uns weitermachen. Aber rekapitulieren wir erst einmal: Wir haben bisher etwas über Fremdwörter erfahren, über verschiedene Ausgaben, über Pop-Komponisten, die klassische Musik geklaut haben, und über Opus-Zahlen und Köchel-Nummern und warum alle immer neun Sinfonien schreiben; außerdem einiges über Tonarten und, und ... und jetzt sind wir schon mittendrin. Sie können jetzt getrost eine Weile allein weitermachen.

Aber keine Sorge. Wenn Sie mich brauchen, bin ich da. Ansonsten plaudern wir später weiter.

Zwischenspiel: Mozart

Vor einigen Jahren brachte der *New Yorker* einen Cartoon, der alles sagte, was man über Mozart wissen muß. Dargestellt war eine trostlose, kaputte Landschaft, verschandelt mit dem Schutt der Zivilisation und bar jeglicher Zeichen für menschliche Kultur: »Leben ohne Mozart«, stand darunter.

Was täten wir ohne Mozart? Ohne Wolfgang Amadeus (wie er sich selbst nie genannt hat)? Ohne Wolfgang Amadé (so unterschrieb er immer)? Ohne Johannes Chrisostomus Amadeus Wolfgangus Sigismundus Mozart (um ihn bei seinem Taufnamen zu nennen)? Ohne Amadeus?

Redet man über Musik, wird man dauernd gefragt: »Was hörst du eigentlich am liebsten? Wer ist dein Lieblingskomponist?« Man kann natürlich auf Nummer Sicher gehen und sagen: bestimmte Werke von bestimmten Komponisten, je nach Lust und Laune. Aber bei Mozart können wir ruhig alle Vorsicht in den Wind schlagen: Mozart ist der größte Komponist, den es je gab und vermutlich auch je geben wird.

Das mag ein wenig extrem erscheinen, aber bei Mozart sind wir auf sicherem Boden. Denn er entwickelte sich in der allzu kurzen Spanne von nur sechsunddreißig Jahren vom bestaunten Wunderknaben zum reifen Genie, zum Meister aller Musikgattungen. Doch reine Meisterschaft allein reicht nicht aus, um ihm den unbestrittenen Titel gegen solche Schwergewichte wie Beethoven und Wagner zuzusprechen. Nein, Mozarts Leistung geht darüber hinaus. In Mozarts Händen haben am Ende des 18. Jahrhunderts Sonate, Sinfonie und Oper eine in der Musikgeschichte unübertroffene geistige Tiefe und Vollendung erfahren. Beethovens Sinn trachtet immer nach einem unerreichbaren Jenseits. Mozart dagegen ist der große Humanist. Er macht uns stolz darauf, zu leben. Seine Musik gibt unserem Leben einen Sinn.

Über Komponisten ist schon viel Unsinn geschrieben worden, doch Mozart hat man besonders übel mitgespielt. Denken Sie nur an die Bilder: Mozart, die chinesische Rokoko-Puppe, die so süß auf Perücken tragende und gepuderte Leute der Oberschicht pinkelt, während Papa Leopold, der Wolferls Karriere managt, vor Stolz nur so strahlt. Mozart, der Kretin mit der großen Klappe, der obszön kichernd in die Unsterblichkeit einging, wogegen seine anständigeren, wenn auch faderen Zeitgenossen vor Eifersucht mit den Zähnen knirschten (so in Peter Schaffers *Amadeus*). Mozart, das ewige Kind, das nicht in der Lage war, mit Geld umzugehen oder seine Frau in Schach zu halten, der Pleitier, der immer bei seinen betuchteren Kumpels die Hand aufhielt – eine Art göttlicher Gassenjunge. (Sein erster Biograph meinte 1793, nur zwei Jahre nach Mozarts Tod, er hätte immer eine führende Hand gebraucht.) Das wollen wir jetzt doch klarstellen.

Am besten anhand seiner Musik. Ein Komponist kann seine Seele nicht verbergen (und ohne Seele wäre er kein Komponist). Sie spiegelt sich immer in den Noten. Bei Mozarts Musik aber hören wir kein Porzellanfigürchen, keinen brabbelnden Idioten, keinen kindischen und geistig schlichten Mann, sondern einen Menschen von enormer Energie und enormem Selbstbewußtsein, von großer sexueller Anziehungskraft und mit einem Herzen so groß wie die Welt. Achten Sie beim Hören seiner letzten Sinfonie, der sogenannten *Jupiter-Sinfonie*, auf das großspurige Auftreten zu Beginn des ersten Satzes oder auf den auf Verführung hin angelegten Schwung der Ouvertüre zu seiner Oper *Così fan tutte*, der bis heute größten Sex-Sittenkomödie aller Zeiten, oder auf die ätherische Perfektion des *Klarinettenkonzerts*, einem seiner letzten Werke. Hören Sie sich diese Stücke an, und sagen Sie dann, Sie würden das Werk einer Chinapuppe hören.

Mozarts Ruf, so kommt es mir vor, steigt und fällt umgekehrt proportional zu dem Beethovens. Wenn eine Gesellschaft gerade in Konflikte und Kämpfe verstrickt ist und sie die hartnäckige Weigerung, ein von der Vorsehung bestimmtes Schicksal anzunehmen, positiv bewertet, dann liegt Beethoven vorn. Wenn sie andererseits Klasse und Lebensart liebt, wenn Eleganz und Gefühl so eng miteinander verbunden sind, daß man unmöglich sagen kann, wo das eine aufhört und das andere beginnt, dann steht Mozart hoch im Kurs.

Als Heiligenbild eignet er sich nicht gerade. Mozart war ein häßlicher kleiner Kerl – vielleicht nicht so häßlich wie Beethoven, dessen Aussehen geradezu legendär war, aber dennoch reizlos. Er war sehr klein, sogar für eine Zeit, in der die Durchschnittsgröße bei Männern bei 1,65 m lag. Sein Gesicht war übersät mit Blattern, einer damals häufigen Krankheit, und hatte einen unschönen gelblichen Teint. Seine blauen Augen quollen aus dem großen Kopf mit der großen, plumpen Nase. Zu allem Überfluß war er auch noch kurzsichtig.

Aber er hatte Talent. Mit drei suchte er sich Melodien auf dem Cembalo zusammen, und nicht viel später krittelte er an der Intonation seiner Geige spielenden älteren Schwester herum. Er konnte ein Stück nach einmaligem Hören auswendig, eine Gabe, die ihn nie verlassen hat. Mit fünf spielte er sowohl Geige als auch Hammerklavier, ein Vorläufer des modernen Klaviers, und mit sechs komponierte er bereits. (Seine ältere Schwester Nannerl war auch hochbegabt, allerdings nicht in dem außergewöhnlichen Maße wie Wolfgang.) Mozarts Vater Leopold, ein bekannter Geiger, komponierte auch und schrieb ein bedeutendes Lehrwerk über das Violinspiel. Er war eine Art Zuchtmeister, der in seinem Sohn nicht nur einen Musiker von Genie, sondern eine möglicherweise lukrative Einkommensquelle sah. Die Mozarts reisten schon früh herum, spielten vor den großen Höfen Europas (auch vor Marie Antoinette in Frankreich), und überall applaudierte man ihnen. Das Leben, so schien es, würde recht angenehm werden.

Doch dann kam alles anders. Die sensationslüsterne Gesellschaft fand das Kind weit interessanter als den Mann, und je älter Mozart wurde, desto schwieriger wurde es für ihn, über die Runden zu kommen. Der niedliche kleine Junge, der Marie Antoinette am französischen Hofe entzückt hatte, war bald nur noch einer von diesen linkischen Teenagern. Daß er ein Genie war – na und? Er war längst nicht mehr aktuell. Auch in seinem Privatleben lief langsam alles schief. Mozarts geliebte Mutter Anna Maria starb auf einer Reise nach Paris, als Wolfgang gerade Anfang Zwanzig war. (Mozarts Briefe zu dieser Tragödie an seinen Vater könnten als Freudsche Fallstudie dienen. In einem Brief vom 3. Juli 1778 versucht er, Leopold die schlechte Nachricht schonend beizubringen: »Ich habe Ihnen eine sehr unangenehme und traurige Nachricht zu geben ... Meine liebe Mutter ist sehr krank.« Tatsächlich war sie in der Nacht zuvor gestorben, eine Tatsache, die Mozart erst am Ende eines ziemlich umfangreichen Schreibens, das eigentlich von seinen musikalischen Aktivitäten berichtet, dann den Tod Voltaires – »der gottlose Erzspitzbub« – verkündet, über die Probleme spricht, ein geeignetes Opernlibretto zu finden, und erst am Schluß zu der schlechten Neuigkeit kommt: »meine liebe Mutter ist in Händen des Allmächtigen«.)

Mozart verliebte sich in Aloisia Weber, eine von vier Töchtern eines Mannheimer Musikers, aber sie ließ ihn sitzen und heiratete einen anderen Mann. Zu guter Letzt gab er sich mit ihrer Schwester Constanze zufrieden. Außerdem funkte ihm dauernd sein Vater dazwischen: Er nörgelte an ihm herum, bombardierte ihn mit Ratschlägen, piesackte und schikanierte ihn, mäkelte, er solle doch endlich etwas aus sich machen. (»Alles, was ich sage, geht nur dahin, einen rechtschaffenen Menschen aus dir zu machen. Million Menschen haben keine so große Gnade von Gott erhalten wie du. Welche Verantwortung! Wäre es nicht immer schade, wenn ein so großes Genie auf Abwege geriete!« – typisch Leopold. Die Mozarts waren unermüdliche Briefeschreiber.) Das zum Thema Ödipuskomplex.

Aber bleiben wir beim Thema Komplexe. Peter Schaffer griff sich für sein Stück *Amadeus* einen Aspekt heraus und entwickelte ihn zur *idée fixe*: Mozarts Hang zur derben Ausdrucksweise, am häufigsten zu finden in den Briefen an seine Mutter (ja, an seine Mutter) und an seine kesse kleine Cousine in Augsburg, in die er offenbar ziemlich verknallt war. Viele empfinden deutsche Derbheit als unanständig und beleidigend, vor allem dann, wenn es um bestimmte Körperteile und deren Funktionen geht, doch das 18. Jahrhundert hatte in bezug auf diese Dinge eine ganz direkte, ungezwungene Einstellung. In einem der Briefe an seine Cousine lädt Mozart das »Bäsle« ein, ihn in München zu besuchen. Dort werde er dann »in eigener hoher Person Ihnen komplimentieren, Ihnen den Arsch petschieren, Ihre Hände küssen, mit der hintern Büchse schießen. Ihnen embrassieren, Sie hinten und vorn kristieren, Ihnen, was ich Ihnen etwa alles schuldig bin, haarklein bezahlen (...) und vielleicht auch etwas lassen fallen.«

Prägend aber war Mozarts Beziehung zu seinem Vater. Seine Mutter war natürlich eine Heilige – Leopold dagegen eine besonders üble Kombination aus Halbgott und Teufel. Als Mozart sich gegen den väterlichen Wunsch in ein Mädchen ohne Geld aus einer Musikerfamilie verliebte, hatte er solche Angst vor dem Zorn des Vaters, daß er ihm wieder einmal die Nachricht so umschweifig, wie er nur konnte, beibrachte. »Nun aber wer ist der Gegenstand meiner Liebe? – Erschrecken Sie auch da nicht, ich bitte Sie. – Doch nicht die Weberische? – Ja, die Weberische – aber nicht die Josepha, nicht Sophie, sondern Constanze, die Mittelste.

(...) Sie ist nicht häßlich, aber auch nichts weniger als schön. Ihre ganze Schönheit besteht in zwei kleinen schwarzen Augen und in einem schönen Wachstum. Sie hat keinen Witz, aber gesunden Menschenverstand genug, um ihre Pflichten als eine Frau und Mutter erfüllen zu können.« Sicher, galant ist das nicht gerade, aber er hat das Nötigste an den Mann gebracht.

Mozarts zweiter großer Kampf galt dem Erzbischof seiner Heimatstadt Salzburg. Leopolds Ehrgeiz war es gewesen, seinen Sohn in Diensten des Erzbischofs zu sehen: Selbst er, einer der größten Kindermanager der Geschichte, begriff nicht, wie weitreichend die Ambitionen seines genialen Sohnes waren. Mit seinem Talent und seinem Temperament paßte Mozart so wenig in eine Hoflivree wie auf einen Bauernhof. Seine Beziehung zum Erzbischof verschlechterte sich immer mehr, bis er schließlich nach einem Tritt in den Hintern von Karl Graf Arco, dem Oberstküchenmeister des Bischofs, entlassen wurde. Mozart floh nach Wien – damals die Musikmetropole.

Von da an verschmelzen Mythos und Geschichte. Wir wissen, er war erfolgreich. Er wurde zum Kammerkompositeur Kaiser Josephs II. ernannt, mit einem Salär von 800 Gulden jährlich (sein Vorgänger, Christoph Willibald Gluck, hatte 2000 Gulden pro Jahr bekommen). Sowohl *Figaros Hochzeit* als auch *Don Giovanni* kamen beim Publikum, vor allem in Prag, außerordentlich gut an. (Über den *Figaro* sagte der Kaiser: »Zu schön für unsere Ohren.«) Man schätzte ihn auch als Pianisten, vor allem, wenn er als Solist seiner eigenen Konzerte auftrat. Seine Musik war sehr gefragt: Die *Zauberflöte*, damals eine Art Musical, war richtig populär. Vermutlich hat er eine Menge Geld verdient. Mit Sicherheit hat er alles ausgegeben.

»So bitte ich Sie, mir wenigstens bis morgen ein paar hundert Gulden zu lehnen, weil mein Hausherr auf der Landstraße so indiskret war, daß ich ihn gleich auf der Stelle, und um Ungelegenheit zu vermeiden, auszahlen mußte, welches mich sehr in Unordnung gebracht hat«, schrieb er an einen seiner Freimaurerbrüder, den großzügigen Kaufmann Michael Puchberg. Ungeachtet des mutigen Berichts an seinen Vater, entpuppte sich Constanze als eine Art Partygirl, und Mozarts Briefe, die er ihr an ihre diversen Kurorte schickte, bitten inständig um anständiges Benehmen. Völlig erschöpft, überarbeitet und ausgezehrt von einer Nierenkrankheit starb Mozart am 5. Dezember 1791. Er wurde in einem Armengrab auf dem Friedhof von St. Markus in Wien beigesetzt. Bis heute ist die genaue Lage seines Grabes ungewiß.

Nach Mozarts Tod entwickelte sich Constanze zum Inbegriff der trauernden Witwe. Sie hatte tatsächlich die Stirn, sechs Tage nach dem Tod ihres Mannes an den Kaiser zu schreiben und ihn inständig um Geld zu bitten. »Die Unterzeichnete hatte das Unglück, den unersetzlichen Verlust ihres Gatten erleben zu müssen und von demselben mit zwei unmündigen Söhnen in Umständen zurückgelassen zu werden, die nahe an Dürftigkeit und Mangel grenzen.« Jetzt plötzlich zeigte sich Constanze als gewiefte Geschäftsfrau: Sie versteigerte die Veröffentlichungsrechte an Mozarts vielen unveröffentlichten Werken, behielt jedoch die Manuskripte selbst bei sich. Später heiratete sie wieder, und zwar einen Grafen Nissen aus Dänemark, und machte aus ihrem Leben mit Mozart ein lukratives Heimgewerbe. Nissen schrieb sogar eine Biographie über Mozart.

Das immense Werk, das Mozart in seinem so kurzen Leben schuf, kann einen schon einschüchtern: Sonaten, Sinfonien, Opern, ganz zu schweigen von den Liedern, der Kammermusik und den geistlichen Werken. Das Beste aus alledem herauszufinden ist dennoch ziemlich leicht. Da sind zum einen die vier großen Opern: *Figaro*, *Così*, *Don Giovanni* und *Die Zauberflöte* (die ersten drei werden normalerweise italienisch, die letzte deutsch gesungen) sowie die peripheren Opern wie *Die Entführung aus dem Serail* und *La Clemenza di Tito*. Da sind außerdem die großen Sinfonien, darunter die letzten drei, die Sinfonien Nr. 39 in Es-Dur, Nr. 40 in g-Moll und Nr. 41 in C-Dur. Da sind die herrlichen Klavierkonzerte, darunter das in d-Moll, KV 466, und das letzte in B-Dur, KV 595. Da ist das prächtige *Requiem*, das bei Mozarts Tod unvollständig hinterlassen und von seinem Schüler Süßmayr ergänzt wurde, sowie die festlichen Chorwerke, etwa die *Krönungsmesse*.

Ich würde empfehlen, mit den Sinfonien und Konzerten anzufangen, dann zu den deutlich längeren Opern überzugehen. Die Alte-Musik-Bewegung bedeutete für Mozartaufführungen einen ungeheuren Segen, kratzte sie doch die Schichten romantischer Rückstände ab, die Mozarts Visionen ganz matt und dunkel erscheinen ließen. Gruppen wie die Academy of Ancient Music in England, die auf Instrumenten des 18. Jahrhunderts spielen, haben den Schwung und die Frische der klassischen Epoche wiederaufleben lassen. Wenn man Mozarts Sinfonien von der Academy unter Christoph Hogwood gehört hat, möchte man sie nie mehr anders gespielt hören.

Sie werden es nicht bereuen. Wer Mozart entdeckt, verändert sein Leben. Er taucht in bisher ungeahnte Gefühlsebenen ein, begreift, welche Bedeutung Musik haben kann. Denn in diesem Mann mit dem perückengesäumten Gesicht, dem aufgesetzten Lächeln und dem verspielten Sinn für Humor schlägt das Herz eines Menschen, der in seinem Leben sowohl Triumphe als auch Tragödien kennengelernt hat. »Ich sage Ihnen vor Gott, als ein ehrlicher Mann, Ihr Sohn ist der größte Componist, den ich von Person und dem Namen nach kenne.« Kein Geringerer als Franz Joseph Haydn sagte dies einmal zu Leopold Mozart.

Dem ist von uns wohl nichts hinzuzufügen.

2
Wessen Kunst ist das überhaupt?
Eine private Odyssee

Eines können Sie bei klassischer Musik eigentlich gleich wieder vergessen, und zwar die Bezeichnung an sich. »Klassische Musik« klingt nicht nur leicht geziert, sondern ist auch noch irreführend und ungenau. Genaugenommen bezieht sich der Begriff nur auf die Musik, die während der sogenannten »Wiener Klassik« – ungefähr in der zweiten Hälfte des 18. Jahrhunderts – geschrieben wurde. Oder anders: Musik von Haydn, Mozart und dem frühen Beethoven. In Musikkreisen hat »klassische Musik« deshalb eine ganz spezifische Bedeutung, eine, die von der Weltöffentlichkeit im allgemeinen nicht geteilt wird. Trotz aller Bemühungen, ersatzweise Begriffe wie »Kunstmusik«, »Konzertmusik«, »ernste Musik« oder gar »gute Musik« einzuführen, haftet das Etikett »klassische Musik« wie eine Klette an der gesamten musikalischen Kunst, von den gregorianischen Gesängen des Mittelalters und den polyphonen Motetten der Renaissance bis zum heutigen Neominimalismus. Was aber haben Josquin des Prés, Bach, Schubert, Schönberg und Steve Reich gemeinsam?

Die Antwort lautet gleichermaßen: nicht viel und eine ganze Menge, und das erklärt vielleicht die Hartnäckigkeit des Begriffs. Das Publikum hat immer schon gespürt, daß bestimmte Arten von Musik ernsthafter und ernstzunehmender sind als andere – »klassisch«, wenn Sie so wollen. Diese Werke hat es dann natürlich bequem in eine Schublade mit der Aufschrift »klassische Musik« gesteckt. Heutzutage, in einer Zeit minimaler Aufmerksamkeitsspannen und billiger Meinungsmache, haben Leute, die sich immer noch stundenlang anstellen, um etwas zu hören, was vor zwei- oder dreihundert Jahren komponiert wurde, etwas Bewundernswertes, wenn auch ein bißchen Altmodisches an sich. Die Rede ist von den goldenen Oldies. (Ich meine natürlich die Stücke, nicht die Leute.)

Und das ist der Punkt. Klassische Musik, oder wie man sie auch immer nennen mag (ich werde im Verlauf dieses Buches um der Abwechslung willen verschiedene Namen verwenden), gibt es schon so lange, weil sie ihren kulturellen Wert behält, selbst in unserer multikulturellen (oder von mir aus auch akulturellen) Gesellschaft. Schließlich: Was ist multikultureller als Musik? Es stimmt zwar, daß die große Masse klassischer Musik von weißen Westeuropäern geschrieben wurde. Aber die weißen Westeuropäer haben auch die englische Sprache erfunden, und die ist jetzt Hauptsprache in so disparaten Ländern (und Kontinenten) wie den Vereinigten Staaten, Australien oder Indien und gilt in Handel und Kommerz als *lingua franca*. Jedem, der einmal längere Zeit im Ausland gelebt hat, ist aufgefallen, daß, wenn sich ein Italiener aus London, ein Grieche aus den Vereinigten Staaten, ein Chinese aus Singapur und ein Schwarzafrikaner aus Johannesburg treffen, sie sich höchstwahrscheinlich auf englisch unterhalten.

So ist das auch mit klassischer Musik. Sie ist wie die englische Sprache in der ganzen Welt verbreitet, hat selbst in den entlegensten Landstrichen Wurzeln geschlagen. In Japan ist westliche klassische Musik äußerst populär. Allein in Tokio gibt es mehr als ein Dutzend Sinfonieorchester, und westliche Musiker, die dort gastieren, ziehen ein breites, enthusiastisches Publikum an. In China haben tapfere Musiker westliche Musiktradition auch in den dunkelsten und gefährlichsten Zeiten der großen Kulturrevolution am Leben erhalten. Aus Bombay kommt der Dirigent Zubin Mehta; aus Paris der chinesisch-amerikanische Cellist Yo Yo Ma; aus Korea stammen die Geigerin Kyung-Wha Chung und ihr Bruder, der Dirigent Myung-Whun Chung. Und natürlich kommen viele bekannte Künstler aus Japan, darunter der Dirigent Seiji Ozawa und die aufsehenerregende junge Geigerin Mi Dori. In den USA gibt es im Bereich klassischer Musik viele bekannte schwarze Künstler, zum Beispiel die Sopranistin Leontyne Price (die im ländlichen Süden aufgewachsen ist), den Bassisten Simon Estes (aus Iowa) und den Dirigenten James de Priest (Philadelphia). Der Vorwurf, klassische Musik sei elitäre, städtische Unterhaltung, die nur zur weißen, gut betuchten Klasse paßt, wäre damit widerlegt.

Auch ist der Sinn für klassische Musik nicht angeboren oder wird einem in die Wiege gelegt. Jeder kommt auf seinem eigenen Weg zur Musik, nur ist der Weg dahin für manch einen etwas weiter. Nehmen Sie mich. Mein Vater war Militäroffizier, dessen musikalische Vorlieben bei Country-Music, Western Songs, Burl Ives und Dudelsackmusik lagen. Weder mein Vater noch meine Mutter spielten ein Musikinstrument – abgesehen von Mundharmonika.

Ich bin in Südkalifornien und auf Hawaii groß geworden, damals nicht gerade das kulturelle Pflaster, das es mit New York hätte aufnehmen können. Dennoch bestand meine Mutter – durch und durch gute Irin mit Vorliebe für Spitzenvorhänge – darauf, daß alle ihre fünf Kinder Klavierstunden bekamen. Nach einer Weile entdeckte ich dann, daß ich gar nicht so schlecht klimperte. (Genauso erging es auch meinem Bruder, der ein hervorragender Pianist, Posaunist, Blockflötist und schließlich Offizier bei der U.S. Navy wurde. Man muß ja nicht gleich einen Beruf daraus machen.)

Eines Tages, als ich im dritten oder vierten Schuljahr war, wurde meine Klasse in die Stadt gekarrt, um ein Kinderkonzert des San Diego Symphony Orchestra anzuhören. Eine Begegnung mit der *Nußknacker Suite* – und es war um mich geschehen; verführt von den Wendungen der Celesta im »Tanz der Zuckermandel-Fee«, hingerissen vom schwindelnden Drehen der Geigen im »Blumenwalzer« fuhr ich nach Hause und bat meine Eltern, mir ein paar Platten zu kaufen. Bald schon wurde die Ouvertüre zu Suppés *Leichte Kavallerie* (was sonst hätten wir in unserem Haus gehabt?) zu einem meiner Lieblingsstücke.

Trotzdem war es mir mit ernster Musik noch nicht wirklich ernst. Das kam erst so mit Dreizehn: Aus irgendwelchen Gründen hatte es mir die Big-Band-Musik, vor allem die von Benny Goodman in den dreißiger Jahren angetan. Ich liebte dieses Zeug: das spritzige Ensemblespiel, Gene Krupas swingende Drums, Harry James' leidenschaftliche Trompete, Teddy Wilsons elegante Klavierspielereien, Lionel Hamptons sprühender Witz.

Zugegeben, mein Geschmack damals (schließlich schrieb man 1963, und die Beatles waren schon auf dem Weg zu unseren Küsten) war etwas seltsam, aber er brachte mich voran: erst in die Welt des Modern Jazz von Miles und Trane und dann zwangsläufig an die Grenze zum Konzertrepertoire, wo ich zufällig auf Rimsky-Korsakows *Scheherazade* stieß. Wieder einmal war ich verzaubert, diesmal nicht nur von der Eindringlichkeit und Schönheit der Musik, sondern auch von ihrer Kraft, Phantasiebilder hervorzurufen. Natürlich habe ich auch die Urkraft des Rock'n'Roll in seiner zweiten großen Phase erlebt.

Im gleichen Jahr, als ich Rimsky entdeckte, entdeckte ich auch die Beatles. Für mich gab es zwischen den beiden qualitativ keinen großen Unterschied.

Jetzt ist es gesagt: *qualitativ keinen großen Unterschied.* Wenn dieses Buch von einer Philosophie getragen ist, dann von einer, die die Universalität des Musikerlebens propagiert. Denn musikalische Wahrheit und Schönheit kann man überall antreffen, auch dort, wo man es am wenigsten erwartet: im mit Verzierungen ausgeschmückten Singsang der Fischer der Aran-Inseln genauso wie in den dichtesten Zwölftonpassagen eines Pierre Boulez.

Meine eigene musikalische Welt umfaßt beide Musiken und noch viele mehr: The Who (*Tommy*) und die Kinks (*Lola vs. Powerman and the Underground*); Andrew Lloyd Webbers *Evita*; das Tim-Rice-ABBA-Musical *Chess*; Morton Subotnicks vollelektronisches *Golden Apples of the Sun*; Philip Glass' *Satyagraha* und John Adams' *Nixon in China* – alles natürlich zusätzlich zu dem Standard-Konzertrepertoire, das von Bach über Mahler bis zu Strawinsky reicht. »In meines Vaters Haus gibt es viele Zimmer«, sagte Jesus, worauf der zeitgenössische Musikliebhaber, dem per Knopfdruck eine Musikwelt zur Verfügung steht, von der frühere Generationen nicht einmal geträumt hätten, nur antworten kann: Amen.

Damals, 1969, am Ende der Beatles-Ära, veröffentlichte der Musikkritiker Henry Pleasants wieder einmal eines seiner zahlreichen Bücher (*The Agony of Modern Music, Death of Music?*), zu der Frage, ob die »klassische Musik« – oder die »ernste Musik«, wie Pleasants sie verächtlich nannte – im Untergang begriffen sei. (Die Antwort lautet: ja.) Pleasants kommt wie üblich gleich zum Kern der Sache:

»Über oder eher unter all diesen musikalischen Betrachtungen, so stumpf und wirr sie auch sein mögen, liegt doch eine grundlegende Widersprüchlichkeit. Ernste Musik ist würdevoll: Sinfonieorchester, Oper in Fremdsprachen, Sonaten und Konzerte und Streichquartette, feierlich dargeboten von feierlichen Herren von den Hochschulen und aus Budapest und Amsterdam und Wien und Paris. Weiße Krawatten und Smokings und Miss Dies und Mister Das und Madame Sowieso – und Maestro! Ein Überbleibsel einer Alten Welt, die im Sterben liegt, sogar in der Alten Welt.«

Na klar doch, Henry. Wenn Sie, wie ich, aus der Baby-Boom-Generation sind, dann haben Sie wohl, ob Sie das wollten oder nicht, Rock'n'Roll gehört. Sie konnten nichts dagegen tun. Er lief im Radio, und wer von uns könnte schon von sich behaupten, er sei zu cool gewesen, um sich damals in den frühen sechziger Jahren ein Transistorradio anzuschaffen (oder es sich zu wünschen). Rock war der Talisman unserer Generation, etwas, mit dem wir uns in der rebellischsten aller rebellischen Zeiten von unseren Eltern absetzen konnten. Sie haßten Rock – um so besser! Für uns war Rockmusik kein Angriff der Außerirdischen auf die göttliche Harmonie eines Mozart, sondern ein lebendiges musikalisches Idiom. Rockmusik, und nur die, sprach unsere Sprache.

Ich meine damit nicht unbedingt, daß Frankie Valle and the Four Seasons das gleiche sind wie Verdi oder auch nur Frank Sinatra. Es war schon ziemlich amüsant, als gelernte Musikwissenschaftler in der ersten Welle der Beatles-Euphorie das Talent der vier Pilzköpfe, Lieder zu schreiben, mit dem Schuberts verglichen. Damals kam einem das vor wie ein akademischer Overkill, ein erbärmlicher Versuch alternder Professoren – die müssen schon vierzig gewesen sein –, noch schnell auf den Wagen der Jugend aufzuspringen, bevor der für immer und ewig im Staub verschwinden würde. Sosehr ich auch die Beatles bewunderte – und sie waren zweifellos die beste und prägendste Rockband der sechziger Jahre –, ich wäre damals nie auf die Idee gekommen, sie als Schubert ebenbürtig zu sehen.

Aber zwanzig Jahre später bin ich mir da gar nicht mehr so sicher. Es scheint doch einige auffällige Ähnlichkeiten zu geben. Schubert starb einige Monate nach seinem zweiunddreißigsten Geburtstag; die Beatles »starben« sogar noch früher. Beide waren meisterhafte Liedschreiber mit sicherem Gespür für Struktur und einer Begabung, in ihre Stücke entwaffnende melodische Phrasenwechsel einzubauen – und das ist durchaus etwas anderes als ein bloßes Talent zum Erfinden von Melodien. Beide hatten ein Ohr für die unerwartete, prickelnde Harmonie.

Und beide vertonten ihre Sprache (Deutsch im Fall des Österreichers Schubert, Englisch bei den anglo-irischen Beatles) in meisterlicher Weise. Vielleicht waren die Musikwissenschaftler doch nicht auf dem Holzweg.

Wenn das so ist, wie sollen wir entscheiden, wer von beiden besser ist? Ganz langsam. Die Tatsache, daß wir eine solche Entscheidung treffen wollen, sagt schon etwas über unsere Ästhetik aus. Kunstmusik und klassische Musik sind nicht unbedingt dasselbe. Das heißt, die Kunstmusik beinhaltet zwar die gesamte klassische Musik, doch klassische Musik ist nicht gleichbedeutend mit Kunstmusik. Für Sie ist jetzt der Zeitpunkt gekommen, wo Sie anfangen sollten, im Fundus der Musik zu stöbern, in dem all das, was den Test der Zeit bestanden hat, lagert. Viele Entscheidungen haben andere schon für Sie getroffen – das Ergebnis der Vorauswahl ist unser Standardrepertoire –, aber jegliche Suche in Eigeninitiative lohnt sich trotzdem.

Okay, ich höre schon Ihre nächste Frage: Was soll das mit diesem Repertoire?

Mit dem französischen Wort Repertoire bezeichnet man Werke, die im Grunde von Musikern in der ganzen Welt gespielt werden. Ganz allgemein gesagt, reicht das Sinfonienrepertoire von Bach bis Strawinsky und Schönberg. In der Praxis aber ist es noch ein wenig enger gefaßt, fängt bei Haydn und Mozart an und endet mit Mahler und dem frühen Strawinsky – ungefähr hundertzwanzig Jahre Musikgeschichte. Da hinein fallen solche Lichtgestalten wie Beethoven, Schubert, Chopin, Schumann, Liszt, Berlioz, Wagner, Brahms, Bruckner und Richard Strauss. Beim Opernrepertoire ist es ähnlich. Mozarts großartige Werke sind der eine Pol, Puccinis Opern markieren den anderen – 1780 bis 1925. Bei der Kammermusik, dem dritten großen Zweig, ist die Spanne etwas weiter gefaßt, sie reicht von den Trios Joseph Haydns bis zu den Quartetten Bela Bartóks. Wenn man vom Repertoire spricht, redet man über Stücke, die jeder kennt oder kennen sollte.

Wenn wir vom Sinfonienrepertoire sprechen, meinen wir Musik, die für ein Sinfonieorchester geschrieben worden ist. Das heißt für ein Ensemble aus fünfzig oder mehr Spielern, manchmal bis zu hundertzehn. Das Sinfonieorchester – und sicher gibt es auch eines in Ihrer Stadt – ist eine durch und durch romantische Erfindung; »romantisch« nicht wie die Liebe auf der Heide und an den Klippen Schottlands im Groschenroman. Nein, gemeint ist die »romantische« Kunstbewegung des späten 18. und frühen 19. Jahrhunderts, die sich zuerst in den bildenden Künsten und der Literatur (etwa in den Bildern Caspar David Friedrichs oder den Gedichten Goethes) und später in der Musik (einige Werke Beethovens, die meisten Werke Schuberts sowie alles von Chopin und Liszt) zeigte. Im romantischen Stil zu komponieren ist schon lange aus der Mode gekommen. Den letzten Ausläufern der Romantik folgten die serielle Musik (nach Schönbergs »Methode der Komposition mit zwölf nur aufeinander bezogenen Tönen«, zu der wir später noch kommen werden) und der Minimalismus (zum Beispiel Werke von Philip Glass, Steve Reich und John Adams – lesen Sie dazu das Zwischenspiel zur amerikanischen Musik weiter hinten in diesem Buch). Das Publikum aber mochte sich nie so recht von der Musik der Romantik verabschieden, und so kommt es, daß Werke dieser Zeit bis heute bei weitem die beliebtesten im Repertoire sind. Was würden Sie denn lieber hören: Tschaikowskys *Pathétique* oder Anton Weberns *Sinfonie op. 21*?

Welche Sinfonien eignen sich nun für den Anfänger? Eine Handvoll Sinfonien von Mozart und Haydn, Beethovens berühmte *Neunte*, ein oder zwei von Schubert, Berlioz' *Symphonie Fantastique*, vier von Brahms, drei der sechs, die Tschaikowsky schrieb, und einige von Mahler. Damit wäre das Repertoire abgedeckt. Nicht übel, stimmt's? Zum Glück sind Sie jemand, der die Melodie der Feuersteins summen kann, ohne dreißig Jahre lang die Noten lernen zu müssen, oder jemand, der die Texte aller Top-Forty-Songs der sechziger Jahre auswendig kann. Da kann es eigentlich doch nicht so schwer sein, ein paar Sinfonien zu lernen, oder?

Oder ein paar Opern. (Warten Sie, gehen Sie nicht! Bleiben Sie wenigstens bis Kapitel vier dabei.) Zugegeben, Opern sind länger als Sinfonien – manchmal viel länger –, aber meistens handeln sie von lustigen, wenn auch höchst unwahrscheinlichen Begebenheiten, und außerdem gibt es eine Menge zu sehen. Und fürs erste reicht es, wenn Sie sogar noch weniger Opern als Sinfonien kennen: vier von Mozart, eine von Beethoven, vier oder fünf von Verdi, eine von Bizet, ein paar von Wagner, zwei oder drei von Puccini und ein paar von Richard (nicht verwandt mit Johann, dem Walzerkönig) Strauss. Allerdings bestehe ich darauf, daß Sie noch Bergs *Wozzeck* und Schostakowitschs *Lady Macbeth von Mtzensk* auf diese Liste setzen – glauben Sie mir, eines Tages werden Sie es mir danken. Bei der Kammermusik, die lange als die tiefgründigste aller Formen der klassischen Musik galt, können wir es gemütlich mit einigen Streichquartetten Beethovens angehen lassen, dazu Schuberts unwiderstehliches *Forellenquintett* und sein *C-Dur Streichquartett*, das *Klavierquintett* von Brahms, Dvoraks *Dumky-Trio*, die Streichquartette von Debussy und Ravel und das Klaviertrio von Charles Ives. Kammermusik hat den Ruf, die ultimativ intellektuellste Kunst zu sein, aber Sie werden bald entdecken: je kleiner die Anzahl der Instrumente, desto feiner und eleganter die musikalische Aussage.

Als nächstes erforschen wir dann die geheimnisvolle Welt der Chormusik. Im Grunde ist sie überhaupt nicht geheimnisvoll. Erinnern Sie sich an das Stück *Anybody Can Whistle*? Singen kann auch jeder. (Na ja, fast jeder.) Und mit ein bißchen Anleitung kann fast jeder im Chor singen. (Das San Francisco Symphony Orchestra bietet beispielsweise jedes Jahr einen *Messias* zum Mitsingen an.)

Das Problem ist nur, Chormusik ist bei manchen Nationen besser als bei anderen. Die Briten zum Beispiel haben seit Hunderten von Jahren eine hochentwickelte Chortradition, und entsprechend produzierten britische Komponisten am laufenden Band Vokalwerke, um damit die Nachfrage der Chorgesellschaften im ganzen Land zu befriedigen: Sir Hubert Parry, Charles Villiers Stanford – Namen, die Sie gar nicht kennen wollen – ebenso wie Edward Elgar, Gustav Holst und Ralph Vaughan Williams, Namen, von denen Sie sicher schon eher gehört haben. Auch die Deutschen erfreuen sich einer langen Chortradition (Deutsche und Engländer sind schließlich Vettern), die bis Bach und noch weiter zurückreicht. Das Chorrepertoire stammt deshalb vor allem aus diesen beiden Ländern. Ich persönlich finde Chormusik ziemlich gewöhnungsbedürftig, obwohl es viele Stücke gibt, die ich sehr mag. Mozarts Messen und sein *Requiem*, Elgars Meisterwerk *Der Traum des Gerontius*, Vaughan Williams' *Sea Symphony*, Händels *Messias*. Dann gibt es da noch Verdis *Requiem*, eine Art verkappte große Oper, und Carl Orffs *Carmina Burana* und die *Catulli Carmina*, Musik zu primitiven, rohen und manchmal unanständigen Texten mittelalterlicher Mönche und zu Dichtungen aus dem alten Rom.

Und dann gibt es noch diese ach so gefürchteten Kunstlieder. Doch die sind im Grunde die einfachste musikalische Form und stehen den Rocksongs, mit denen Sie aufgewachsen sind, am nächsten; schließlich handeln auch sie von Liebe und Tod. Stellt man sie zu einem sogenannten Zyklus zusammen, ergeben sie kleine Moralstücke, die zu den bewegendsten Schöpfungen der Musik gehören. Nehmen Sie Ihre Freundin mit zu einer Aufführung von Robert Schumanns sentimentaler *Frauenliebe und -leben*, und ich garantiere Ihnen, sie ist für immer die Ihre. Sie sehen, es gibt für Ihr neues Wissen durchaus auch praktische Anwendungsmöglichkeiten.

Soviel zum Thema Repertoire. Im weiteren Verlauf werden wir die einzelnen Stücke besprechen, und bevor Sie es so richtig gemerkt haben, stellen Sie schon Ihr eigenes Repertoire zusammen. So einfach ist das.

Bei der Erforschung des Repertoires auf eigene Faust – damals in der Wildnis Hawaiis und später dann in den kulturell benachteiligten Vorstädten Washingtons – geriet ich oft auf Irrwege. An der High School in Honolulu etwa gründete ich zusammen mit einem Klarinettisten und einem Drummer (ich spielte am Klavier) ein Jazz-Trio. Irgendwann versuchten wir ziemlich erfolglos, Musik nach Noten zu spielen – ein teuflisches Unterfangen, bis wir endlich merkten, daß die Klarinette einen Ton tiefer klingt als notiert: Das heißt, auf dem Papier steht ein C, doch auf der Klarinette klingt es als B. Fragen Sie nicht, warum das so ist.

Die von meiner Mutter aufs Geratewohl erworbenen schwarzen Scheiben bereicherten meine wachsende Plattensammlung um einige klassische Aufnahmen. Ein besonders schöner Zugang zu meiner Bibliothek waren die drei Ballette *Feuervogel, Petruschka* und *Le Sacre du Printemps* von Igor Strawinsky, die der Komponist selbst dirigierte. Viel später erst erfuhr ich, daß das im Grunde eine Vorspiegelung falscher Tatsachen war. Denn die Werke waren meist von seinem Adlatus Robert Craft einstudiert worden; nur bei der Aufführung trat der alte Mann selbst vor das Orchester. Egal. Mein Appetit war geweckt, und schon bald reichten meine Klavierstunden nicht mehr aus, meinen Hunger auf mehr zu stillen. Ich plünderte die Büchereien nach Büchern über Musik und Aufnahmen. Ich las alles, inklusive *High Fidelity* und *Stereo Review*. Ich vertiefte mich auch in Harold C. Schonbergs Bücher, darunter *The Great Pianists*. Schonbergs klare, verständliche Art zu schreiben beflügelte meine Phantasie. Daß der Chefkritiker der *New York Times* eines Tages mein Mentor und Freund werden würde, hätte ich mir damals nicht träumen lassen.

Es ließ sich natürlich nicht vermeiden, daß ich bei meiner autodidaktischen Vorgehensweise oft falschen Fährten gefolgt bin. Nehmen wir das Streichquartett. Das erste Beispiel dieser erhabenen Kunstform, das ich bewußt wahrnahm, war das Scherzo aus

Claude Debussys reizendem *Streichquartett* (er schrieb nur eines) – ein erstaunliches Stück, bei dem die vier Instrumente (zwei Geigen, Bratsche, Cello) meist pizzicato spielen, das heißt, die Musiker zupfen die Saiten, statt sie mit dem Bogen zu streichen. Wie der Blinde, der das Bein eines Elefanten befühlt und daraus schließt, es handle sich um einen Baum, kam ich zu dem fälschlichen Schluß, alle Streichquartette seien so oder so ähnlich. Beethovens späte Streichquartette – das sind die fünf Quartette, die der Komponist am Ende seines Lebens schrieb, höchst komplexe und visionäre Werke – haben mich dann kalt erwischt, denn sie sind Debussys raffinierter Jahrhundertwende-Ästhetik ungefähr so ähnlich wie eine gothische Kathedrale einem französischen Salon. Meine verfrühte Bekanntschaft mit dem *Heiligen Dankgesang* haben mir Beethovens Quartette für Jahre vergrault.

Klassische Musik setzt, bevor sie alle ihre Geheimnisse preisgibt, einen gewissen Grad an Kultiviertheit und Bildung auf seiten des Hörers voraus. Mit Fünfzehn war ich einfach noch nicht reif für den späten Beethoven, und Sie sind es jetzt – unabhängig von Ihrem Alter – vermutlich auch noch nicht. Irgendwann war ich es dann, und Ihnen wird es genauso ergehen. (Im nächsten Kapitel wird davon die Rede sein, auf was man achten sollte, wenn man sich ein Musikstück anhört.)

Trotz meiner selbstverwalteten musikalischen Bildung wurde ich an der Eastman School of Music in Rochester, N.Y., angenommen und begann im Herbst 1967 mein Studium. Zu meinen Lehrern in den nächsten vier Jahren zählten Charles Warren Fox, der inzwischen verstorbene herausragende amerikanische Musikwissenschaftler, und meine Dozentin für Literatur, Alice Bensten, die mich mit allen Größen von Thomas Mann bis Hannah Arendt bekannt machte. Meine beiden deutschen Lehrer, Alexander Wieber und Jessie Kneisel, führten mich in Sprache und Dichtung Mitteleuropas ein.

Daß die normalen Wintertemperaturen gute 15 Grad unter dem liegen würden, was ich gewohnt war, traf mich hart. Aber noch schockierender fand ich das kulturelle Niveau einiger meiner Kommilitonen – Kids aus New York City, die quasi in der Carnegie Hall aufgewachsen waren, Horowitz' großes Comeback 1965 miterlebt, die High School für Kunst und Musik besucht hatten und genau wußten, was ein Solfeggio und eine Hemiole oder eine

Grundposition waren. Aber zum Glück hatte ich gute Freunde, etwa Joseph Packales, den Sohn eines Tuchfabrikanten, der erst sein Vermögen und dann seine Gesundheit verloren hatte und noch während Joes Studentenzeit starb. Joe, der talentierteste Musiker der Schule, war mir zwei Jahre voraus: ein technisch glänzender und sensibler Pianist, theoriefest und zudem ein guter Komponist (er schlug eine erfolgreiche akademische Laufbahn ein). Wie das bei Collegestudenten so ist, diskutierten wir bis tief in die Nacht hinein über Musik. Joe war es, der mir den Großteil des Repertoires nahebrachte, und er hat sich dabei nie über meine Unkenntnis so fundamentaler Werke wie *La Bohème* und die *Winterreise* lustig gemacht; er hat mich, den Gojishe aus der Provinz, vielmehr immer wieder gedrängt, Neues zu entdecken.

Was ich mit dieser persönlichen Geschichte sagen will, ist, daß klassische Musik etwas für jedermann ist. Sicherlich war meine eigene Herkunft aus dem Offiziersmilieu kaum dazu angetan, Liebe zu klassischer Musik zu fördern. Gibt es überhaupt einen unmusikalischeren Menschen als den Colonel eines Marine Corps? Auch waren die Orte, an denen ich als Junge und junger Mann lebte, nicht gerade kulturelle Brutstätten. In den fünfziger Jahren galt San Diego als *die* Stadt, wenn man sich ein Tattoo machen lassen wollte, und Honolulu ist immer noch für viele der Inbegriff der paradiesischen Insel, bestens geeignet, fern der Nervosität, Hetze und Hektik Südkaliforniens an seiner Bräune zu arbeiten.

Nein, um klassische Musik zu lieben, muß man nicht in Fußnähe des Lincoln Centers oder der Carnegie Hall aufgewachsen sein. Die Eltern müssen nicht Ärzte, Psychiater oder Chefredakteure des Kulturteils einer großen Zeitung sein. Es ist auch nicht nötig, daß man ein Wunderkind am Klavier, an der Geige oder am Cello gewesen ist; man muß nicht einmal in der High-School-Band Klarinette gespielt haben. Alles eben Genannte mag sicherlich hilfreich sein, entscheidend ist jedoch eher die Veranlagung und nicht die Umgebung, die einen zur Musik bringt. Das Entdecken klassischer Musik kann eine bis dahin unbekannte Welt intellektueller Herausforderung und emotionalen Genusses eröffnen und Ihrem Leben eine neue Richtung weisen.

Machen wir uns also bereit. Schalten Sie den Fernseher aus. Wenn Sie eine Folge Ihrer Lieblings-Soap-Opera gesehen haben, haben Sie alle gesehen. Verdrängen Sie den Gedanken, wie nett es jetzt doch in Ihrem In-Restaurant wäre. Für das Geld eines Essens zu zweit können Sie sich auch drei oder vier anständige Karten für die Met kaufen. Lassen Sie Kino Kino sein, wozu haben Sie schließlich einen Videorecorder? Erledigen Sie Ihr Fitneßtraining lieber morgens oder über Mittag (Sie brauchen doch sowieso nicht fünf Tage pro Woche ein teures Mittagessen). Und zu der Zeit, wenn die meisten Konzerte anfangen, sollten die Kinder sowieso im Bett sein. Wenn sie es nicht sind, sind sie alt genug mitzukommen.

Auf Ihrem Weg zur musikalischen Kultiviertheit – zum *Gradus al Parnassum* – brauchen Sie nichts weiter als den Wunsch, dorthin zu gelangen. Um ein wirklicher Kenner zu werden, brauchen Sie nichts weiter als Zeit. Wenn Sie keine haben, schaffen Sie sich Freiräume. Sie können es. Ich weiß, daß Sie es können.

Wessen Kunst ist es denn letzten Endes? Ihre, meine – und unsere.

Zwischenspiel: Beethoven

Wenn es einen Komponisten gibt, der für Millionen von Hörern auf der ganzen Welt die klassische Musik personifiziert, dann ist das Ludwig van Beethoven. Der Mann mit den zerzausten Haaren, den ungehobelten Manieren, dem leicht aufbrausenden Temperament – das ist der Archetypus des Genies im erbitterten Kampf mit den Göttern. In seiner Jugend war er der größte aller Klaviervirtuosen, ein urgewaltiger Musiker, der die armseligen Instrumente seiner Zeit zu Kleinholz verarbeitete. Als er an fortschreitender, unheilbarer Taubheit erkrankte, und das gerade zu einer Zeit, da er als Komponist so richtig angefangen hatte, erwog er sich umzubringen. Sein Abschiedsbrief ist eine der berühmtesten und bittersten Abrechnungen, die je geschrieben wurden. Doch dann trotzte er seinem Schicksal und schrieb Musik von bisher unbekannter Grösse und bewegender Eindringlichkeit, die mit ihrer grimmigen und unbeugsamen Haltung sowohl Musiker wie Publikum herausforderte. Als er 1827 starb, hatte man ihn schon zum heroischen Künstler stilisiert, und bei seinem Begräbnis säumten mehr als zehntausend Menschen die Straßen, um ihm die letzte Ehre zu erweisen.

Heute wird Beethoven sogar noch mehr gefeiert. Seine neun

Sinfonien, fünf Klavierkonzerte, 32 Klaviersonaten und 16 Streichquartette sind Meilensteine des Repertoires. So wie Musiker ihren Weg erst geschafft haben, wenn sie in der Carnegie Hall spielen dürfen, so kommen sie gar nicht erst dahin, wenn sie nicht Beethoven spielen. Kammermusikgruppen legen sich bei den Streichquartettzyklen heftig ins Zeug, Pianisten rüsten bei ihrer Technik noch mal nach, um sich sicher durch das *L'Empereur-Konzert* oder die *Hammerklaviersonate* zu kämpfen, und Dirigenten und Orchester der ganzen Welt liefern sich an den Sinfonien ein Kräftemessen. Beethoven kommt überall an: In Japan, wo er sehr verehrt wird, wird die *Neunte Sinfonie* zum Jahresende so oft aufgeführt, daß man schon von der alljährlichen »Neunten-Schwemme« spricht. Vergessen wir nicht, daß allein die *Neunte* mit ihrer überbordenden Musik zu Schillers *Ode an die Freude* – zumindest zeitweise – das brutale, wilde Biest Alex in *A Clockwork Orange* zu besänftigen vermochte.

Eigentlich sollte man meinen, der Schöpfer einiger der erhabensten Musikwerke sei selbst auch ein Mensch mit Sinn für das Besondere und Edle gewesen. Aber eine größere Diskrepanz zwischen Mann und Künstler als bei Beethoven ist kaum vorstellbar. Schon rein äußerlich war er weit entfernt vom heroischen Ideal: klein (ungefähr einen Meter sechzig), untersetzt, mit widerspenstigem Haar, vorstehenden Zähnen und dunkler Gesichtsfarbe, die ihm den Spitznamen »der Spanier« einbrachte. Sein Leben war ein einziges Chaos, eine Folge unglücklicher Liebesaffairen, Familienstreitigkeiten, erregt geführter Prozesse, demolierter Unterkünfte, düpierter Verleger, beleidigter Mäzene, spannungsgeladener Freundschaften. Ein Besucher, der 1809 Beethoven in seiner Wohnung aufsuchte, hinterließ diesen Bericht über die Unterkunft des Komponisten: »Man stelle sich das Unsauberste und Unordentlichste vor, was man kann: große Wasserlachen stehen auf dem Boden. Auf dem schon ziemlich alten Flügel führen Staub und Schmutz mit geschriebenen und gedruckten Notenblättern einen dauernden Kampf. Darunter stand ein noch ungeleertes diskretes Gefäß. Die Stühle, größtenteils mit Strohsitzen, waren mit allerhand Garderobegegenständen und mit Tellern bedeckt, die die Reste des gestrigen Abendessens enthielten.«

Der Nachttopf unter dem Klavier – das hat doch was. Abgesehen von einer bedeutenden Ausnahme – seinem Neffen Karl, mit dem ihn eine chaotische, eindeutig unglückliche Beziehung verband – war für den reizbaren Beethoven nichts von Bedeutung, außer seine Musik. Waren Musiker wie Haydn und Mozart noch damit zufrieden, den Dienstboteneingang zu benutzen, wenn sie mit ihren königlichen Gönnern zu tun hatten, walzte sich Beethoven seinen Weg durch die Vordertür. Als Napoleon sich zum Kaiser krönen ließ, zerriß Beethoven verächtlich die Widmung seiner dritten Sinfonie an den kleinen Korsen und widmete sie statt dessen »dem Andenken eines großen Menschen«. Seine Philosophie war höchst privat – »Kraft ist die Moral der Menschen, die sich vor andren auszeichnen, und sie ist auch die meinige«, sagte er. Auch wenn er eine Ahnung von universeller Brüderlichkeit hatte, vom Triumph eines vom willkürlichen Kontext der Geburt oder Position befreiten Menschen – Beethoven war dennoch nie ein Mann der Massen. Sein Leben war eher das einsame Bekenntnis des Künstlers, der sich seine eigene Wahrheit schafft. »Was in meinem Herzen ist, muß zutage kommen, und so schreibe ich es nieder«, sagte er einfach.

Dieser gewaltige Charakter entstammte wenig einnehmenden Verhältnissen. Die Familie Beethoven war belgischer Herkunft (daher das »van« und nicht »von«). Ludwigs Großvater väterlicherseits war ein exzellenter Bassist, der im Laufe seiner Karriere 1733 in die rheinische Provinzstadt Bonn kam, wo er nach und nach zum Kapellmeister des kurfürstlichen Hofes aufstieg. Beethovens Vater Johann allerdings bewegte sich im Vergleich zum Großvater beruflich eher wieder nach unten, heiratete die Tochter eines Kochs und hielt sich und seine drei Söhne mit Gesangs-, Klavier- und Geigenstunden über Wasser. Mozarts Beispiel noch frisch vor Augen, trieb Johann seinen talentierten Sohn Ludwig gnadenlos an, machte ihn ein paar Jahre jünger, damit er besser als Wunderkind durchginge. Die frühesten Berichte über die Talente des Wunderkinds Beethoven erschienen 1783 in *Cramers Magazin für Musik*. Nicht ganz korrekt wird vermerkt, daß er ein »Knabe von elf Jahren« – in Wirklichkeit war er schon über zwölf – und ein vielversprechendes Talent sei. Weiter hieß es: »Er spielt sehr fertig und mit Kraft das Klavier, liest sehr gut vom Blatt, und um alles in einem zu sagen: Er spielt größtenteils das wohltemperierte Clavier von Sebastian Bach. Dieses junge Genie verdiente Unterstützung, daß er reisen könnte. Er würde gewiß ein zweiter Wolfgang Amadeus Mozart werden, wenn er fortschritte, wie er angefangen.«

Beethoven aber war nicht wie Mozart, der sich, als seine Jahre als Kinderstar vorbei waren, auf die frustrierende Suche nach einer Stellung bei Hofe machen mußte. Ihm entsprach auch nicht Mozarts anmutiger, flüssiger Klavierstil. Gleich nachdem er volljährig geworden war, machte Beethoven sich auf nach Wien, damals die Musikmetropole, wo er mit seiner wilden Art des Saiten zerfetzenden Klavierspiels sofort die Massen gegeneinander aufbrachte. Die feinen, zerbrechlichen Instrumente des späten 18. Jahrhunderts hatten noch nicht gerade viel mit ihren modernen Nachfahren gemein. Man kann behaupten, daß zum Teil Beethoven für die mechanischen Verbesserungen verantwortlich war, die schließlich zu den stahlbesaiteten Ungetümen, die wir heute kennen, geführt haben. Beethoven, der unvergleichliche Improviseur, der das Publikum stundenlang fesseln konnte, etablierte sich schnell als der zornige junge Mann seines Berufsstandes. Seltsamerweise wurde dieser Jungrevoluzzer, dieser lärmende Aufständische, fast sofort von der Aristokratie ins Herz geschlossen. Als man Beethoven eine lukrative Position in Westfalen anbot, stellten der Erzherzog Rudolf, Prinz Lobkowitz und Prinz Kinsky schnell eine hübsche Jahresrente bereit, um ihn in Wien zu halten. Doch Beethoven war immer darauf bedacht, seine Selbstachtung zu wahren. Es gibt eine Geschichte, die besagt, er und Johann Wolfgang von Goethe seien einmal zusammen spazierengegangen, als ein Mitglied des Adels vorbeikam. Goethe habe respektvoll den Hut gezogen und sei beiseite getreten, Beethoven dagegen sei einfach weitergegangen. »Mein Adel«, sagte er bei einer anderen Gelegenheit und deutete dabei auf seinen Kopf und sein Herz, »ist *hier* und *hier*«.

Der furchteinflößende, jähzornige Mann hat nie geheiratet, obwohl er es zumindest wohl einmal ernsthaft in Betracht gezogen hatte. Vielleicht gerade weil sie für ihn unmöglich zu erreichen waren, verliebte sich Beethoven immer wieder in Frauen höherer gesellschaftlicher Schichten, manche davon verheiratet: die Gräfin Giulietta Guicciardi, Josephine von Brunsvik, Therese Malfatti, Bettina Brentano, Antonie Brentano (Bettinas Schwägerin) und Dorothea von Ertmann, um nur einige zu nennen. Tatsächlich schrieb Beethoven 1812 einen leidenschaftlichen Brief an eine nicht namentlich genannte »Unsterbliche Geliebte«: »Mein Engel, mein alles, mein Ich. Kannst Du es ändern, daß Du nicht ganz mein, ich nicht ganz Dein bin.« Diesen Brief schrieb Beethoven zehn Jahre nach dem gleichermaßen leidenschaftlichen Heiligenstädter Testament (benannt nach dem Dorf in der Nähe Wiens, wo Beethoven sein Testament verfaßte), das er an seine Brüder schickte; eigentlich hätten sie es erst nach seinem Tod lesen sollen. Gequält von seiner Taubheit und sich seiner selbstzerstörerischen Wirkung bewußt, schrieb Beethoven – noch bevor er die *Eroica* komponiert hatte – 1802: »O ihr Menschen, die ihr mich für feindselig, störrisch oder misanthropisch haltet oder erkläret, wie unrecht tut ihr mir!« Aber wer von uns könnte angesichts drohender Berufsunfähigkeit Fassung bewahren?

Beethoven steht an einem Wendepunkt der Musikgeschichte, blickt gleichzeitig zurück auf die klassische Periode und nach vorn in Richtung Romantik. Und wie das Gallien Cäsars oder das Hockeyspiel der New York Rangers teilt sich Beethovens Lebenswerk in drei Teile: die frühen, mittleren und späten Werke. Als aufsehenerregender junger Musiker in Wien stand Beethoven in Konkurrenz zu seinem Lehrer Haydn. Diese Lehrer-Schüler-Beziehung war von vornherein zum Scheitern verurteilt, sicher nicht nur wegen des Temperamentsunterschiedes. Dennoch lernte Beethoven von Haydn vieles über den Umgang mit der klassischen Form sowie – und das war noch wichtiger – über den Umgang mit der eigenen Ausdrucksweise und darüber, wie sie gezielt eingesetzt wird. So zeugt Beethovens *Erste Sinfonie* einerseits von Haydns Einfluß, weist diesen aber gleichzeitig zurück: Die Sinfonie gibt zwar vor, in C-Dur zu stehen, beginnt aber kühn in F-Dur, bevor sie zur eigentlichen Grundtonart findet – kein rechter Komponist der klassischen Periode hätte auch nur im Traum daran gedacht, so etwas zu wagen. In der *Zweiten Sinfonie*, dem schwächsten aller beethovenschen Versuche in dieser Gattung, hört man förmlich, wie Haydn mit erhobenem Zeigefinger durch die etwas ausschweifende Coda des ersten Satzes geistert. (Das italienische Wort »Coda« bedeutet soviel wie »Schwanz« und bezieht sich auf einen Schlußabschnitt, der so etwas wie ein Anhang ist.) Auch die sechs frühen Streichquartette op. 18 tragen noch Haydns Handschrift; was ihnen an vollendeter technischer Perfektion des älteren Herrn fehlt, machen sie durch ganz und gar wilde Energie wieder wett. Die ersten beiden Klavierkonzerte sind ausgesprochen klassizistisch und gehören vom Gefühl her noch ins 18. Jahrhundert.

Plötzlich wurde alles anders. Etwa zu der Zeit, als seine Taubheit fast total geworden war, wandelte sich Beethovens Stil: Die Grenzen der ihm überlieferten klassischen Formen sprengend, erforschte er ein Gebiet, das noch kein Komponist vor ihm betreten hatte. »Ich will dem Schicksal in den Rachen greifen; ganz niederbeugen soll es mich gewiß nicht.« In Werken wie der *Eroica*, der *Fünften*, *Siebten* und *Neunten Sinfonie*, in den Klaviersonaten, etwa der *Appassionata*, seiner einzigen Oper *Fidelio* und in den späten Streichquartetten entschied sich Beethoven zu kämpfen; er warf den Fehdehandschuh und erklärte, daß er sich seiner Behinderung nie ergeben werde. Unter seinen Händen nahmen die klassischen Formen völlig neue Ausmaße an. Die *Eroica* etwa dauert fast doppelt so lang wie jede andere Sinfonie vor ihr: erst der monumentale Eingangssatz, danach der Trauermarsch, ein Stück von bis dahin unbekannter Ausdruckstiefe, gefolgt von einem ausgelassenen Scherzo und einem Finale, das ein harmloses kleines Thema (aus dem früher entstandenen Ballett *Die Geschöpfe des Prometheus*) als Grundlage für einen Variationssatz verwendet, der sich mit seinen ständig wechselnden Stimmungen zu einer emotionalen Tour de Force entwickelt.

Das ist Beethoven, der Himmelsstürmer, der Polterer, der dem Schicksal die Stirn bietet, der Beethoven, wie wir ihn kennen und wie wir ihn am meisten lieben. Er verkündet das 19. Jahrhundert. Er war es, der den Weg für die ausgedehnten Sinfonien seines Zeitgenossen Schubert und seiner geistigen Nachfahren Mahler und Bruckner geebnet hat (fast jede Bruckner-Sinfonie beginnt mit einem Streicher-Tremolo, einem Gruß an Beethovens *Neunte*). Brahms, der sich von seinem großen Vorbild nie wirklich freimachen konnte, schob es jahrelang vor sich her, seine erste Sinfonie zu schreiben, aus Angst, selbst seine Befürworter würden sie an Beethovens großen Werken dieser Gattung messen.

Beethoven war es auch, der den jungen Richard Wagner mit der Gewalt eines Donnerschlags aufrüttelte und ihn (wieder mit der *Neunten*, dem für die musikalische Romantik vielleicht prägendsten Werk) zum Konzept des Gesamtkunstwerkes inspirierte.

Das Werk, das am besten diese Dualität, diesen Wechsel vom

Klassiker zum Romantiker, verdeutlicht, ist sein *Fidelio*. Beethoven arbeitete an der Gattung Oper, die ihm eigentlich nicht so recht lag, besonders hart – immer und immer wieder schrieb er Teile um, bis alles stimmte. Ursprünglich *Leonore* genannt, wurde der *Fidelio* mehreren Umarbeitungen unterzogen, bevor er seine endgültige Form erhielt. Im Verlauf dieser Umarbeitung entwickelte sich das Werk vom einfachen komischen Singspiel – einem Verwandten des Musicals mit gesprochenen Dialogen – hin zu einer Oper von elementarer Kraft. Leonore, die Heldin der Geschichte, hat sich als Mann verkleidet und einen Job im Gefängnis angenommen, um ihren fälschlicherweise eingesperrten Gatten Florestan zu befreien. Am Anfang der Oper stehen einige Arien in leichter Singspielmanier (natürlich hat sich die Tochter des Gefängniswärters sofort in »Fidelio« verliebt), die fast gar keinen Hinweis auf das folgende Drama geben. Mit dem Auftritt des Schurken Pizzaro wird die Sache allerdings bitter ernst, und wenn wir dann Florestan in seinem düsteren Verlies hinter Gittern sehen, ist auch dem letzten klar, daß es fünf vor zwölf ist. Leonores Suche nach ihrem Mann gehört zu den bewegendsten Momenten der Operngeschichte. Dieses leidenschaftliche Flehen um Freiheit und Gerechtigkeit war in seiner Eindringlichkeit absolut revolutionär.

Doch da gibt es noch eine andere, weniger auffällige Seite an Beethoven. Der aufbrausende Mann konnte durchaus auch sanft und lyrisch sein, zum Beispiel im *G-Dur Streichquartett* op. 18, Nr. 2, in den langsamen Sätzen der *Pathétique* und der *Mondscheinsonate*. Er konnte aber auch ganz und gar heiter und gelöst sein wie in der bukolischen *Pastorale* und in der lebhaften *Achten Sinfonie*. In Beethovens Werken spiegelt sich eine Welt voll bitterer Erfahrungen, Herzschmerzen, aber auch voll heiterer, energiegeladener Siege. Seine Musik ist ein Schrei aus der Tiefe des Herzens, ein Triumphgeheul, eine Ode an die Freude. Beethoven ist ein Komponist für jede Stimmung, jeden Geschmack, jede Jahreszeit.

3

Geräusche der Nacht – wie man sich ein Konzert oder eine Oper anhört

Ich weiß, ich weiß. Sie haben Angst.

Angst davor, in ein Konzert zu gehen. Für mich ist es schließlich ein leichtes, vom Wunderland zu erzählen, aber auf Sie wirkt ein Konzertsaal eher wie ein Geisterhaus. Beethoven! Schönberg! Buh!

Wo liegt das Problem? Hunderttausende – und viele nicht schlauer als Sie! – gehen Tag für Tag in Konzerte. Aber Sie stehen da wie ein Hinterwäldler und wundern sich, was die wohl haben, was Ihnen fehlt. Die Antwort lautet: Mut.

Wie hört man sich klassische Musik an? Die Antwort ist ganz einfach: mit den Ohren. Aber wenn Sie sehen, wie alle zurückgelehnt in ihren Sesseln sitzen, völlig entrückt Mahlers Musik lauschen, obwohl der Komponist sich gerade in endlosen Ausschweifungen ergeht, dann wirkt das alles auf Sie höchst verwirrend. Und lang ist das Ganze natürlich auch. Sehr, sehr lang. Was sollen Sie überhaupt von der ganzen Sache halten? Was, wenn es Sie langweilt? Was, wenn Sie das Programmheft durchgelesen haben und schon bei den Anzeigen sind? Was, wenn Sie der Schlaf überkommt? Das ist es doch, wovor Sie wirklich Angst haben.

Keine Sorge, das wird schon. Das Leben ist eben hart. Und manchmal auch ganz einfach.

Die meisten Probleme haben Laien offenbar mit dem Hören. Irgendwie glauben sie, Klassikfreaks wüßten – dank eines gottgegebenen Talents – besser, wie man richtig zuhört. In ihre Ohren scheint irgend etwas eingebaut zu sein, das ihnen gestattet, die vertrackte Struktur eines Sonatenallegros zu entschlüsseln; und wenn ihnen das gelungen ist, können sie sich an dem, was sich dahinter verbirgt, emotional laben. Klassische Musik ist wie eine Kokosnuß. Für den Kenner, der weiß, wie man sie knackt, ein Genuß, dem frustrierten Laien aber bleibt sie verschlossen.

Ich will hier nicht behaupten, Schönbergs *Erwartung* anzuhören sei das Einfachste der Welt. Oder daß *Wozzeck* und *Lulu* die reinsten Lachnummern seien. Oder daß selbst ein so grundlegendes und eigentlich eingängliches Werk wie etwa eine Beethoven-Sinfonie eine Kleinigkeit sei. Musikhören ist eine aktive und keine passive Beschäftigung. Ja, manche Menschen schlafen im Konzert ein, und es liegt nicht immer nur an ihnen. Vielleicht war die Aufführung nichts weiter als das routinierte Abspielen eines altbekannten Meisterwerks, das keinerlei Reize fürs Gehirn bietet. (Achtung: davon gibt es viele.) Aber ich garantiere Ihnen: Wenn Sie in einem wirklich guten Konzert sind und gut aufpassen, kommen Sie auf keinen Fall in solche Verlegenheiten.

Eins müssen Sie mir allerdings versprechen. Klatschen Sie nicht, jedenfalls nicht zwischen den Sätzen. Und auch nicht gleich, wenn das Stück vorbei ist. Warten Sie, bis Sie ganz viele um sich herum klatschen hören. Erst dann machen Sie mit.

Was ist denn so schlimm am Klatschen, fragen Sie sich. Überhaupt nichts. Es gab sogar Zeiten, da haben die Leute geklatscht, wann immer ihnen danach war. Die Komponisten fanden das gut, denn Applaus bedeutete, daß sie einen Hit gelandet hatten. Im 18. und 19. Jahrhundert war es sogar so, daß bei genügend Applaus das ganze Stück als Zugabe gleich noch einmal gespielt wurde. Heute sind Zugaben kleine Extrastücke, die die Musiker scheinbar ganz zufällig vorbereitet haben. Doch früher spielte man ein Werk, das gefallen hatte, einfach noch mal. Und noch mal. Und manchmal sogar noch mal.

Und heute? Heutzutage sind wir viel zurückhaltender. Ist auch keine schlechte Idee. Normalerweise stehen doch nur Stücke auf dem Programm, die wir alle (oder fast alle) schon viele Male zuvor gehört haben. (So gesehen sind 95 Prozent unseres Konzertlebens Zugaben.) Der Grund, warum man zwischen den Sätzen einer Sinfonie oder eines Konzerts nicht klatscht, ist der, daß man die Einheit eines Werkes wahren sollte. Viele unserer Mit-Konzertbesucher wollen ihre Aufmerksamkeit auf den großen Bogen richten und sich auf das konzentrieren, was der Komponist mit seinem Werk als Ganzem vermitteln wollte. Es ist eine Form der Höflichkeit, die gern gesehen wird.

Noch eines ist mir wichtig: Vergewissern Sie sich erst, daß das Stück auch wirklich vorbei ist, bevor Sie anfangen zu klatschen. Manchmal aber sind Komponisten so fies und mogeln falsche Schlußwendungen in ein Stück, nur um zu sehen, wer noch aufpaßt. Einer der berühmtesten vermeintlichen Schlüsse steckt im

Finale von Schuberts *Forellenquintett*. Die Musik scheint am Schlußpunkt angelangt zu sein, setzt kurz aus und wiederholt sich dann. Und jedesmal weiß man genau, wer die Neulinge im Publikum sind. Allerdings ...

Einmal tappte eine Gruppe japanischer Touristen bei einem Konzert in Salzburg genau in diese Falle und applaudierte wie verrückt. Österreicher verstehen bei einem solchen Fauxpas keinen Spaß – das kollektive »Pssssssst!« war so laut, daß es zeitweise die Musik übertönte. Es ist also besser, Sie halten sich zurück, bis Sie ganz sicher sind, daß die Musik zu Ende ist. Auf Nummer Sicher gehen Sie, wenn Sie so lange warten, bis die Musiker ihre Instrumente ablegen und aufstehen. Denken Sie daran, keinem wird auffallen, wenn Sie der letzte sind, der klatscht, wohl aber, wenn Sie der erste sind – vor allem, wenn Sie sich geirrt haben.

Wie Ihnen sicher aufgefallen ist, habe ich noch nichts zum Thema Applaus in der Oper gesagt. Das liegt daran, daß die Leute in der Oper genau das Gegenteil tun. Sie klatschen. Sie jubeln. Sie schreien bei jeder sich bietenden Gelegenheit aus voller Kehle »Bravo!«. Mit anderen Worten: Sie rasten aus. Oper bringt Menschen dazu, so zu reagieren. (Mehr darüber in Kapitel vier.)

Aber auch in der Oper gibt es gewisse Spielregeln. Keiner unterbricht eine Diva oder einen Tenor mitten in einer Arie (was unweigerlich zum Tod des Missetäters führen würde). Ebenso unhöflich wäre es, zu klatschen, während der Vorhang am Ende eines Aktes fällt und die Musik schweigt. Ein Komponist wie Puccini erwartete, daß die Leute bei einem großen Schluß – etwa dem Ende des ersten Aktes der *Tosca* – sofort losklatschen, zog es aber an anderen Stellen vor, die dramatische Spannung zu halten – zum Beispiel am Ende des zweiten Aktes der *Tosca* oder während der letzten Augenblicke des ersten Aktes von *La Bohème*. Europäer scheinen übrigens eher in der Lage zu sein, den feinen Unterschied zu erkennen, als Amerikaner.

Noch etwas. In der Oper kann man ruhig buhen. Die Leute tun das dort dauernd.

Doch, wirklich. Oper ist für viele ein bißchen wie Zirkus (und für einige der Goldkehlenfanatiker ist das Ganze wirklich wie eine Zirkusvorstellung) oder vielleicht wie ein Stierkampf. Wehe dem glücklosen Sopran, der die Arie der Königin der Nacht in der *Zauberflöte* schmeißt, wehe der Verdi-Heldin, die ohne das rechte innere Feuer leidet. Und es werden nicht nur die Sänger ausgebuht. Heutzutage erfreut sich das Ausbuhen des Dirigenten, des Regisseurs, des Bühnenbildners und manchmal sogar des Beleuchters steigender Beliebtheit. Oper ist eben nichts für zimperliche Naturen.

So langsam können Sie sich ein Bild machen, zumindest was das Drumherum angeht. Aber kehren wir lieber wieder zum eigentlichen Thema zurück: Wie hört man sich die Musik an?

Der Schlüssel zum Verständnis klassischer Musik liegt darin, zu wissen, daß sie eine feste Struktur hat. Jedes gute Musikstück hat sie. Wenn Sie einen guten Rocksong hören, hören Sie eine Struktur. Das Muster kennen Sie doch: Verse, Chorus, Break, Verse, Chorus, Schluß. (So etwa bei Roy Orbisons *Only the Lonely* – das Stück scheint mir das beste Beispiel für Belcanto-Gesang im 20. Jahrhundert zu sein.) Bei klassischer Musik ist es genauso, nur eben ein bißchen komplizierter. Na schön, manchmal sehr viel komplizierter.

Aber es gibt – oft schon im Titel verborgen – Tips, die Ihnen beim Zuhören helfen. Eine Sonate zum Beispiel ist ein Werk für ein oder zwei Instrumente – normalerweise Klavier oder Klavier und Geige –, dem eine bestimmte traditionelle Abfolge von drei oder vier Sätzen zugrunde liegt: schnell, langsam, mäßig, schnell, wobei der zweite schnelle Satz meist ein schnelleres Tempo hat als der erste und der mäßig schnelle Satz oft ein Tanz im Dreivierteltakt ist. Wenn wir also Beethovens *Mondscheinsonate* auf dem Programm sehen, wissen wir sofort, auch wenn wir sie noch nie gehört haben, was uns erwartet.

Das nächste, was man wissen sollte, ist, daß jeder Satz wiederum eine eigene Struktur hat. Der erste Satz einer Sonate steht in den meisten Fällen in der sogenannten Sonatensatzform. Die klassische Sonatensatzform sieht folgendermaßen aus:

1. In der »Exposition« werden ein erstes Thema in der Grundtonart, danach ein zweites Thema in einer eng verwandten Tonart vorgestellt.

2. Beide Themen klopft der Komponist in der »Durchführung« auf Herz und Nieren ab, verändert sie dabei manchmal in eine Richtung, die Sie sehr genau verfolgen sollten, bis er sie dann

3. in die »Reprise« münden läßt. In diesem Abschnitt tauchen beide Themen nochmals auf, normalerweise in der Grundtonart. Eine Sonate in C-Dur hätte also ein erstes Thema in C-Dur, ein zweites Thema in G-Dur (der sogenannten »Dominanttonart«), in der Durchführung erscheinen beide in verschiedenen Tonarten und in der Reprise beide in C-Dur. Die klassische Sinfonie ist nichts weiter als eine Sonate für Orchester. Und das war's auch schon! (Na ja, fast.)

Man muß sich nur immer vergegenwärtigen, daß ein Komponist nicht einfach alles, was ihm so in den Sinn kommt, hinschreibt. Jeder einzelne Teil seiner Komposition muß zu den anderen Teilen in einer logischen, verständlichen, organischen Verbindung stehen. Das gilt nicht nur für jeden einzelnen Satz, sondern auch für größere Strukturen, etwa ganze Sinfonien und Sonaten. Musik ist eine Sprache: Die Themen jedes Satzes sind wie Sätze eines Textes, die, zusammengefaßt, einen größeren Absatz oder, musikalisch gesehen, einen Satz ergeben. Setzt man einige Absätze zusammen, ergibt sich als nächstes, wie Sie wissen, eine Geschichte oder ein Kapitel. Macht man so weiter, bekommt man einen Roman – oder in unserem Fall eine Sinfonie.

Die vier Sätze von, sagen wir einmal, Beethovens *Fünfter* sind nicht einfach eine zufällige Ansammlung beliebiger Melodien. Unmöglich, den zweiten Satz herauszunehmen, ihn durch irgendeinen anderen langsamen Satz Beethovens zu ersetzen und trotzdem noch die *Fünfte Sinfonie* zu haben. Der Charakter wäre völlig falsch, die Tonarten würden nicht zusammenpassen, das dramatische Tempo wäre weg und so weiter. Es würde einfach nicht funktionieren.

Opern sind natürlich viel länger und viel ausladender als Sinfonien, aber auch sie haben erkennbare Strukturen, die sich, wenn wir sie genauer untersuchen, als relativ schlicht erweisen. Arien etwa, diese Haltebuchten der Oper, in denen ein Sänger parkt und seine Ware abliefert, weisen oft die elementarste musikalische Form, die ABA- oder Dacapo-Form, auf. A steht dabei für das erste Thema, B für das zweite und A für die Wiederholung oder Reprise des ersten. Arien des 18. Jahrhunderts (etwa in Händel-Opern) waren oft solche Dacapo-Arien. (Eine weitere Bezeichnung für die ABA-Form ist Rondo; ein Rondo dauert normalerweise etwas länger, zum Beispiel: ABACADA. Wichtig dabei ist, daß ein Melodieabschnitt immer wiederkommt.)

Im Verlauf der Entwicklung der Oper haben einige Komponisten mit Makroplänen experimentiert. Alban Berg zum Beispiel, der große österreichische Komponist des 20. Jahrhunderts, brachte alle drei Akte des *Wozzeck* in eine Großform. Der erste Akt ist eine Suite, der zweite eine Sinfonie und der dritte ein Variationssatz.

Überhaupt Variationen – sie gehören zu den einfachsten und ältesten musikalischen Formen und, wie ich finde, zu den besten. Man nimmt sich eine Melodie, spielt sie einmal durch, dann verändert man sie geschickt. Das ergibt etwas so Einfaches wie *Hey Jude* von den Beatles, etwas so Vergeistigtes wie Ralph Vaughan Williams' *Fantasia on a Theme of Thomas Tallis* für Streichorchester, etwas so Aufwühlendes wie Sir Edward Elgars *Enigma Variations* oder etwas so Mächtiges wie Brahms' *Variationen über ein Thema von Haydn*.

Was meinen wir eigentlich mit »über ein Thema von«? Leihen sich Komponisten Themen gegenseitig aus? Klauen Sie vielleicht gar?

Sowohl als auch. Sie klauen nicht mehr soviel von noch lebenden Kollegen wie früher, denn heute gibt es dagegen Gesetze. Bach beispielsweise bediente sich bei Vivaldi: Er übernahm verschiedene Konzerte des Italieners und bearbeitete sie für Orgel und Orchester. Johann Pepusch, der für John Gays herrliche *Beggars Opera* Stücke arrangierte und die Ouvertüre schrieb, klaute einen Marsch aus Händels *Rinaldo* – und da lebte Händel noch und wohnte nur am anderen Ende von London. Damals hat sich keiner etwas dabei gedacht.

Heute gehört es sich, wenigstens die Quelle anzugeben. Bei dem oben genannten Stück von Vaughan Williams griff der englische Komponist des 20. Jahrhunderts auf einen seiner Vorgänger aus dem 16. Jahrhundert zurück – eine ganz bewußte Homage an den Kollegen. Benjamin Britten ehrte seinen Lehrer Frank Bridge mit spektakulären Variationen über ein Thema von Bridge. Im 19. Jahrhundert schrieb Brahms eines seiner wirkungsvollsten Klavierwerke über ein Thema von Händel (die *Variationen über ein Thema von Händel*) und außerdem die *Variationen über ein Thema von Haydn* – obwohl die Melodie wohl gar nicht von Haydn stammt und man heute eher von den *Variationen über den*

St.- Antonius-Choral spricht – und zwar in zwei Fassungen, eine für zwei Klaviere und eine für großes Orchester.

Andererseits bedienen sich manche immer noch einfach so. Popversionen klassischer Melodien gibt es zumindest seit *Tonight We Love* (aus Tschaikowskys erstem Klavierkonzert) und *I'm Always Chasing Rainbows* (aus Chopins Fantasie-Impromptu). Die Toys hatten 1965 einen Hit mit einer Melodie von Bach, und Eric Clapton bediente sich mehrfach bei Rachmaninow. Am Ende des 20. Jahrhunderts stehlen Komponisten der gängigen klassischen Stilrichtungen nicht mehr soviel, zum Teil auch deshalb, weil serielle Musik sowieso immer irgendwie ähnlich klingt.

Sie wußten es, irgendwann würde dieser Begriff auftauchen: »Serielle Musik«. Zwölftonmusik, Dodekaphonie. Es ist an der Zeit, sagte das Walroß, über vieles zu sprechen ...

Jedenfalls ist es an der Zeit, Klartext zu reden über Zwölftonmusik. Sind Sie bereit? Also (Ich verspreche, ich werde mich kurz fassen. Aber Sie müssen dieses Theoriezeug kennen, wenn Sie nicht mit den kleinen alten Damen aus dem Saal stürzen wollen, sobald eine Reihe ihren Kopf erhebt.):

Man kann Musikgeschichte als progressiven Vorgang ansehen, sich ihr teleologisch à la Teilhard de Chardin nähern. Wählt man diesen Blickwinkel, dann hat sich die Musik seit dem Mittelalter immer weiterentwickelt und heute einen nahezu perfekten Zustand erreicht. Der Begriff Konsonanz wurde im Verlauf der Entwicklung schrittweise immer weiter gefaßt, und auch die harmonische Palette, die den Komponisten zur Verfügung stand, erweiterte sich kontinuierlich.

Konsonanz, Wohlklang: Klingen die Töne zusammen schön? Wenn Sie auf einem Klavier ein C und das darüber liegende G anschlagen, hören Sie eine reine Quinte – die Grundkonsonanz. Spielen Sie ein C und ein Fis, haben Sie den Tritonus erwischt – die schärfste Dissonanz. Oder: spielen Sie C zusammen mit Cis, und Sie erhalten Dissonanz pur.

Im Mittelalter fingen Komponisten langsam an zu experimentieren. Kaum zu glauben, aber es gab eine Zeit, da galt die große Terz – und was täten die Everly Brothers ohne sie – als Dissonanz. Doch etwa Mitte des 18. Jahrhunderts hatte sich das tonale System, das wir heute kennen und lieben, etabliert: eine Fortschreitung von Tonika-, Subdominant- und Dominantakkorden, die schließlich den Rock'n'Roll hervorgebracht hat. Im 19. Jahrhundert zogen schlaue Jungs wie Liszt und Wagner die Grenzen weiter, dehnten die Tonalität aus, bis bin zu Wagners *Tristan und Isolde*, wo der Zuhörer manchmal jedes Gefühl für ein tonales Zentrum verliert.

Wagner tat das, weil er emotionale, nicht theoretische Zwecke verfolgte. Die wahnsinnige Liebe, die Tristan und Isolde füreinander empfinden, reißt sie aus ihrer Welt. Ihr Leben spielt sich ab wie in einem Traum, und wie könnte man ihren überhöhten Zustand besser darstellen als mit einer Musik, die ihn nicht nur wiedergibt, sondern ihn aktiv verändert?

Für viele war der *Tristan* eine Offenbarung. Und damals schrieb man, nicht zu vergessen, das Jahr 1865. In jedem von uns steckt eben ein kleiner Anarchist, in Wagner vermutlich ein etwas größerer; schließlich wollte er die Welt neu erschaffen – und fast hätte er es geschafft.

Lassen Sie mich ein bißchen nachhelfen. Was war das eben mit »Terzen« und »Quinten« und so weiter?

Sie wußten doch, früher oder später würde ich Ihnen mit Technik kommen. Solange Sie aber addieren und subtrahieren können, ist die Sache eigentlich ganz einfach. Musik hat zwei tonale Komponenten, Melodie und Harmonie. Melodie ist eine einzelne Linie, eine Note kommt nach der anderen. Harmonie ist, wenn zwei oder mehr Noten gleichzeitig erklingen – alles von den Everlys bis hin zum Mormon Tabernacle Choir. Es gibt Zweiklänge und Akkorde (bei drei und mehr Noten) mit allen zwölf Tönen. Wenn Sie Komponist sind, haben Sie die Wahl.

Im westlichen Tonsystem teilt sich eine Oktave in zwölf gleiche Stufen. Das ist nicht die einzig mögliche Art, eine Oktave zu teilen. In Asien gibt es Fünftonsysteme; der inzwischen verstorbene Harry Partch, ein echtes amerikanisches Original, unterteilte die Oktave in Hunderte mikrotonaler Intervalle und baute verschiedene Instrumente, um sie spielen zu können. Doch seitdem Bach das tonale System im *Wohltemperierten Klavier* kodifizierte, waren die Komponisten in Europa und Amerika mehr oder weniger zufrieden mit dem Zwölftonsystem.

Was nicht heißt, daß sie Zwölftonmusik geschrieben haben. (Sie dachten doch nicht etwa, die hätte ich schon wieder vergessen, oder?) Beziehungen zwischen zwei Tönen werden danach bemessen, wie weit sie voneinander entfernt sind. Jeder Ton, egal ob weiß oder schwarz, ist auf der Tastatur eines Klaviers einen Halbton von seinem nächsten Nachbarn entfernt. (In der Musik ist die Integration schon vollendet, wie der Song von Stevie Wonder und Paul McCartney *Ebony and Ivory* beweist.) Zwei Halbtonschritte ergeben einen Ganzton, auch Sekunde genannt. Auf der Klaviertastatur beträgt der Abstand zwischen einem C und einem D eine Sekunde, einen Ganzton. C und E sind eine Terz, C und F eine Quarte, C und G eine Quinte, C und A eine Sexte, C und H eine Septe entfernt. C und C sind natürlich eine Oktave auseinander.

Ich habe die schwarzen Tasten nicht übersehen, nur ist es mit denen etwas komplizierter. Wie steht es nun mit all den Cis und Es?

Eine Sache bei den Intervallen ist besonders hübsch: Man kann sie umdrehen. Dreht man eine Sekunde – zum Beispiel die Töne C und D – um, bekommt man eine Septe, nämlich D-C. Dreht man eine Terz um, bekommt man eine Sexte. Kehrt man eine Quarte um, wird eine Quinte daraus. Übrigens funktioniert dieses Prinzip in beide Richtungen.

Aber auf der Tastatur sind nicht nur weiße Tasten. Deshalb entwickelten die Theoretiker ein System, nach dem man die Sekunden, Terzen und so weiter quantifizierte und ihnen die Beinamen »groß« oder »klein« gab. C steht zu D, wie wir gesehen haben, im Abstand einer großen Sekunde. C zu Cis oder Des, was auf der Klaviertastatur die gleiche Note ist, im Abstand einer kleinen Sekunde. C-E wäre dann eine große Terz, C-Es eine kleine Terz. C-A ist eine große Sexte, C-As eine kleine Sexte. C-H ist eine große Septe, C-B eine kleine.

Ich glaube, Sie wissen schon, was jetzt kommt. Genau. Wenn man die Intervalle umkehrt, ändert sich die Intervallgröße von klein zu groß und umgekehrt. In der Umkehrung wird aus C-Es (einer kleinen Terz) Es-C, eine große Sexte. Drehen Sie die große Sexte C-A um – also nehmen Sie jetzt A als unteren und C als oberen Ton –, dann haben Sie eine kleine Terz. So läuft das mit den Intervallen.

Und was ist mit den Quarten und Quinten? Wie Sie sicher bemerkt haben, habe ich noch nicht von kleinen Quarten und Quinten gesprochen. Allerdings habe ich vor einer Weile im Zusammenhang mit einer Quinte das Wort *rein* benutzt. Was ist daran so rein?

Damit kämen wir jetzt in den Bereich Akustik, Physik und Obertonreihen, und das finde ich nicht unbedingt nötig. Begnügen wir uns damit: Statt klein und groß verwendet man, wenn von Quarten und Quinten die Rede ist, die Worte rein, übermäßig und vermindert. Eine übermäßige Quarte und eine verminderte Quinte sind dasselbe – ein Tritonus, der instabile Mittelpunkt der Oktave. Eine reine Quarte oder Quinte (Sie wissen ja, sie sind jeweils ihre Umkehrung) sind einfach die Grundsubstanz unseres gesamten tonalen Systems. Womit wir wieder bei der Zwölftonmusik gelandet wären.

Die Zwölftonkomponisten – Arnold Schönberg und seine beiden Schüler Alban Berg und Anton Webern – behaupteten, alle zwölf Töne der Tonleiter seien gleich und keiner dürfe deshalb dominieren. Keine tonal zielgerichtete Bewegung, kein tonales Zentrum, keine Grundtonart, nichts.

Klingt ziemlich blöd? Damals nicht. Schließlich war die Geschichte, wie wir gesehen haben, auf seiten der Serialisten. Aber wie bei Kommunismus und Psychiatrie ist Serialismus theoretisch eine gute Idee, praktisch aber doch problematisch. Problematisch, weil er genau wie die beiden anderen mitteleuropäischen Erfindungen aus dem 19. Jahrhundert sehr kultur- und epochen-spezifisch ist und seine Nützlichkeit so ziemlich überlebt hat. Zudem glauben, sieht man einmal von den fanatischen Anhängern ab, nur noch sehr wenige an ihre Heilkraft: Die Psychiater behaupten immer, alle ihre Kollegen seien verrückt, und selbst der Kommunismus hat offenbar ausgedient. Und sicher glaubt heute keiner mehr, das Heil der Musik läge im Serialismus.

Trotzdem, die Idee war interessant. Da kein Ton über die anderen mehr bestimmen konnte, verfügte Schönberg, daß kein Ton wiederholt werden dürfe, bevor nicht alle seiner elf Kollegen ihren Auftritt hatten. Die daraus resultierenden Tonfolgen nannte er »Reihen«. Das Ganze wäre natürlich ziemlich monoton, könnte man nichts weiter tun, als die gleiche Abfolge von zwölf Tönen immer wieder zu wiederholen. Aus diesem Grund entwickelte man drei Varianten der Grundreihe. Erstens konnte man sie rückwärts spielen – Krebs genannt. Dann gab es noch die Umkehrung – man drehte die Intervalle zwischen zwei Tönen um, so wie wir das eben gemacht haben. Und schließlich gab es noch die Krebsumkehrung, die sich ergibt, wenn man die Umkehrung rückwärts spielt.

Wenn die Reihe ursprünglich C-E-F lautete, ging sie im Krebsgang F-E-C. In der Umkehrung C-As-G und in der Krebsumkehrung G-As-C. Das waren jetzt zur Illustration nur drei Noten. In Wirklichkeit sind es natürlich zwölf.

Warum schreibt denn jemand freiwillig solche Musik, fragen Sie? Ist das nicht total gefühllos? – Ihr Problem ist wohl, daß Sie nur Komponisten mögen, die so herzzerreißende Musik wie Tschaikowsky schreiben. Das ist bei fast jedem so. Aber die Welt wäre doch fade, wenn jedes Musikstück sich anhören würde wie *Tonight We Love*. Ich könnte Ihnen mehrere Zwölftonstücke nennen, die Sie sich anhören – und gut finden – könnten. Schönbergs *Klavierkonzert* etwa, ein reizendes Stück, das Alfred Brendel besonders schön spielt. Bergs *Lulu*, eine der großartigsten Opern des Jahrhunderts. Fast jedes Stück von Webern. Und das ist nur die erste Gruppe von Serialisten, allgemein bekannt als die Zweite Wiener Schule. (Im Unterschied zur Ersten Wiener Schule, ein Begriff, den allerdings keiner verwendet; ihr gehören all die großen Komponisten an, die im späten 18. und frühen 19. Jahrhundert in Wien gelebt haben – Mozart, Haydn, Beethoven, Schubert und so weiter.)

Sie können es genausogut aber mit George Rochbergs fabelhafter *Serenata d'estate* versuchen, einer reizenden Sommerserenade, die kurz vor Schluß so ganz nebenbei aus Puccinis *Tosca* zitiert. Bitte beachten Sie, daß ich »zitiert« und nicht »klaut« gesagt habe. Und ich bin mir nicht sicher, ob das Zufall, Absicht oder absichtlicher Zufall ist.

Wenn Sie es gern ein bißchen verspielter mögen, gefällt Ihnen vielleicht Pierre Boulez' *Le Marteau sans Maître* (»Der Hammer ohne Meister«), ein Zyklus zarter Lieder zu Texten von René Char für Frauenstimme und kleines Ensemble. Und wenn Sie sich wirklich reinknien und fit werden wollen, erkundigen Sie sich nach Bernd Alois Zimmermanns rauher Riesenoper *Die Soldaten*, zu dem Thema einfach das Ultimative. Ist doch nicht schlecht, die Liste, oder? Aber sie enthält nicht annähernd so viele Stücke, wie man eigentlich erwarten würde. Schließlich war der Serialismus für die zwei Jahrzehnte nach dem Zweiten Weltkrieg die dominierende intellektuelle Hauptströmung. An den Musikakademien ist sie noch immer nicht ausgerottet. Da wäre natürlich noch Elliott Carter ...

Aber Sie wollen nichts von Elliott Carter hören. Sie wollen immer noch lieber etwas über Beethoven hören. Und dafür verbringen wir soviel Zeit damit, über Grundsätzliches zu sprechen. Ob Sie es glauben oder nicht, die Zwölftontheorie ist so grundlegend wie nur was. Wenn Sie erst einmal die Grundlagen verstanden haben, wird Ihnen der Rest der Musiktheorie total einfach vorkommen. Sie wissen jetzt, warum Komponisten sich solche Umstände mit Tonarten und tonalen Verwandtschaften machen. Die Frage, die sich jetzt stellt, ist folgende: Was hilft uns dieses Wissen um Tonarten, Intervalle, Töne, Musiktheorie, wenn wir uns, sagen wir einmal, die *Neunte* von Beethoven anhören?

Es hilft uns dabei, nicht in die Falle des, wie ich ihn nenne, historischen Trugschlusses zu tappen.

Gemeint ist damit, daß viele, die mit Musik zu tun haben, dazu neigen, Geschichte als großangelegte und programmierte Einheit zu sehen und jeden Komponisten dementsprechend nur als Glied in der Kette. (Da ist er wieder, dieser teleologische Ansatz, den wir vorhin schon erörtert haben.) Doch Geschichte ist immer die Endsumme vieler individueller Entscheidungen und Leistungen, so willkürlich sie auch gewesen sein mögen.

Lassen Sie mich ein Beispiel nennen. Nehmen wir Scott Joplin. Von unserem günstigen Aussichtspunkt am Ende des 20. Jahrhunderts aus sehen wir auf das St. Louis und auf New York City der Jahrhundertwende, sehen da einen Puff-Pianisten, einen Naiven, dessen Ragtime-Musik irgendwie zu Irving Berlin und vielleicht auch zu Jerome Kerns *Show Boat* geführt hat. Wir sehen Joplins Oper *Treemonisha* als eine Abweichung in diesem Bild, entstanden im fiebrigen Größenwahn eines syphilitischen Hirns.

Sie könnten einwenden, daß Joplin heute hochangesehen ist. Hat Marvin Hamlisch nicht einen Oscar für den *Clou* gewonnen? Mochte nicht jeder Joshua Rifkins Aufnahmen der Joplin-Rags? Eine Weile dachten Sie damals doch auch, wenn Sie noch einmal den *Entertainer* hören, würden Sie anfangen zu schreien. Und Sie haben recht: Joplin war in den Siebzigern beliebt, aber aus den falschen Gründen – dazu gehörte zu einem nicht geringen Teil seine Abstammung. Verstehen Sie, der Schlüssel zu Joplins Erfolg war nicht, daß er schwarz war, sondern daß er Amerikaner war, und zwar einer aus dem mittleren Westen.

Was aber, wenn wir uns Joplin anders besehen, ihn von seiner Zeitwarte aus beurteilen, und ihn nicht für etwas schätzen, was spätere Musiker mit seiner Musik getan haben (oder vielleicht auch nicht), sondern für das, was er sich damals erarbeitete? Dann wird seine Leistung noch viel bemerkenswerter. Seine zarten poetischen Rags – »Spielt das Stück nicht schnell. Ragtime schnell zu spielen ist nie richtig«, rief der Komponist oft zu Beginn eines Stückes aus – sind mit Brahms-Walzern, Chopin-Mazurken oder Mozart-Menuetten verglichen worden, aber der passendere Vergleich, so scheint mir, wäre der mit Schubert.

Hören Sie sich doch einmal den sanften Rag von 1902, *A Breeze from Alabama*, an. Das ist keiner der bekannteren Rags wie der *Maple Leaf* oder der *Pineapple*, aber gerade das Unbekannte an Joplin läßt sein Talent noch besser zutage treten. Achten Sie vor allem auf das zweite Thema in F-Dur, und sagen Sie mir dann, da würde nicht Schuberts Geist lächelnd über seine Schulter sehen. Charme und Schwung von Joplins Rags erinnern mich mehr an Schuberts Tänze als alles andere.

Wie aber wanderte Schubert den ganzen Weg von Wien nach Texarkana, Texas, und Sedalia, Missouri? Bei all dem Wirbel, der nach dem *Clou* und bei der Premiere von *Treemonisha* um Joplin gemacht wurde, waren alle viel zu beschäftigt damit, zu untersuchen, wen Joplin alles beeinflußt hat, statt sich der interessanteren Frage zuzuwenden, von wem er beeinflußt war. Dabei hat man die Rolle, die ein deutschstämmiger Musiklehrer aus Texarkana in Scotts früher Musikausbildung gespielt hat, übersehen. Dieser Mann, von Joplin nie mit Namen genannt, aber von einem findigen Musikwissenschaftler vor einigen Jahren offenbar identifiziert, war ein Mann namens Weiss, vermutlich ein emigrierter deutscher Jude, der die üblichen klassischen Stücke spielte und Scott von den großen Komponisten und den großen Opern erzählte.

Die Tage mit Weiss scheinen auch schon die gesamte musikalische Ausbildung Joplins gewesen zu sein; doch was sie bei Joplin ausgelöst haben, ist enorm. Wenn Sie sich seine Rags heute anhören, versuchen Sie doch einmal, sie nicht als Gassenhauer des Rotlichtbezirks zu verstehen, sondern als winzige, regelmäßige Edelsteine aus Melodie und Harmonie zu sehen. Die Baßlinie – die stereotype, ump-ta spielende linke Hand – ist nichts weiter als eine harmonische Stütze, wie der Alberti-Baß der klassischen Epoche. (Alberti-Bässe sind Akkordbrechungen, die in den Sonaten und Sonatinen des 18. Jahrhunderts für die Stimme der linken Hand geschrieben wurden. Mozarts berühmte C-Dur-Sonate, an der sich jeder angehende Pianist versucht, hat solche Alberti-Bässe.) Joplins Erfolg bestand darin, das, was Weiss ihm beigebracht hatte, in der Form des Ragtime zu verschweißen und so eine der perfektesten Klavierminiaturen zu schaffen, die je in Amerika geschrieben worden sind. Deshalb ist er so großartig, nicht weil Irving Berlin einen drittklassigen Song in einem Stil zusammenschusterte, der zu seiner Zeit schon völlig veraltet war.

Leider hatte der arme Joplin nicht die Vorteile eines Will Marion Cook – eines erheblich unterschätzten schwarzen amerikanischen Komponisten der gleichen Zeit. Cook, ein guter Geiger, war bei Oberlin, in Berlin und am National Conservatory of Music in New York, wo er unter anderem bei Dvorak studierte, ausgebildet worden. Er schrieb die Musik zum ersten rein schwarzen Musical, das je am Broadway Erfolg hatte: *Clorindy, the Origin of the Cakewalk*. Das einzige überlieferte Stück dieser Show von 1898 ist bei New York Records aufgenommen worden; es ist die Ouvertüre *Darktown Is Out Tonight*. Erkundigen Sie sich danach.

Fassen wir zusammen: Wir haben in diesem Kapitel eine Menge Dinge angesprochen. Aber kann man das alles nicht in wenige Sätze zusammenfassen, an die Sie sich im Konzertsaal noch erinnern?

Hier bitte: Wir sollten über die Umstände, unter denen ein Komponist komponiert hat, Bescheid wissen. Denn mit diesem Wissen im Hinterkopf ist es leichter, sein Werk richtig einzuschätzen, und wir begehen nicht so schnell den Fehler, ihn für das zu loben, was andere von ihm gelernt haben. Bach hat nicht die Musizierpraxis des Barock in ein System gebracht, nachdem er eines unserer Theoriebücher gelesen hatte; Schönberg ist, als er das Zwölftonsystem erfunden hat, nicht einer Reihentabelle gefolgt, die erst nach ihm aufgestellt wurde; und Joplin war Irving Berlin piepegal.

Lassen Sie mich ein gutes Beispiel für den historischen Trugschluß nennen, entnommen den Seiten der New Yorker *Times*, deren Personal zu den schlimmsten Übeltätern gehört. In seiner Besprechung einer Aufführung von Rossinis großer Oper *Wilhelm Tell* an der Mailänder Scala im Jahr 1988 verriß ein *Times*-Kritiker, nachdem er die ziemlich dunkle historische Bedeutung der Oper kundgetan hatte, das Stück, und zwar, weil es an die späteren Werke anderer Komponisten nicht herankäme: »Denken Sie nur an die Rede in der *Norma* [von Bellini], in der die Druiden zurückgehalten werden, Elenas Aufwiegelung der unterdrückten Sizilianer in der *Sizilianischen Vesper* [Verdis], Amonasros Verteidigung des Patriotismus auch noch in der Niederlage in der *Aida* [noch mal Verdi]. *Wilhelm Tell* muß dem doch etwas entgegenzusetzen haben.«

Na, entschuldigen Sie! Aber es kommt noch schlimmer; zunehmend rhetorisch drischt der Kritiker weiter auf sein Opfer ein:

»Ist es fair, Vergleiche mit dem reifen Verdi anzustellen, der eine für Rossini unerreichbare harmonisch-dramatische Sprache geschaffen hat? Man könnte auch in andere Richtungen blicken und [Beethovens] *Fidelio* oder Mozarts Opern heranziehen« – der passende Vergleich, wie wir wissen –, »aber man spürt einfach Verdis Gegenwart, wenn man *Wilhelm Tell* sieht, und vielleicht hat das etwas zu sagen. Daß nämlich die Art von Oper, nach der Schillers Themen verlangen, die Vision einer Oper, zu der sich *Tell* in einigen Momenten neigt, *geradezu nach einem Verdi schreien.*« (Betonung von mir.) Klarer oder dümmer kann man den historischen Trugschluß kaum artikulieren. Und so etwas schreibt ein Kritiker, der sich für einen Wissenschaftler hält.

Halten wir uns an die Fakten. Rossini schrieb *Wilhelm Tell*, sein letztes Hauptwerk, 1829. Danach zog er sich im Alter von siebenunddreißig Jahren abrupt von der Opernkomposition zurück, lebte fett und zufrieden und starb 1868, hochgeehrt und geliebt. Bellinis *Norma* entstand zwei Jahre nach dem *Tell*, die beiden oben angesprochenen Verdi-Opern stammen von 1855 und 1871. Amonasros Arie aus der *Aida* – eines der etwas besseren Stücke in einer Serie von Katastrophen und Flops – als Stock zu benutzen, um damit auf den armen Rossini einzuschlagen, ist ein bißchen, als würde man sich beschweren, daß ein Wagen von 1946 technisch nicht so weitentwickelt ist wie einer von 1988. Aber das ist eben typisch für diese Art zu denken.

Okay, wahrscheinlich werden Sie Rossinis *Tell* in Ihrem Leben sowieso nie sehen. Übrigens: Sie kennen bestimmt die Ouvertüre – aus dem *Lone Ranger*, stimmt's? Aber eigentlich wollten Sie wissen, wie Sie ruhig sitzend die *Neunte* überstehen.

Na, dann kommen wir jetzt dazu. Die Antwort ist einfach: Sie brauchen eigentlich nur eins: Geduld. Vielleicht wären zwei Dinge noch besser: Geduld und Wissen. Oder drei: Geduld, Wissen und

Phantasie. Alles andere schaffen Sie allein. Gewappnet mit dem, was Sie hier gelernt haben, und dem, was Sie sicherlich selbst noch entdecken wollen, können Sie sich den abschreckendsten Musikstücken nähern, im sicheren Bewußtsein, daß Sie wissen, wie sie zu knacken sind. Sie wissen, was Sie von Beethoven zu halten haben: Er ist keine frühe, unvollkommene Version eines Bruckner, Mahler oder Wagner, sondern ein Mann, der die Grenzen der klassischen Sinfonie immer und immer wieder neu ausgelotet hat; das zum Punkt »Wissen«. Dann versetzen Sie sich mit Hilfe Ihrer Phantasie an die Stelle eines Menschen, der in den zwanziger Jahren des 19. Jahrhunderts gelebt hat, und hören sich diese revolutionäre Musik zum ersten Mal an. Erleben Sie die Aufregung nach, diesen erregenden Moment, wenn Sie erstmals eine menschliche Stimme in einer Sinfonie hören. Malen Sie sich aus, wie allen ein Schauer über den Rücken lief, als sie erstmals die unglaublich scharfen Dissonanzen hörten, mit denen das Finale beginnt.

Denken Sie aber vor allem daran, daß Beethoven eine Menge zu sagen hat; Sie müssen ihm die Zeit lassen, alles auszusprechen. Im Konzertsaal gelten keine Aufmerksamkeitsspannen von höchstens zehn Minuten Länge; hier gibt es keine Werbeunterbrechungen, keine dummen Sprüche vom Sponsor. Hören Sie auf Beethovens Themen – die Melodien, wenn man so will – und verfolgen Sie, wie er sie verändert und entwickelt. Hören Sie, wie er seine Musik orchestriert, das heißt, wie er ein Thema der Flöte gibt, ein anderes den Geigen und ein drittes den Trompeten. (Beethovens Orchestration ist allerdings nicht besonders gut; was nur beweist, daß auch ein Genie seine Schwachstellen hat.) Hören Sie auf die Kraft und die Eindringlichkeit seines Vortrags, und lassen Sie sich mitreißen. Wenn Sie einen Funken Seele haben, werden Sie die Botschaft schon bald verstehen. Was zählt, sind Sie, der Abend und die Musik.

Ergeben Sie sich. Das ist der Schlüssel zum Geheimnis. Das ist der Zen der Musik, ein Hochgefühl wie kein anderes.

Wie sollen Sie hören? Mit Ihren Ohren, Ihrem Herzen und Ihrer Seele.

Zwischenspiel: Schumann und Brahms

Woran liegt es, daß gerade Zentraleuropa so viele große Komponisten hervorgebracht hat? Seit den Zeiten Bachs waren vor allem die deutschen oder deutschsprachigen Komponisten auf der Suche nach passenden Wirkungsstätten höchst mobil. Sie bereisten den Kontinent, schifften sich nach Großbritannien ein und drangen tief nach Rußland vor – was nicht heißt, daß sie jeweils musikalisches Brachland betraten. In vielen Ländern haben auch einheimische Komponisten Beträchtliches geleistet: Die Italiener etwa waren es gewesen, die während des Frühbarock den Deutschen überhaupt erst gezeigt hatten, wie man Musik schreibt. Die Franzosen hatten seit Lullys Zeiten einen ganz eigenen musikalischen Stil geschaffen, der das Savoir-faire ihrer Kultur widerspiegelte. Auch die Briten haben eine Reihe hervorragender Komponisten vorzuweisen, vor allem aus der Zeit der Renaissance – Weelkes, Wilby, Tallis, Dowland – und des Barock. Purcells Werke bildeten den Höhepunkt dieser Entwicklung, die dann für zweihundert Jahre abbrach, bis Sir Edward Elgar am Ende des 19. Jahrhunderts auftauchte. Und Glinka hatte den Anstoß gegeben, daß auch in Rußland eine eigene, sehr charakteristische musikalische Sprache entstand.

Dennoch, wenn wir von den großen Komponisten sprechen, neigen wir dazu, die großen deutschen oder österreichischen Komponisten zu meinen. Ihre Werke bilden den Kern unseres Konzertprogramms. Jede Diskussion über klassische Musik beginnt zwangsläufig mit ihnen. Die Lebensdaten der beiden Männer, auf die wir jetzt genauer eingehen – Robert Schumann und Johannes Brahms –, spannen den Bogen vom Beginn bis zum Ende des 19. Jahrhunderts. Beider Leben waren, trotz des Altersunterschieds von dreiundzwanzig Jahren, auch auf persönlicher Ebene eng miteinander verflochten: als Kritiker und Entdecker; als Mentor und Schüler; als Liebhaber der gleichen Frau. Sogar deutlicher als bei Liszt oder Chopin ist die Geschichte von Schumann und Brahms – und Clara – die Geschichte der Romantik.

Robert Schumann wurde 1810 in Zwickau, in der Nähe von Leipzig, geboren. Er stammte also wie Wagner aus Sachsen. Von Kindheit an war Schumann mit einer nervenschwachen Natur geschlagen. In der Familie gab es mehrere Fälle von Wahnsinn, und

Schumann war überzeugt, daß auch er ihm eines Tages zum Opfer fallen würde. (Daß es schließlich so kam, muß ihm ein schwacher Trost gewesen sein.) Sein Vater August, ein Buchhändler, hatte ein Nervenleiden, seine Schwester Emilia brachte sich um. Der kleine Robert vergrub sich in die romantischen Erzählungen von Jean Paul, Novalis, E. T. A. Hoffmann und Brentano (später übertrug er die Treibhausatmosphäre, die ihre Sprache erzeugte, auf seine Musik).

Trotz dieser literarischen Vorlieben drängte Schumanns Mutter ihren Sohn zum Rechtsstudium. Schumann ging nach Leipzig, wo er schließlich, statt sich seinem Studium zu widmen, Konzerte besuchte, Klavier übte, hinter Mädchen her war und den ganzen Tag Zigarren rauchte; auch das Jahr in Heidelberg macht aus ihm keinen Rechtsgelehrten, doch holte er sich offenbar dort die Syphilis, die ihn schließlich in Wahnsinn und Tod trieb.

1830 kehrte er nach Leipzig zurück, wo er die Frau kennenlernte, die sein Leben verändern sollte. Eigentlich war sie noch ein kleines Mädchen, die gerade elfjährige Tochter seines Klavierlehrers Friedrich Wieck. Clara war nicht nur ein brillantes Wunderkind, sondern die große Liebe ihres Vaters. Dessen wilde Beschützerei sollte ihr noch das Leben mit Robert schwermachen. Aber das war erst später.

Schumann zog zu den Wiecks, Friedrichs Versprechen, innerhalb von drei Jahren einen großen Pianisten aus ihm zu machen, in den Ohren. Er übte wie besessen, unermüdlich und ungeduldig. Zu ungeduldig, wie sich herausstellte: Bemüht, seinen vierten Finger zu stärken, erfand er eine Vorrichtung, die den Finger beim Üben in einer Schlinge hochhielt und ihn so ruhigstellte. Das allerdings bewirkte genau das Gegenteil: Sein Finger wurde gelähmt, und alle Pläne für eine Pianistenkarriere waren für immer zerstört. Jetzt blieb Schumann nichts anderes mehr übrig, als Komponist zu werden. Er war aber wohl dazu berufen, und er war bereit dazu. »In schlaflosen Nächten«, so schrieb er, »bin ich mir einer Berufung bewußt, die wie ein entfernter Gipfel vor mir erscheint.«

Und Clara war genau die Person, die ihm helfen konnte, diese Berufung zu erfüllen. Und so kam es, wie es kommen mußte: Sie verliebten sich ineinander. Schumann versuchte, dem alten Wieck zu zeigen, daß er verantwortungsvoll war: Er begann Musikkritiken zu schreiben (er entdeckte Chopin mit der berühmten Bemerkung: »Hut ab, ihr Herren, ein Genie!«) und gründete sogar sein eigenes Blatt, die *Neue Zeitschrift für Musik*. Aber Wieck interessierte das alles nicht. Seine einzige Tochter, verheiratet mit einem verkrüppelten Journalisten, der Komponist sein wollte? Sie hatte doch Besseres verdient als diesen Schumann.

Das Ganze wurde ziemlich häßlich. Wieck inszenierte eine Rufmordkampagne, beschuldigte Schumann unter anderem des Alkoholismus und der Unzuverlässigkeit. Die Liebenden mußten schließlich vor Gericht gehen, und nach drei Jahren Streiterei (so war Schumanns Studium doch noch zu etwas nutze) wurden sie ohne Wiecks Zustimmung 1840 getraut. Clara war einundzwanzig.

Clara bedeutete Schumann alles. Ihre Beziehung inspirierte ihn zu seiner herrlichsten Musik. (Sie gebar ihm dafür acht Kinder, fünf davon blieben am Leben.) Zuerst kam die Klaviermusik, darunter die beiden Sonaten (1835 und 1838), das Meisterwerk *Carnaval* (1835), die zarten *Kinderszenen* von 1837 und die großartige *Fantasie C-Dur* von 1838. Dann kamen im Jahr der Hochzeit die Lieder – 150 nur in einem einzigen Jahr –, darunter *Frauenliebe und -leben* und *Dichterliebe*. Praktisch mit einem Schlag hatte Schumann sich einen Platz nicht nur unter den größten Klavierkomponisten, sondern auch unter den größten Liedschreibern erobert.

Auf Drängen Claras hin wandte sich Schumann als nächstes der Orchestermusik zu. Zwischen 1841 und 1850 schrieb er alle seine vier Sinfonien sowie das schwungvolle *Klavierkonzert in a-Moll*. Dann, weniger geglückt, kamen die Oper *Genoveva* und die Begleitmusik zu Byrons dramatischem Gedicht *Manfred*. Schumann hatte wohl mehr Talent für die kleineren Formen. Als seine Gesundheit sich rapide verschlechterte, mußte er seinen Posten als städtischer Musikdirektor in Düsseldorf aufgeben.

1854 fing er an, unter schweren Halluzinationen zu leiden; der Ton A klang ihm dauernd in den Ohren; die Geister von Schubert und Mendelssohn brachten ihm Musik aus der nächsten Welt; wilde Tiere versuchten, ihn zu verschlingen. Völlig verzweifelt sprang er in den Rhein.

Auch wenn er danach noch zwei Jahre lebte, war das das Ende des armen Schumann. Er wurde in eine Nervenheilanstalt eingewiesen, wo er am 29. Juli 1856 starb, bis zuletzt von seiner geliebten Clara gepflegt.

Und von einem jungen Mann aus Hamburg namens Johannes Brahms. Er war eine von Schumanns Entdeckungen. In einem seiner letzten Artikel begrüßte er den jungen Brahms als den Retter der deutschen Musik. (Schumanns kritische Voraussicht war bemerkenswert. Er entdeckte Chopin anhand der frühen und unscheinbaren *La-ci-darem-Variationen* für Klavier und Orchester; von Brahms kannte er die frühen Klaviersonaten.) Brahms war der junge Adler, der aus dem Norden kam, um die deutsche Musik vor den Raubzügen Liszts und Wagners und all den anderen aus der Musik-der-Zukunft-Horde zu retten.

Eine weise Wahl. Brahms war in den Hafenvierteln Hamburgs groß geworden. Schon als Kind hatte er in den berüchtigten Bordellen der Stadt Klavier gespielt; er mußte schließlich seinem armen Vater helfen, über die Runden zu kommen. Die Erfahrung hat Brahms, zumindest was Frauen anging, ruiniert. Er heiratete nie, und sein Sexleben fand nur mit Prostituierten statt. Schließlich, so vertraute er einmal einem Freund an, seien die ersten Frauen, die er als Kind kennengelernt habe, Prostituierte gewesen, und deshalb könne er Frauen nicht so ehren wie andere.

Den gutaussehenden, schmächtigen, blonden Jüngling von zwanzig Jahren lernte Schumann 1853 kennen, vorgestellt von dem Geiger Joseph Joachim. Er war sofort beeindruckt (»ein Genie« nannte er ihn in seinem Tagebuch). Wie damals Wieck bestand Schumann darauf, daß der junge Mann zu ihm ins Haus zöge, und so wurde dann Brahms, vor allem in den letzten drei Jahren von Roberts tragischem Leben, eine feste Stütze für Clara. Und auch wenn Clara für den Rest ihres Lebens Trauerkleidung trug (sie hörte auch auf zu komponieren), war Brahms heftig, leidenschaftlich, hoffnungslos in sie verliebt. Und das blieb er auch.

Nach Schumanns Tod passierte mit Brahms eine Veränderung. Das Schmächtige verschwand, quasi über Nacht verdrängt von einem barschen, bärtigen Beethovenverschnitt. 1862 zog Brahms nach Wien, wo er bis zu seinem Tod blieb. Er pirschte durch die Straßen der Stadt Beethovens, ganz ähnlich, wie der Bonner Meister das eine Generation vor ihm getan hatte: Kopf gesenkt, mit wehendem Schal. Vom Temperament her war er aufbrausend, mit Beleidigungen immer schnell zur Stelle. Keiner war vor ihnen sicher. Einmal brachte der Komponist Max Bruch Brahms die Partitur eines neuen Oratoriums und fragte ihn, was er davon hielte. Einige Tage später hörten Brahms und Bruch, als sie in einem Kaffeehaus saßen, einen Leierkastenmann spielen. »Hören Sie, Bruch!« rief Brahms aus. »Der Kerl hat sich Ihren *Arminius* angeeignet.« Seine Persönlichkeit war nicht von der Art, die Freunde gewinnt und Menschen beeinflußt.

Nicht, daß ihm daran gelegen wäre. Brahms' Welt war die Musik, in dieser Welt kannte er sich aus. Er war ein großer Partiturensammler und hatte sich Mozarts Autograph (die handschriftliche Partitur) der *Sinfonie Nr. 40* in g-Moll zusammen mit Wagners *Tannhäuser* unter den Nagel reißen können; obwohl Brahms der Erzfeind Wagners war, zumindest auf musikalischer Ebene, ließ er sich in der Beurteilung guter Qualität nicht von persönlichen Gefühlen beeinflussen. (Später erbat Wagner seine Partitur zurück und bekam sie auch, schenkte dafür Brahms ein Autograph aus dem *Rheingold*.) Lange bevor es in Mode kam, war Brahms auch ein Kenner alter Musik – und damit war damals Bach gemeint.

Brahms war von Natur aus Traditionalist. Zu einer Zeit, als Wagner und Liszt alte Formen sprengten und neue erfanden, wanderte Brahms (so sahen diese es jedenfalls) noch immer entlang den ausgetretenen Pfaden der alten Sonatensatzform. Seinen großen Werken liegen tatsächlich klassische Formen zugrunde: den beiden Klavierkonzerten, dem Violinkonzert, dem Konzert für Violine und Violoncello, den Sonaten für verschiedene Instrumente, dem *Requiem* sowie den diversen Variationswerken. Tongedichte und Oper: Fehlanzeige.

Dennoch erfüllte Brahms alles mit neuem Leben. Das *Requiem* war keine Messe, sondern eine Vertonung deutscher Texte, entsprechend der Titel *Ein deutsches Requiem*. Es war dem Andenken seiner Mutter gewidmet. Auch an Clara erinnerte er, und zwar im langsamen Satz des *Klavierkonzerts Nr. 1* und, nach ihrem Tod 1896, in den *Vier Ernsten Gesängen*. (Er zog auch vor Robert den Hut, und zwar im Eröffnungsthema seiner *Dritten Sinfonie*, dessen aggressive, ungestüme Melodie – obgleich dort wesentlich lyrischer – in verschiedenen Schumann-Sinfonien auftaucht. Möglicherweise hatte sie irgendeine versteckte, besondere Bedeutung.) Im Jahr darauf erkrankte er an Leberkrebs, ein Leiden, an dem schon sein Vater gestorben war. Am 7. März 1897 schaffte er es noch, sich von seinem Krankenbett zum Musikverein zu schleppen, um zu hören, wie Hans Richter seine *Vierte Sinfonie* dirigierte. Das Publikum, das wohl um seine Krankheit wußte und spürte, daß das sein letzter Auftritt gewesen sein könnte, ehrte ihn mit anhaltenden Ovationen. Brahms starb einen Monat später. Er wurde dreiundsechzig.

Wenn es stimmt, daß die Seele eines Komponisten sich in seiner Musik widerspiegelt, dann hat Brahms uns ein deutliches Selbstporträt hinterlassen. Vergessen Sie das äußerliche Bluffen und die schäbige Kleidung. Im Inneren war der Mann edel und elegant. Selbst in den schwierigsten Stücken gibt es keinerlei Effekthascherei. Seine Klaviermusik besticht besonders durch das Fehlen jeglicher Art von protzigen Tonleitern, wie sie für Liszt und Chopin so typisch sind. Statt dessen: volle Akkorde, springende Oktaven und dieser für ihn so typische rhythmische Kniff von drei Schlägen gegen zwei oder vier. Auf dem Papier sieht seine Musik oft einfach aus, doch sie steckt voller verborgener Details, meist polyphoner Art. Brahms hatte viel von Bach und den anderen Komponisten des Barock gelernt, deren Musik er kannte. Achten Sie bei Brahms' Werken auf die Mittelstimmen; sie gehören zum Besten, was die Musik zu bieten hat. (Bei Schumann sind sie ähnlich gearbeitet, nur nicht so ausgeprägt.)

Wenn wir an Brahms denken, sehen wir ihn vor uns wie auf dem berühmten Gemälde: Er sitzt am Klavier, seine kurzen Beine reichen kaum bis zu den Pedalen, die Hände sind in der für Brahms' Klavierstil so typischen Art überkreuzt, im Mund ein Zigarrenstummel. (Manchmal, sagt Freud, ist eine Zigarre einfach eine Zigarre. Und manchmal nicht.) Vermutlich spielt er gerade eines seiner späten Klavierstücke, eine dieser bemerkenswerten kleinen Beichten, die sich hinter den Namen *Klavierstücke*, *Fantasien* oder *Intermezzi* verbergen – die Früchte von op. 116, 117, 118 und 119, Balladen, Intermezzi und Romanzen. Sie sprechen mit all der Leidenschaft, Zartheit und Trauer, die er im Leben nie auszudrücken vermochte.

4
Oper – das ist gar nicht
so schlecht, wie es klingt

Ich weiß, was Sie jetzt denken. Bis hierhin haben wir es geschafft, haben Sonatenskylla und Konzertcharybdis umschifft. Doch jetzt türmt sich vor uns das gefährlichste aller Hindernisse auf: die Oper. Wie sollen wir da durchkommen?

Keine Panik. Ich werde Sie sicher durch die geheimnisvollsten Tiefen der klassischen Musik lotsen. Wie die Dame in einem Molière-Stück, die eines Tages völlig überrascht feststellt, daß sie ihr Leben lang Prosa gesprochen hat, werden auch Sie feststellen, daß Sie in dieser oder jener Form schon Opern gehört haben. Warum sollten Sie dann jetzt Angst davor haben?

Zählen wir ein paar Gründe auf: Spinto, Heldentenor, Brust-stimme, Rezitativ, Dacapo-Arien, Bayreuth, allein schon das Wort »Oper« ... Die Liste könnte endlos weitergehen. Dabei haben wir weder Komponisten noch Werke genannt. Oper, so scheint es, strotzt nur so vor Geheimterminologie, mit der die feinsinnigen Kenner an der Met so unbekümmert lässig um sich werfen. Namen längst verstorbener Sänger wie Caruso, Melba und Calvé werden heraufbeschworen – bitte beachten Sie folgende Regel: Hat sich die betreffende Person schon von der Bühne zurückgezogen oder ist sie bereits tot, gilt der Nachname; beim Vornamen genannt wer-den Sänger nur, solange sie leben, zum Beispiel (Franco) Corelli und (Leonard) Warren, aber Placido (Domingo) und Luciano (Pavarotti) –, als erwarte der Sprecher, die Verstorbenen könnten jeden Moment auf die Bühne marschieren. Arien werden so en passant mit ihrem originalen französischen oder italienischen Namen erwähnt – »Mon cœur s'ouvre à ta voix«, »Nessun dor-ma« – oder mit so mysteriösen Beinamen wie »Katalog-« oder »Bildnis-Arie« erwähnt. Jedenfalls fragen Sie sich, wann der näch-ste Schwan geht. Glücklicherweise ist Oper nicht so schrecklich, wie sie auf den ersten Blick erscheint. (Wie sagte Mark Twain doch einst: »Wagners Musik ist gar nicht so schlecht, wie sie klingt.« Und er hatte recht.) Opernfreunde haben über viele Jahre ihren Wissensschatz erweitert und dabei im Lauf der Zeit für Gespräche über ihre Lieblingskunstform eine Art stenographische Kurzsprache entwickelt. Ist bei Sportfans doch nicht anders. Oder würden Sie, wenn Sie sich ein Tennismatch ansehen, jedesmal erklären, was ein Tie-break oder ein Volley ist, wer mit »Boris« oder der »Gräfin« gemeint ist? Dann erwarten Sie aber bitte auch nicht, daß sich die Opernwelt ein Bein ausreißt, um Ihnen zu helfen. Die Welt ist eben hart, aber ungerecht. In den Pausen geht es nur darum, wer dem anderen überlegen ist.

Doch auch wenn Sie vielleicht denken, *André Chenier*, das war doch der Rechtsaußen bei Olympique Marseille, und *Rigoletto* eine der stadtbekannten Trattorien – ein hoffnungsloser Fall sind Sie dennoch nicht. Bevor es Sinfonieorchester und öffentliche Konzerte gab, gab es bereits Opern. Denn was ist Oper anderes als ein gesungenes Theaterstück, ein Unterhaltungsprogramm mit Musik? Sie haben die 19 Stunden von Wagners *Ring* nicht abgesessen? Na und? Wenn Sie die *West Side Story*, *Das Phantom der Oper* oder *Tommy* gehört haben, haben Sie auch eine Oper gehört. Ich werde es Ihnen gleich beweisen. Aber erst noch ein bißchen Geschichtliches.

Gut möglich, daß Sie gleich zusammenzucken, aber Sinn der Oper ist es, das Publikum gut zu *unterhalten*. Zumindest vertraten die Adligen im Florenz der Renaissance diese Ansicht, an deren Höfen die Oper erfunden wurde. Nur daß sie ihre Erfindung nicht »Oper« nannten, sondern »melodramma« oder »dramma per musica«. (Das Wort *opera* im Lateinischen ist der Plural von opus und bedeutet ganz einfach »Werke«.) Wie man es auch nennt, die damals völlig neuartige Mischung aus Musik, Lied, Dichtung, Tanz und Drama sollte an die Theatertradition des alten Griechenland anknüpfen.

Natürlich war so ein Unterfangen höchst spekulativ. Doch Komponisten wie Claudio Monteverdi (Komponist der ältesten Oper, die auch heute noch im Repertoire ist, der *Krönung der Poppea*) erfüllten diese Tradition mit neuem Leben. Obwohl Oper als Unterhaltungsveranstaltung für Könige begann, verließ sie schon bald das höfische Umfeld und erreichte eine allgemeine Öffentlichkeit. 1637 bereits hatte Venedig sein erstes Opernhaus, und nicht lange, da waren es schon zehn.

Die Oper verbreitete sich schnell, überquerte die Alpen und kam bis nach Nordeuropa, wo sie, abgesehen von England, schnell

Wurzeln schlug und sich weiterentwickelte. Der wichtigste Vertreter der englischen Oper, der Komponist Henry Purcell, starb 1695 im Alter von 36 Jahren. 15 Jahre später stieg in London der deutsche Musiker Georg Friedrich Händel aus der Reisekutsche, im Gepäck die neuesten Kassenschlager: italienische Opern. Die eigenständig englische Opernkomposition auf der königlichen Insel fiel damit in einen hundertjährigen Schlaf. Dennoch, die Oper hat sich international so schnell verbreitet, daß 1762 schon Bedarf für ihren ersten Reformer, Christoph Willibald Gluck, bestand: Dessen *Orfeo ed Euridice* befreite das Genre von allem Prunk und Protz und machte damit den Weg frei für das weit größere Genie Mozart.

»Als ich *Alceste* zu komponieren unternahm«, schrieb Gluck 1767 über sein großes Werk, »war es meine Absicht, restlos all jene Mißbräuche auszumerzen, die infolge der übel beratenen Eitelkeit der Sänger und der allzu großen Gefälligkeit der Tonsetzer sich eingeschlichen haben, seit langer Zeit die italienische Oper entstellten und aus dem erhabensten und schönsten aller Schauspiele das lächerlichste und langweiligste gemacht haben.«

Worauf bezieht sich Gluck da? Genau auf die Dinge, die auch Sie so lachhaft finden. Opern sollten, meinte Gluck, logisch, einfach und verständlich sein, und nicht unklar, überladen und verquer. Sie sollten sich direkt an die Gefühle der Zuhörer wenden. Sie sollten nicht einer sinnentleerten Zurschaustellung vokaler Kunstfertigkeit dienen. Anders ausgedrückt: Das Drama, nicht der Gesang, soll bei der Oper an erster Stelle stehen. Und das ist eine Lektion, die wir ungefähr alle hundert Jahre lernen müssen.

Diese Auffassung, daß Musik ein Drama unterstützt, daß sie ihm Breite, Tiefe, Raum und schließlich Leben gibt, hat eine lange und alte Tradition. Wir meinen oft, diese Verbindung von Musik und Drama gäbe es nur als Oper. Aber denken Sie nur an das Singspiel (eine deutsche Gattung, bestehend aus gesprochenen Dialogen und gesungenen Zwischenspielen; Mozarts *Zauberflöte* ist dafür ein gutes Beispiel), das direkt zum Broadway Musical führt, zu dessen Vorfahren auch die Wiener Operette gehört.

Mit der Erfindung des Films sprang diese Kunstform von der Bühne auf die Kinoleinwand über; in vieler Hinsicht kann man Stummfilme als die größten amerikanischen Opern des frühen 20. Jahrhunderts bezeichnen; später, etwa ab der Mitte unseres

Jahrhunderts, waren es dann die Broadway-Shows. Seltsamerweise sind die größten amerikanischen Opern von heute genau das – Opern.

Das Prinzip, das hinter der Oper steckt, lautet: Die Musik muß den Figuren auf der Bühne Farbe verleihen, ihnen Leben einhauchen. Die Musik – nicht etwa das Libretto (der Text) oder die Handlung – ist der Lebensnerv der Oper. Wer von uns liest Opernlibretti ihres dichterischen Werts wegen, auch wenn etwa Da Pontes (Da Ponte war Mozarts Librettist) Texte wirklich großartig sind? Wer geht schon in die Oper, um seinen Beifall über das Bühnenbild kundzutun oder dem neuesten Superstar-Regisseur zu huldigen? Was bleibt, reduziert man die Oper auf das absolut wesentlichste Element? Genau, die Musik.

Okay, okay, höre ich Sie schon sagen: Langsam fange ich an zu kapieren. Vielleicht ist Oper gar nicht so geheimnisvoll, wie ich immer dachte. Aber was bedeutet das alles jetzt praktisch?

Gut, daß Sie fragen. (Jetzt kommen wir zum vergnüglichen Teil.)

Mag sein, daß die Oper erst aus ist, wenn die korpulente Dame zu Ende gesungen hat, aber das Wichtige an der Oper sind nicht die korpulenten Damen. Zugegeben, Opernbühnen sind voll mit toll singenden Fettwänsten und Hünen, die mit ihren Ausbrüchen die Erde zum Beben und ihre Fans im Publikum aus der Fassung bringen. Aber um was geht es denn bei der ganzen Schreierei? Um Sex natürlich. Sie schreien, weil sie gerade Sex haben oder an Sex denken oder Sex wollen. Oder weil sie jemanden vor Sex bewahren wollen. Ob der Darsteller auf der Bühne fett ist, ist irrelevant: In der Oper geht es nun wirklich nicht um fette Menschen! Es geht auch nicht um den Gesang! Es geht um Sex!

Das ist das kleine schmutzige Geheimnis, so wohlgehütet, daß gesunde, normale, gut situierte Frauen und Männer die offenkundigen Freuden der Oper den Goldkehlenfanatikern überlassen haben, deren Pausenkonversationen ausschließlich dem Gerede über die jeweiligen Meriten eines Sängers gewidmet sind. Vermutlich hat dieses Geschwätz mehr potentielle Stammkunden vertrieben als Florence Foster Jenkins, der Rauschgoldengel der Inspiration, der vergeblich versuchte, das hohe F in Mozarts Arie der Königin der Nacht zu treffen. (Die unsägliche FFJ oder »FloFo«, wie sie heute im modernen Umgangston genannt würde, war der Welt schlechteste, wenngleich bemühteste Sopranistin, die ihren größten Triumph am 25. Oktober 1944 feierte, als sie die Carnegie Hall mietete, um einen unvergeßlichen Liederabend zu geben. Sie war damals 76 Jahre alt und starb einen Monat später.)

Sie glauben mir nicht? Na, dann wollen wir mal sehen:

Mozart, *Le nozze di Figaro* (*Figaros Hochzeit*): Geiler Graf will mit kesser Kammerzofe schlafen, und das ausgerechnet in jener Nacht ihrer Hochzeit mit seinem Diener. Geiler Page will inzwischen mit der Gräfin schlafen, solange der Graf anderweitig beschäftigt ist. (Damit das Ganze noch ein bißchen anrüchiger wird, wird der Page von einer Sopranistin gespielt. Opern sind voll von solchen Travestien.) Das Ganze ergibt natürlich ein Höllenspektakel, aber am Schluß geht alles gut. Schlager: Figaros Arie »Non più andrai«, von Mozart selbst in *Don Giovanni* zitiert.

Mozart, *Così fan tutte*: Zwei Soldaten schwören, daß ihre Freundinnen (die Schwestern sind) ihnen immer treu bleiben. Der alte Lebemann Don Alfonso wettet dagegen. Den Rest der Oper verbringen die Jungs dann damit, das Mädchen des andern zu verführen. Raten Sie mal, wer die Wette gewinnt. Schlager: Das Duett der beiden Schwestern, »Ah guarda, sorella!«.

Mozart, *Don Giovanni*: Spanischer Lebemann schleicht sich durch Fenster adliger Damen – Zweck: intime Beziehungen –, während sein standhafter Diener Leporello die Eroberungen seines Meisters schriftlich festhält – Zweck: Angeberei (1003 allein in Spanien). Schluck! Giovanni tötet Donna Annas Papa bei einem Duell, lädt danach das steinerne Denkmal des alten Herrn zum Abendessen ein. Aber am Ende ist Zahltag. Schlager: Leporellos »Katalogarie« »Madamina! il catalogo« (»Schöne Donna! Dies genaue Register«).

Bizet, *Carmen*: Die populärste Oper der Welt, auch wenn sie ganz schön lang ist. Hitzköpfiger Bauern-Soldat Don José ist scharf auf Carmen, Zigeunerflittchen und Arbeiterin in einer Zigarettenfabrik im alten Sevilla, wird aus der Armee geworfen und treibt sich mit Schmugglern herum. Als ein angeberischer Torero ihm sein Mädchen wegschnappt, bleibt Don José nichts anderes übrig, als übel zu morden. Schlager: Schwer zu entscheiden, denn fast jede Melodie ist ein Hit; am ehesten wahrscheinlich das Torerolied.

Verdi, *Rigoletto*: Lüsterner Herzog macht Frauenverführung zum Lebensinhalt; Skrupel kennt er nicht. Doch dann erwischt es die jungfräuliche Tochter seines Hofnarren. Sie wird vom Herzog entführt, und es kommt zu einem operntypischen Fall von tragischer Verwechslung. Schlager: »La donna è mobile« (»Oh, wie so trügerisch«).

Verdi, *La Traviata*: Pariser Edelnutte verliebt sich in jungen Burschen vom Lande, weist ihn dann aber edelmütig ab, als sein unerträglicher und ewig sich einmischender Vater auf die Familienehre pocht. Natürlich stirbt sie elend an Schwindsucht. Schlager: »Sempre libera«.

Verdi, *La forza del destino* (*Die Macht des Schicksals*): Die Macht des Zufalls wäre zutreffender. Leonoras sexuelle Hysterie verwandelt sich in religiösen Eifer, als ihr Vater unbeabsichtigt von ihrem Liebhaber, Don Alvaro, getötet wird. Sie wird Nonne und lebt zurückgezogen in einer Einsiedelei. Inzwischen kann ihr Bruder Don Carlo – nicht zu verwechseln mit Don Carlos, dem Helden einer späteren Oper Verdis, und Vorsicht auch bei Leonora, die wiederum nicht zu verwechseln ist mit einer früheren Heldin aus dem höchst lachhaften *Il Trovatore* – nicht ruhen, bis er Rache geübt hat. Natürlich geht das Ganze für alle übel aus. Schlager: keiner, höchstens die verschiedenen Verfluchungen, Verwünschungen und Bitten um Vergebung, die von den verschiedenen Figuren pausenlos ausgestoßen werden.

Verdi, *Aida*: Die zweitpopulärste Oper der Welt, auch wenn sie wirklich ziemlich lang ist. Im alten Ägypten liebt Sexbolzen und Kriegsheld Radames heimlich das dunkelhäutige Sklavenmädchen Aida, das, was keiner weiß, die Tochter des kampflustigen äthiopischen Häuptlings ist. Der wiederum ist der Todfeind des Pharaos. Als die fiese Prinzessin Amneris Wind von der Sache bekommt, fällt für Radames, der lebendig begraben wird, der Vorhang. Damit das nicht zu trist wird, leistet ihm Aida Gesellschaft. Beide ersticken gemeinsam, während sie ein Duett singen. Schlager: »Celeste Aida« (»Holde Aida«). Lieblingssport: zuzuhören, wie dem Tenor beim letzten, vermeintlich leisen Ton, dem hohen B, die Luft ausgeht.

Wagner, *Der Ring des Nibelungen*: Neunzehn Stunden Spaß in einem Land vor langer Zeit. In der ersten Szene wird ein lüsterner Zwerg von barbusigen Nixen verspottet; er reagiert ziemlich sauer und klaut ihnen mitten aus dem Rhein ihren Goldklumpen. Götter, Riesen, noch mehr Zwerge und sogar ein paar Menschen jagen in den nächsten drei Tagen Tal auf, Tal ab nach dem Gold. Beim berühmtesten aller Operninzeste schläft Bruder mit Schwester; sexsüchtiger Gott/Vater Wotan schläft 1. mit nicht identifiziertem weiblichen Wesen, 2. einer Erdgöttin, 3. vielleicht mit seiner eigenen Frau (wird nicht gezeigt). Riese wird liebeskrank wegen Göttin; Held wird gaga wegen Walküre; alle gehen am Ende drauf, denn die Welt wird von Feuer und Wasser zerstört. Schlager: »Walkürenritt« aus der zweiten Oper des Zyklus *Die Walküre*. Hojatoho, und schönen Tag noch!

Wagner, *Tristan und Isolde*: Heißblütige irische Prinzessin trifft leidenschaftlichen bretonischen Ritter, will ihn töten, dann aber (nach sedierendem Liebestrank) mit ihm schlafen. Leider ist sie mit seinem Onkel, einem humorlosen alten Langweiler aus Cornwall, verheiratet. Der typisch keltische Familienzank endet wie Shakespeares *Hamlet*: Am Schluß sind fast alle tot. Schlager: Isoldes »Liebestod«. Besondere Kennzeichen: berühmtester Coitus interruptus der Musikgeschichte (im zweiten Akt). Kein Wunder, schließlich ist sie Irin.

Puccini, *Tosca*: Feurige Diva hat leidenschaftliche Romanze mit italienischem Maler/Patrioten, gerät aber unter die lüsternen Blicke des derben Geheimdienstchefs von Rom. Sie tut so, als würde sie seine Gefühle erwidern, läßt ihn dann aber schamlos auflaufen und ersticht ihn in seinem Schlafzimmer. Zu spät! Freund wird erschossen, also macht Tosca einen Kopfsprung vom Castel Sant' Angelo in den Tiber (oder, was wahrscheinlicher ist, auf die Straße). Ein »schäbiger kleiner Schocker«, wie Joe Kerman einmal in seinem Opernführer bemerkte, aber das scheint keinen zu stören. Schlager: »Vissi d'arte«.

Puccini, *Madama Butterfly*: Steht auf der Liste der beliebtesten Opern an dritter Stelle, auch wenn sie bestürzend langweilig ist. Herzloser Mistkerl von einem Leutnant dringt nach Nagasaki vor und heiratet niedliche kleine Lokalmieze namens Cho-Cho San, segelt dann wieder davon, sie mit Kind zurücklassend. Butterfly erwartet ihn täglich zurück, doch dann taucht Mrs. Kate Pinkerton auf und klärt sie auf: Hier wird es keinen Leutnant Pinkerton mehr geben. Was nun? Na, Harakiri natürlich. Schlager: »Un bel dì«.

Richard Strauss, *Elektra*: Feuriges griechisches Mädchen sinnt auf Rache, nachdem der liebe Papa Agamemnon in der Badewanne von der hundsföttischen Mama und ihrem Schwächling von einem Liebhaber Ägist mit der Axt erschlagen worden ist. Als der lange verschollene Bruder Orest nach Hause zurückkehrt, hat das Haus von Atreus ein nettes kleines Familientreffen. Elektra freut sich so, daß sie sich zu Tode tanzt. (Höre ich da einen Walzer?) Bitte beachten Sie: Dieser Strauss hier ist Richard und nicht Johann, weder Vater noch Sohn. Also Vorsicht.

Meine Zusammenfassungen sind natürlich ein bißchen respektlos, aber wenigstens bekommen Sie eine ungefähre Vorstellung, um was es geht. Oper ist eben – und das war von jeher ihr Ziel – eine außergewöhnlich kommunikative Kunstform. Weil sie so ausgesprochen expressiv ist und weil sie so viele theaterwirksame Elemente hat, fühlten sich Komponisten immer schon zu den großen dramatischen Themen hingezogen. Natürlich gibt es auch wundervolle komische Opern. Alle drei Opern, die Mozart zusammen mit Da Ponte geschrieben hat, sind Komödien, darunter auch *Don Giovanni*, der bemerkenswert komische Elemente hat. Wagner schrieb *Die Meistersinger von Nürnberg* – nicht gerade zum Brüllen komisch, soviel ist sicher, aber doch für Wagners Verhältnisse eher leichte Kost. Verdi schrieb am Ende seines Lebens noch den *Falstaff*, Strauss komponierte den *Rosenkavalier*, und Puccini schrieb *Gianni Schicchi* als Teil eines Opern-Dreiteilers, genannt *Il Trittico*. Aber es gibt keinen Zweifel: Die besten Themen für Opern sind die, in denen es um Sex, Mord und Totschlag geht.

Auch im 20. Jahrhundert haben die Komponisten an dieser Norm festgehalten. Denken Sie an die großen modernen Opern (und, entgegen starrer Meinung, gibt es durchaus große moderne Opern): Alban Bergs *Wozzeck* zum Beispiel – eine der zwei oder drei größten Opern aller Zeiten – handelt von einem unglücklichen Soldaten, der seine Frau ermordet und sich dann ertränkt. In *Lulu* schreibt der gleiche Komponist ungerührt die Chronologie des

Abstiegs einer Verführerin, die jeden, den sie auch nur berührt, ins Verderben stürzt: Lulu, das Flittchen der besseren Gesellschaft, die Mätresse begüterter Herren, endet als gewöhnliche Straßenhure und wird schließlich in einer Londoner Bruchbude von Jack the Ripper ermordet. Echt nett!

Nicht viel amüsanter ist Dmitri Schostakowitschs *Lady Macbeth von Mtzensk*, in der es um Ehebruch und Mord im alten Rußland geht. Die Vergewaltigungsszene mit ihren suggestiven Posaunenschleifern ist eine der lebendigsten Schilderungen eines Geschlechtsverkehrs in der Musikgeschichte (in Konkurrenz nur mit dem unerreichten Champion, den keuchenden Hörnern in der Ouvertüre von Strauss' *Rosenkavalier*). Bei der *Lady Macbeth* sah Stalin rot, und die Oper konnte jahrelang nur in ihrer gereinigten Version als *Katerina Ismailowa* aufgeführt werden. (Schostakowitschs erste und einzige weitere Oper, *Die Nase*, ist eine Groteske über einen umherwandelnden Zinken nach einer Geschichte von Gogol.)

Benjamin Brittens *Peter Grimes* handelt von einem kauzigen alten Fischer, der vielleicht – vielleicht aber auch nicht – ein Kinderschänder ist; seine andere berühmte Oper, *Death in Venice* (Tod in Venedig), ist die Geschichte des alternden deutschen Schriftstellers Aschenbach, der sich in Venedig in einen polnischen Jungen verliebt und, ganz hin und weg von ihm, in der Lagunenstadt bleibt und dort an der Choleraepidemie, die gerade die adriatische Küste heimsucht, stirbt. Brittens eigene Homosexualität gibt Aschenbach eine gewisse, sagen wir mal, Gefühlsauthentizität.

Ich fände es unverzeihlich, wenn ich hier nicht auch eine meiner besonderen Passionen erwähnen und Ihnen ans Herz legen würde: die Werke für Musiktheater von Carl Orff, weithin bekannt als der Komponist des lüsternen Chorwerks *Carmina Burana*. Früher hat man Orff gern als schlichten Reaktionär gegen die Komplexität des 20. Jahrhunderts abgetan. Doch an solchen Werken wie der reizenden bayerischen Fabel *Der Mond* oder der haarsträubenden griechischen Tragödie *Ödipus der Tyrann* ist nichts Schlichtes. In der *Carmina Burana* reduzierte Orff seine Musik auf Grundelemente – Melodie und Rhythmus – und er blieb dabei. Jedes folgende Werk schien mit noch spärlicheren Mitteln auszukommen als das vorangegangene.

Seine griechischen Opern (er schrieb unter anderem eine *Antigonae*) waren ein Versuch, den ursprünglichen Geist des griechischen Theaters neu zu interpretieren – es gibt wirklich nichts Neues unter der Sonne. Auch wenn sie vielleicht beim deutschsprachigen Publikum noch am ehesten Beachtung finden (die Texte sind Hölderlins Übersetzung von Sophokles), verdienen sie international mehr Gehör.

Nicht so dunkel und düster sind die Opern von Philip Glass, dem aus Baltimore stammenden Komponisten, dessen Name inzwischen zum Synonym für den als Minimalismus bekannten Stil geworden ist (siehe auch S. 175f.). In vieler Hinsicht kann er als Orffs Patensohn gelten. In Glass' erster Oper, *Einstein on the Beach*, geht es eigentlich nur am Rande um Einstein – genaugenommen hat das Ganze überhaupt keine Handlung. Doch seine folgenden beiden Opern, *Satyagraha* und *Akhnaten*, sind deutlich konventioneller und haben klarere Erzählstrukturen. Zu konventionell sind sie aber auch nicht: *Satyagraha*, die vielleicht beste Oper des späten 20. Jahrhunderts, beschreibt Gandhis frühe Jahre in Südafrika (wo er seine revolutionäre Philosophie des gewaltlosen Widerstands gegen die Obrigkeit entwickelte), allerdings nicht mit verständlichen Worten (der Text ist in Sanskrit), sondern über die Bühnenhandlung. *Akhnaten* dagegen erforscht das kurze, unglückliche Leben des Pharaos, der vielleicht der erste Monotheist der Geschichte war.

Keine Themen, die einen vom Hocker hauen. Doch Glass ist immer unerschütterlich seinen Weg gegangen, selbst auf die Gefahr hin, sich zu wiederholen. Er hat so unterschiedliche Texte vertont wie Edgar Allan Poes *The Fall of the House of Usher*, daneben Doris Lessings *The Making of the Representative for Planet Eight* und das Hirngespinst des chinesisch-amerikanischen Stückeschreibers David Henry Hwangs *1000 Airplanes on the Roof*. Zu einer Zeit, als viele behaupteten, die Oper sei tot, tauchte der ehemalige Taxifahrer und Stahlarbeiter auf, um zu beweisen, daß die korpulente Dame noch gar nicht gesungen hatte.

Ein anderes minimalistisches Werk verdient, hier erwähnt zu werden: John Adams *Nixon in China* (Texte von Alice Goodman), uraufgeführt im Oktober 1987 in Houston unter der Regie von Peter Sellars. Adams Oper spaltete die Kritik. Die, die *Nixon* nicht mochten, hätten sich schlimmer nicht irren können. *Nixon* ist eine der perfektesten Erstlingsopern der Geschichte, sicher geplant, phantastisch umgesetzt und künstlerisch den extravaganten Anforderungen ihres Themas – Präsident Nixons epochales Häuptlingstreffen mit Mao 1972 in der Verbotenen Stadt – absolut gewachsen. Vom schaurigen, gespenstischen Beginn über das vernichtende Interview mit Mao (das klagende Saxophon erinnert an Bergs Einsatz des Instruments in der *Lulu*) bis hin zum herrlichen Bankett in der Schlußszene des ersten Aktes ist *Nixon* brillant kalkulierte Theaterunterhaltung. Der zweite Akt, der während einer Ballettaufführung für die Nixons ins Halluzinatorische kippt, ist, zugegeben, ein wenig problematisch. Doch der dritte Akt – eine lange Meditation der Hauptfiguren über ihr Leben, während der jeder einzelne völlig in seine einsamen Gedanken versunken ist – bringt das Stück zu einem gewagten, wirkungsvollen Schluß. Nie war amerikanische Oper so wertvoll wie heute.

Ein Wort noch zu den sogenannten »Rockopern«, einem kurzlebigen Genre, das in den späten sechziger und siebziger Jahren seine Blütezeit hatte. Viele gab es nicht: *Tommy* und *Quadrophenia* von The Who; das Singlealbum der Kinks *Lola vs. Powerman and the Underground* und *Arthur*; Tim Rices und Andrew Lloyd Webbers *Jesus Christ Superstar*. Das war's auch schon. Doch das Etikett wurde auch eindeutig nicht-rockigen Opern wie etwa Rice/Lloyd Webbers *Evita* angeheftet. Erfinder der Rockoper aber waren die Beatles, die 1967 mit *Sgt. Pepper's Lonely Hearts Club Band* (imitiert von den Rolling Stones mit *Their Satanic Majesties Request*) die Idee des Konzept-Albums begründeten. Eine Weile feilten sie an dieser Idee, verabschiedeten sich allerdings bald wieder von ihr, und zwar mit der größten (und – leider! – unaufführbaren) Rockoper aller Zeiten, dem Schwanengesang *Abbey Road*. Wenn Seite zwei von *Abbey Road* nicht das beste lange Stück Rockmusik ist, dann weiß ich nicht, was sonst.

Allein die Existenz der Rockoper zeigt schon, daß der Begriff Oper eine wesentlich weiter gefaßte Definition zuläßt, als die meisten denken. Auch wenn der Impuls in der Mitte der siebziger Jahre gegen Null sank – Iron Butterfly und Led Zeppelin degenerierten damals zu Motley Crüe und T Rex –, spiegelte er das Gefühl dieser Zeit wider: Kunst ist möglich, selbst in einem so kommerziellen Medium wie dem Rock. Erinnern Sie sich an Ars Nova, die versuchten, klassische Musik mit Rock zu verbinden? Oder an die

Incredible String Band, die mindestens zehn Jahre zu früh ins Leben gerufen wurde, um aus New Age und Celtic Revival Kapital schlagen zu können? Oder an The Soft Machine? Diese Gruppen haben wirklich Gutes bewirkt, und das lebte nach ihrer Zeit weiter und wies Bands wie den Tangerine Dream, den Talking Heads sowie Phil Glass den Weg, wie man in den Randzonen der rockig-klassischen Avantgarde friedlich koexistieren konnte.

Selbst wenn Sie mit Rock nie wirklich in Berührung gekommen sind, sind Sie dennoch dem Prinzip Oper über ein anderes Medium ausgesetzt gewesen: dem Film. Am Anfang der Filmgeschichte stand die Musik. Sie war die eigentliche dramatische Stimme der Filme. In der Stummfilmzeit schrieb der französische Komponist Camille Saint-Saëns die Musik zu *L'Assassinat du Duc de Buise*, und D. W. Griffiths Klassiker *Broken Blossoms* wurde mit der Musik des im 19. Jahrhundert in Louisiana geborenen Komponisten und Pianisten Louis Moreau Gottschalk ausgestattet. Die *Nibelungenlied*-Filme des großen deutschen Filmregisseurs Fritz Lang wurden nachträglich mit Themen aus Wagners *Ring* unterlegt, obwohl Lang selbst die Originalmusik von Gottfried Huppertz vorzog, weil sie besser auf den expressionistischen Geist seiner Filme abgestimmt war. Der frühe Edison-Cinemascop-Film *Frankenstein* war mit einem Hinweisblatt zur Aufführung freigegeben worden, das zur Ankündigung des Monsters Musik aus Carl Maria von Webers *Freischütz* verlangte und auf dem Lied *Annie Laurie* für die Szenen im Haus bestand.

Von Anfang an basierte die Kompositionstechnik der Filmmusik auf Wagners Leitmotivik – dem Prinzip der immer wiederkehrenden kleinen Melodien (Debussy nannte sie »Visitenkarten«). Sie kennzeichnen Personen, Orte, Dinge und Gefühle. Die Idee stammte nicht von Wagner, auch wenn er sie perfektioniert hat. (Im *Ring* etwa ist der Sturm, mit dem der zweite Teil, *Die Walküre*, beginnt, nah mit Beethovens *Pastorale* verwandt.) Aber sie fand großen Anklang, und selbst Debussy, der Wagner ablehnte, setzte diese Technik bei seiner Oper *Pelléas et Mélisande* ein. Bald tat das jeder: In einer Besprechung von Robert Wienes Horrormeisterwerk *Das Kabinett des Dr. Caligari* bemerkte der amerikanische Komponist Bernard Rogers in der Zeitschrift *Musical America*, daß »die Musik so recht nach wagnerianischer Manier auf dem Leitmotiv-System aufgebaut ist«.

Ausgesprochen wagnerianisch war Hans Erdmanns Musik zu *Nosferatu*, dieser von F. W. Murnau großartig auf die Leinwand übertragenen Drakulageschichte. (Erdmann hat auch die Filmmusik zu Langs *Testament des Dr. Mabuse* komponiert und ein Handbuch zur Komposition von Filmmusik geschrieben, das 1927 erschien. Er starb 1948.) Murnaus Film erhielt damals den Untertitel *Eine Symphonie des Grauens* und sollte nur in Verbindung mit einer angemessen gruseligen Musik gezeigt werden. Erdmann und Murnau arbeiteten eng zusammen, um Klang und Bild aufeinander abzustimmen. In Erdmanns *Fantastisch-romantischer Suite* stehen die unheilvoll drohenden Kesselpauken für den Grafen Orlok, hell und freundlich dagegen klingt die Musik der Heldin Ellen, die schon weint, wenn eine Blume gepflückt wird. Nur am Ende, wenn Max Schreck, der den Orlok spielt (man beachte das geniale Pseudonym für diesen Herrn, der gar so schöne Zähne hat), ein bißchen zu lange an Ellens Nacken verweilt, greift Erdmann auf ein Zitat zurück: Genau in dem Moment, wenn die Sonne aufgeht, signalisieren die verrutschenden Tonarten des Mittelteils von Chopins op. 15, Nr. 3, dem *Nocturne in g-Moll*, das Ende der Schreckensherrschaft. Von einem Lichtstrahl getroffen zerfällt Nosferatu zu Staub.

Die großen Tage des Deutschen Films endeten mit der Weimarer Republik. Der Ort des Geschehens verlagerte sich nach Westen, nach Hollywood, wo sowohl einheimische als auch heimatvertriebene Komponisten im Dienste von Tinseltown eine aufwendige Partitur nach der anderen produzierten. Aus Wien kam das frühere Opernwunderkind Erich Wolfgang Korngold – in seiner Musik ist »mehr Korn als Gold«, witzelte mal jemand – und schaffte einen sanften Übergang von der Oper (*Die Tote Stadt*) zum Film (*The Private Lives of Elizabeth and Essex* und viele andere). Korngold mochte seine Filmmusik so sehr, daß er später einige Themen zu einer *Sinfonie in Fis* umarbeitete.

Bernhard Herrmann ging den anderen Weg, erlangte erst Berühmtheit als Komponist der Filmmusik zu Orson Welles *Citizen Kane* und vor allem zu Alfred Hitchcocks *Psycho*, bevor er anfing, eine »richtige« Oper, nämlich *Wuthering Heights*, zu schreiben. Auch wenn seine Oper über die Brontës ein Mißerfolg war – wie man in der Oper wirkungsvoll charakterisiert, das wußte Herrmann ganz genau. Nehmen Sie beispielsweise *Psycho*: Geht es Ihnen nicht auch so, daß Sie, egal an welche Szene Sie denken – Janet Leigh, wie sie nervös durch den Regen fährt, einen Sack Geld im Kofferraum ihres Wagens, Martin Balsam, wie er die Treppe heraufschleicht, um Mrs. Bates Schlafzimmer einen Besuch abzustatten, oder, natürlich, die Szene in der Dusche –, dauernd Herrmanns unheimliche Musik im Kopf haben? Die zweite große Spielwiese, auf der sich Musiktheatertalente austobten, war der Broadway. Was war denn Jerome Kerns *Show Boat* (nach Edna Ferbers gleichnamigem Roman), zumindest in der Originalversion, anderes als eine Oper – eine große, zornige Familiensaga, die später gekürzt und verniedlicht wurde, um ein größeres Publikum anzusprechen? Was war denn George Gershwins *Porgy and Bess*, uraufgeführt am Großen Weißen Weg? Was waren denn Leonard Bernsteins *West Side Story* oder *Candide*? Oder Stephen Sondheims *Sweeney Todd*? Opern – aber eben nicht in dem Sinn, wie wir den Begriff heute verwenden. Keine verstaubten, mumifizierten Werke der Hochkultur, die vor einem juwelenbehängten und Perücke tragenden Publikum an der Met aufgeführt werden, sondern populäre Theaterstücke, die sich gehalten haben, so wie ...

Genau wie »richtige« Opern. Als Mozart seine *Zauberflöte* schuf, hat er sie nicht für die Ewigkeit geschrieben; er brauchte Geld. Erfolg – darum ging es ihm, und Mozart empfand unendliche Genugtuung, als der eintrat. »Eben komme ich aus der Oper«, schrieb er seiner Frau am 7. Oktober 1791, nur wenige Monate bevor er starb. »Sie war ebenso voll wie allzeit. Das Duetto ›Mann und Weib‹ etc. und das Glöckchenspiel im ersten Akt wurde wie gewöhnlich wiederholt – auch im zweiten Akt das Knabenterzett. Was mich aber am meisten freuet, ist der stille Beifall! Man sieht recht, wie sehr und immer mehr diese Oper steigt.«

Die Moral von der Geschichte ist einfach. Auf Oper stößt man überall: sei es in griechischen Mythen oder in moderner Geschichte, in den Gassen hinter der Catfish Row oder bei einem Bummel auf der Abbey Road. Musiktheater ist nicht nur etwas für Leute mit dem nötigen Kleingeld, sondern für jedermann.

Sogar für Sie. Aber das wissen Sie ja schon.

Zwischenspiel: Wagner

Was sollen wir nun mit Wagner machen? Schrecklicher Mensch, schrecklich gute Musik.

Im Grunde gibt es zwei Kategorien von Komponisten: große Naturtalente, die aus ihrer Gabe vielleicht etwas machen, vielleicht aber auch nicht. Und dann gibt es die, die dieses angeborene, gottgegebene Talent nicht haben und nur durch harte Arbeit erfolgreich sind. Mozart und Saint-Saëns fallen unter Kategorie eins, Beethoven und Wagner sind Schutzpatrone der zweiten Gruppe. Das heutige Musikethos, die feste protestantische egalitäre Überzeugung widerspiegelnd, neigt dazu, die mühsam Ringenden den Begabten vorzuziehen, schließlich mußten die sich ja mehr anstrengen. Auf jeden Fall sind gerade der amerikanischen Gesellschaft Naturbegabungen bis heute suspekt. Lieber versucht sie, empirisch jeden Unterschied zwischen Menschen durch umweltbedingte Prägung zu erklären.

Wagner hatte noch weniger Talent als Beethoven – Beethoven war immerhin ein echtes Wunderkind am Klavier, wohingegen Wagner nie ein Instrument richtig erlernt hat. Der größte, prägendste Musiker des 19. Jahrhunderts – man kann sogar behaupten, er sei einer der einflußreichsten Menschen aller Zeiten überhaupt gewesen – war im Grunde Autodidakt. (Auf seinem Totenbett liegend hörte Wagners Großvater seinen Enkel im Nebenraum ein Klavier malträtieren. »Und da sagen die, er habe Talent«, murmelte der alte Mann, schon mit einem Bein im Grab.) Erst mit fünfzehn Jahren beschloß er – nachdem er ein Konzert mit Beethovens *Neunter Sinfonie* (ein Werk, das er immer als eine Art Talisman betrachtete) und eine Aufführung des *Fidelio* miterlebt hatte –, Komponist zu werden. Professionellen Musikunterricht erhielt er nur vom Kantor der Thomaskirche in Leipzig (an dieser Kirche hatte schon Bach gewirkt), der ihn 1831 im Kontrapunkt unterwies. Umwerfende Erfolgsstory, nicht wahr?

Eigentlich nicht.

Wagner war ein Bastard – im übertragenen Sinn natürlich nur, vielleicht aber auch im wörtlichen Sinn. Höchstwahrscheinlich war Ludwig Geyer sein Vater, ein Schauspieler – möglicherweise jüdischer Abstammung – und guter Freund seiner Mutter. Geyer heiratete sie, nachdem Friedrich Wagner 1813, kurz nach Richards

Geburt, gestorben war. Die Familie zog nach Dresden – daher Wagners sächsischer Akzent, über den sich seine Zeitgenossen gern lustig machten. Sein ganzes Erwachsenenleben hindurch war Wagner Antisemit; vielleicht war das seine ödipale Rache.

Wagner war, wie die meisten Komponisten, klein – er maß nur etwa einen Meter fünfundsechzig. Aber er hielt sich für groß. Alles nahm er für sich in Anspruch – Geld, Frauen, Chancen – und scherte sich nicht darum, wem es eigentlich zustand. Seine Schulden waren enorm, und dennoch beleidigte er jeden, mit dem er zu tun hatte. Ihm war es piepegal, was man von ihm hielt. Regeln, gesellschaftliche oder musikalische, galten nur für andere. Wagner bestimmte selbst, wie seine Wirklichkeit auszusehen hatte. Er brachte den verrückten König Ludwig II. von Bayern dazu, sein Mäzen zu werden, und als ihm das noch nicht genug war, baute er sich in der verschlafenen fränkischen Stadt Bayreuth sein eigenes Theater und schuf seinen eigenen religionsähnlichen Kult. Er hatte zwei Kinder mit Cosima von Bülow, Liszts unehelicher Tochter, während sie noch mit ihrem ersten Mann Hans und Wagner noch mit seiner ersten Frau Minna verheiratet waren. Er lieh sich dauernd Geld und zahlte es nur selten zurück.

Kurz gesagt, er brachte die Hölle in Aufruhr. Einmal wurde er sogar steckbrieflich gesucht, und zwar vom sächsischen Staat wegen seiner Aktivitäten während der Revolution von 1848. Wagner war ein unverbesserlicher Verfasser von Flugzetteln und hatte unter dem Einfluß des Anarchisten Mikhail Bakunin volle Breitseite abgefeuert: »Ich werde die bestehende Ordnung der Dinge zerstören«, so ließ er wissen. Kurz darauf fand er sich als Flüchtling zuerst bei Liszt, seinem Förderer, in Weimar und dann an einem sicheren Zufluchtsort in Zürich wieder, bis die Aufregung sich gelegt hatte. (Erst 1862 war es ihm von Rechts wegen gestattet, nach Deutschland zurückzukehren.) Später lebte er unter dem Patronat König Ludwigs II. in München, wo mehrere seiner wichtigsten Opern uraufgeführt wurden, und danach in Bayreuth. Er starb 1883 in Venedig, wohin er sich zum Überwintern zurückgezogen hatte.

Wagners Leben war eine ständige Job-Odyssee: 1834 wurde er Musikdirektor in Magdeburg, wo er Minna Planer traf und heiratete. In Magdeburg schrieb er seine zweite Oper, *Das Liebesverbot* (nach Shakespeares *Maß für Maß*), die allerdings beim Publikum durchfiel. Davor hatte er schon mit der Komposition einer anderen

Oper, *Die Hochzeit*, begonnen, diese aber nie vollendet. Seine erste Oper, *Die Feen*, war zwar bereits 1833 fertiggestellt, wurde aber zu Wagners Lebzeiten nicht aufgeführt. Die musikalische Lehrzeit aber war für Wagner mit diesen zweieinhalb Werken abgeschlossen.

Nach kurzem Aufenthalt in Königsberg, Kants Heimatstadt in Ostpreußen, verschlug es ihn nach Riga, wo er seinen *Rienzi* konzipierte, eine Oper über einen Tribun aus dem alten Rom, die sein erster großer internationaler Erfolg wurde. Aber die guten Letten nahmen Wagners radikale Pläne zum Umbau ihres Musiklebens nicht gerade freundlich auf, und so wurde er 1839 gefeuert. Er und Minna machten sich auf nach Paris, der Opernmetropole der Welt und Heimat des herausragendsten Praktikers der Großen Oper, Giacomo Meyerbeers. Meyerbeer, ein deutscher Jude, der mit richtigem Namen eigentlich Jakob Beer hieß, hatte sich mit Spektakeln wie *Robert le Diable* (Liszt bearbeitete Themen dieser Oper, in der ein Geisterchor von Lüstlingen auftritt und tote Nonnen aus ihren Gräbern auferstehen, zu einer furiosen Transkription) und den *Huguenots* einen Namen gemacht, und Wagner brauchte seine Hilfe, wenn er in Paris ein Bein auf den Boden bekommen wollte.

Er erhielt sie, aber nichts geschah. Sein Leben lang haßte Wagner den armen Meyerbeer dafür, daß er ihm, so sah er es, nicht genug geholfen hatte. Die Wagners waren völlig pleite, als aus Dresden die Nachricht kam, der *Rienzi* sei zur Aufführung angenommen worden. Er wurde ein Hit, und Wagner hatte sich einen Namen gemacht.

Während all der Wanderjahre hatte er nie aufgehört zu schreiben. Es folgten Opern, die auf germanischen Sagen beruhten: *Tannhäuser und der Sängerkrieg auf der Wartburg*; *Lohengrin*, Wagners erste Beschäftigung mit der Erlösungsthematik, die im *Parsifal* dann voll entwickelt wurde; *Der Ring des Nibelungen*, dieses ausladende, aus vier Opern – *Das Rheingold*, *Die Walküre*, *Siegfried* und *Götterdämmerung* – bestehende Epos. Zwischen dem zweiten und dritten Akt des *Siegfried* legte Wagner eine zehnjährige Pause ein und schrieb in der Zeit sowohl *Tristan und Isolde* (damals hatte er sich heftig in Mathilde Wesendonk, die Frau eines seiner Schweizer Mäzene, verliebt) als auch seine einzige Komödie, *Die Meistersinger von Nürnberg*.

Wagner arbeitete besessen. Wie fand er nur die Zeit, nicht nur seine Opern – und deren Libretti – zu schreiben, sondern auch noch einen steten Ausstoß an Pamphleten und Briefen zu produzieren, seinen Gläubigern immer einen Schritt voraus zu sein, außerdem anderer Männer Frauen zu jagen und wiederholt quer durch Europa zu reisen? Wagner war als Philosoph fast ebenso bedeutend wie als Musiker – seiner Ansicht nach war er in dieser Rolle sogar mindestens so bedeutend (Nietzsche fand das auch) –, und die Palette seiner Theorien war weit gefächert. In seinen Schriften ging es vor allem um das *Kunstwerk der Zukunft* (für das er sich heftig ins Zeug legte), dieses berühmte »Gesamtkunstwerk«, das Musik, Drama, Dichtung und Mythos in einem glorreichen Paket kombinieren sollte. Das andere zentrale Thema war sein Haß auf Meyerbeer, dem er in dem berüchtigten Pamphlet *Das Judentum in der Musik* (gegen das er ebenso heftig agitierte) Ausdruck verlieh. Wie Peter Viereck in seiner exemplarischen Studie *Metapolitics: The Roots of the Nazi Mind* deutlich macht, waren Wagners Theorien vor allem Teil des intellektuellen Klimas der Zeit. Grauenvoll in Taten umgesetzt hat diese Theorien dann der Wagner-Fanatiker Adolf Hitler, der erklärte, wer das nationalsozialistische Deutschland verstehen wolle, müsse Wagner kennen.

Fairerweise muß man Wagner zugute halten, daß man ihm nicht die Schuld für etwas geben kann, das fünfzig Jahre später eintrat (da ist er wieder, der historische Trugschluß). Übrigens hinderte ihn sein Antisemitismus nicht daran, für die Premiere seiner letzten Oper, dem ultra-christlichen *Parsifal*, Hermann Levi als Dirigenten zu engagieren. Daß Bewunderung für Wagner immer von einer gewissen Vorsicht gemäßigt wird, ist allerdings dennoch verständlich. Selbst heute noch schwebt Hitlers Geist über Bayreuth. (Wagners Schwiegertochter, die in England geborene Winifred, war eine enge persönliche Freundin des Österreichers. Nach dem Krieg war es ihr verboten, noch irgend etwas mit dem gerade entnazifizierten Wagnerfestival zu tun zu haben.)

Aber ein noch stärkerer Geist ist der Wagners selbst. Es scheint unglaublich, aber der Mann, der heute die Wagnerfestspiele leitet, Wolfgang Wagner, ist der Enkel eines Mannes, der 1813 geboren wurde. Wagners Villa Wahnfried steht noch immer, obwohl sie während des Zweiten Weltkriegs von Bomben schwer beschädigt wurde. Die Straßen sind nach Mitgliedern der Wagnerfamilie und Figuren aus seinen Musikdramen benannt. Es gibt sogar eine

»Parsifal-Apotheke« und eine »Parsifal-Drogerie«. Kein Komponist hatte je eine so gewagte Vision wie Wagner und hat so sehr wie er dafür gesorgt, daß sie Wirklichkeit wird.

Warum ist seine Vision so mächtig? Warum hat seine Musik diese besondere Wirkung auf die Leute? Wagner zerstörte die bestehende Ordnung der Dinge, nur nicht ganz so, wie er sich das in den Tagen seiner Sturm-und-Drang-Zeit vorgestellt hatte. Schon bald hatte er seinen revolutionären Eifer verloren, zumindest was die Politik betraf, und meckerte lieber über den »vulgären Egoismus der Massen«. Seine revolutionäre Kunst aber gab er nie auf. Wagner war ein großer Sexualpoet, der Sucher nach Goethes Ewig Weiblichem. In seiner Musik brodeln Verlangen und Sehnsucht, hier findet der gewaltsame Konflikt der Geschlechter, der letzte Kampf zwischen Eros und Thanatos, statt. Kein Wunder, daß die Leute sich unwohl fühlen.

Die Meinungen über Wagner gingen fast von Anfang an auseinander. Der Philosoph Friedrich Nietzsche war erst Anhänger, dann Feind Wagners. 1876 schrieb er (in *Richard Wagner in Bayreuth*) nach der Bayreuther Erstaufführung des *Ring*: »Im Ring des Nibelungen finde ich die sittlichste Musik, die ich kenne.« Später (in seinem Buch *Menschliches, allzu Menschliches*) nannte er Wagner »in Wahrheit ein morsch gewordener verzweifelnder décadent«. (Einige Monate später rief Wagner, laut Cosima, aus: »Alles hat dieser Mensch von einem, selbst die Waffen, die er nun gegen mich führt. So pervers zu sein, so raffiniert und dabei so seicht!«)

Ein weiterer Widersacher war der Wiener Musikkritiker Eduard Hanslick, dessen notorische Engstirnigkeit und kleinliche Korinthenkackerei Wagner in der Figur des Beckmesser in den *Meistersingern* verspottete (Wagner hätte die Figur fast Hans Lick genannt). Nach der Erstaufführung des *Rings* in Bayreuth 1876 telegrafierte Hanslick seine Meinung dazu nach Wien. Er fand, das Ganze sei eine Verzerrung, eine Verdrehung grundlegender musikalischer Gesetze, ein Stil wider die menschliche Natur des Hörens und Fühlens. Es sei zwar Musik darin, aber Musik sei das nicht. Leo Tolstoi nannte den *Ring* »eine Modellarbeit gefälschter Kunst, so derb, daß es lächerlich ist«. Etwas poetischer meinte Debussy: »Wagner war ein wunderschöner Sonnenuntergang, den man fälschlich für einen Sonnenaufgang gehalten hat.«

Wagners Verteidiger sind natürlich Legion. Zu ihnen gehören unter anderen Thomas Mann (der Wagners Leitmotivtechnik in seinen Romanen einsetzte) und George Bernard Shaw (in *The Perfect Wagnerite*). Virgil Thomson, der amerikanische Komponist und Kritiker, beobachtete, daß allein schon die Zahl der Wagnergegner seinen Einfluß deutlich mache. »Wagners Anspruch auf universale Autorität ist allein schon deshalb unzulässig, weil die Musikwelt sich nicht einig ist, ob sie sie zulassen solle«, schrieb Thomson in *Dissent from Wagner* (1943). »Mozart ist ein großer Komponist, von großem Wert für die Menschheit, denn kein verantwortlicher Musiker leugnet, daß er es ist. Aber Wagner ist kein absoluter Wert an sich, nur weil Rossini ihn ablehnte, Nietzsche ihn ablehnte, Brahms ihn ablehnte und zu unserer Zeit Debussy und Strawinsky ihn ablehnten. Was nicht heißt, daß, mit Ausnahme Rossinis, nicht alle diese Komponisten (Nietzsche eingeschlossen) doch ein oder zwei Tricks bei Wagner geklaut oder ihn nicht als Haupteinfluß auf ihren Stil anerkannt hätten. Denn das haben sie. Aber die Tatsache, daß sie seine Arbeit mit Vorbehalten akzeptiert haben, beweist meine These.«

Man hat behauptet, über Wagner sei mehr geschrieben worden als über jeden anderen Menschen, mit Ausnahme von Napoleon und Jesus. Wagner war ein Mann von so immenser persönlicher Anziehungskraft, so maßlosem Ehrgeiz, so unwiderstehlichem Elan, daß er das 19. Jahrhundert bei der Kehle packte und es schüttelte, bis es nur noch röchelte. Frauen machten kein Geheimnis daraus, daß sie sich zu ihm hingezogen fühlten, gekrönte Häupter gaben ihm Geld, eine ganze Stadt wurde freiwillig sein persönliches Lehen.

Wagners Atem reicht weit. Leidiges Dauerthema unter Opernfreunden ist der angeblich unbefriedigende Zustand des Wagnergesangs. Jede Neuproduktion des *Rings* wird weltweit in der Presse besprochen (und es ist nach wie vor unmöglich, Karten dafür zu bekommen). Noch immer erscheinen neue Bücher über ihn und seine Werke, pausenlos werden Studien über seine Techniken und seinen Einfluß geschrieben. Cosimas Tagebücher, zwei Bände täglicher Details über das Leben des Meisters zwischen 1869 und 1883 (Cosimas Tagebücher enden in der Nacht vor Wagners Tod, und sie hat in den ihr noch verbleibenden siebenundvierzig Jahren ihres Lebens – oder ihres Berufslebens als

Witwe – keine weitere Zeile darin geschrieben), wurden 1977 herausgegeben und weithin mit Jubel begrüßt. Auch für uns hat Wagner nichts an Faszination eingebüßt.

Am Ende seines Lebens schrieb Wagner einen Aufsatz über *Das Weibliche im Menschlichen*, ein Thema, das so oder so den Kern all seiner Hauptwerke trifft. Als er schon schwach im Bett lag, sprach er von den Rheintöchtern, der Ursache so viel Kummers im *Ring*, und er bemerkte zu Cosima: »Ich bin ihnen gut, diesen untergeordneten Wesen der Tiefe, diese(n) sehnsüchtigen.« Er träumte davon, einen Brief von Mathilde zu bekommen, ihn aber in seinem Traum nicht zu öffnen: »Was, wenn Cosima eifersüchtig ist?«

Am nächsten Tag ließ er das Mittagessen ausfallen, um an dem Aufsatz zu arbeiten. Die letzten Worte, die er schrieb, waren: »Gleichwohl geht der Prozeß der Emanzipation des Weibes nur unter ekstatischen Zuckungen vor sich. Liebe – Tragik.« Ein massiver Herzanfall streckte ihn nieder, der Orgasmus des Todes, und er starb in Cosimas Armen. Sie hielt ihn so noch den ganzen Tag und die ganze Nacht. Im Autopsiebericht notierte der diensthabende Arzt: »Es kann keinen Zweifel geben, daß die zahllosen psychischen Aufregungen, welchen Wagner durch seine eigentümliche Geistesanlage und Geistesrichtung, durch seine scharf pronuncierte Stellung zu einer Reihe brennender Fragen in Kunst, Wissenschaft und Politik, durch seine merkwürdige gesellschaftliche Position, alltäglich ausgesetzt war, viel zur Beschleunigung des unglücklichen Endes beigetragen haben.« Er wurde neunundsechzig.

Vielleicht gehört das letzte Wort über Wagner Nietzsche. »Ich verstehe es vollkommen, wenn heute ein Musiker sagt: ›ich hasse Wagner, aber ich halte keine andere Musik mehr aus‹«, schrieb er in *Der Fall Wagner* (1888). »Ich würde aber auch einen Philosophen verstehen, der erklärte: ›Wagner resümiert die Modernität. Es hilft nichts, man muß erst Wagnerianer sein.‹«

5
Das Grundrepertoire – und ein paar Extras

Jetzt sind Sie gut vorbereitet: Schließlich haben Sie schon eine ganze Menge über Sinfonien, Konzerte, Opern und Kammermusik gelernt. Aber Sie sind es langsam leid, immer nur etwas *über* diese Dinge zu hören. Gut, dann ist es soweit: Sie können nun selbst loslegen und sich die Musik auch wirklich anhören.

Kommen wir also auf das Repertoire zu sprechen.

Wenn das hier ein konventioneller Klassikführer wäre, würden wir mit Bach, Beethoven, Brahms anfangen, dann zu Dvořák, Elgar, Gluck und Haydn übergehen, um dann noch kurz Ives, Kodály und Leoncavallo und so weiter zu streifen. Dann würde ich Ihnen eine Liste empfehlenswerter Aufnahmen in die Hand drücken, damit Sie mit Einkaufszettel und Kreditkarte losziehen und gezielt Ihr Repertoire erstehen können.

Aber so läuft das hier nicht.

Ich meine, das mit dem Waschzettel. Wie denn, keine Spalten A, B, C, aus denen man sich nach Belieben etwas aussuchen kann? Was ist das denn für ein Buch?

Eines, das Sie ermutigen will, selbst nachzudenken. Ich könnte natürlich mit Johann Sebastian Bach anfangen und dann zu Alexander Zemlinsky übergehen (Alexander Zem*wer*sky, fragen Sie? Zemlinsky. Er war Arnold Schönbergs Lehrer und Schwager und schrieb tiefdunkle spätromantische Musik, die wirklich reizvoll ist.)

Ich könnte so verfahren. Aber ich tu's nicht.

Weshalb denn nicht? Weil es langweilig ist, deshalb. Langweilig für Sie, und sogar langweilig für mich. Ist Ihnen schon einmal aufgefallen, daß man von Musikkritikern aus unerfindlichen Gründen erwartet, daß sie beim geringsten Anlaß eigene Meinungen verbreiten? Ärzte kennen sie auch, diese Gratisberatungen zwischen Tür und Angel, und sie hassen sie genauso wie wir Kritiker. Aber ich muß Ihnen sagen, gerade die Mediziner gehören zu den schlimmsten Übeltätern. Achten Sie nur mal darauf, wie die Augen eines Dr. med. zu leuchten beginnen, wenn er auf einer Party einen

Kritiker trifft und er sich zu einem kleinen Schwätzchen an ihn heranschleicht. (Ärzte und Finanzjongleure sind heutzutage so ziemlich die einzigen, die sich die teuren Plätze in den vorderen Parkettreihen leisten können.) »Na gut, Doc, ich erzähle Ihnen was über den neuen *Ring*-Zyklus an der Met, wenn Sie schnell mal einen Blick auf diesen Armbeuger werfen. Was meinen Sie? Einverstanden?«

Sie sind kein Arzt. (Oder doch?) Und Sie sind bestimmt nicht zu alt. Sicherheitshalber prüfen Sie das mit *Tone Deaf and All Thumbs?: An Invitation to Music-making* (herausgegeben bei Vintage), einem hübschen kleinen Bändchen von einem Neurologen namens Frank R. Wilson aus San Francisco, der anfing, Klavier zu lernen, als er sah, wie seine beiden Töchter auf dem Instrument Erfolg hatten. Er schaffte es immerhin bis zu seinem ersten Konzert. (»Hey, Doc, macht es Ihnen was aus, sich mal meinen Sehnerv anzusehen? Ich glaube, er ist leicht geschwollen.«) Wilson führt uns vor, daß jedermann Musik machen kann und daß sich niemand vom scheinbar geheimnisvollen Nimbus einschüchtern lassen sollte. Musik ist nicht nur etwas für die Gottähnlichen. Jeder kann Musik machen. Sogar Sie.

Dieses Buches will Sie animieren, Verstand und Ohren zu öffnen, damit Sie richtig zuhören lernen. Heutzutage hört keiner mehr zu. Aber Zuhören kann eine sehr wertvolle Erfahrung sein. Denken Sie mal darüber nach: Sie können durch Zuhören sogar etwas lernen. Und durch eigenes Tun natürlich.

Was Sie von mir bekommen, ist ein sehr persönlicher Überblick über klassische Musik. Dem folgt eine Aufstellung grundlegender Werke der einzelnen Gattungen, die wir schon angesprochen haben – Sinfonie, Konzert, Oper, Kammermusik –, die ganz und gar meinen persönlichen Geschmack widerspiegelt. Wie sonst auch erhebe ich bei dieser Liste keinerlei Anspruch auf Objektivität oder Vollständigkeit. Zweifellos habe ich einige Lieblingswerke ausgelassen, offenkundig große Werke und große Komponisten beleidigt und ausgefallene Stücke besprochen, die die meisten Abonnenten verärgert von ihren Sitzen jagen würden. Wie Brahms sinngemäß einmal sagte: »Sollte hier jemand sein, den ich noch nicht beleidigt habe, dann entschuldige ich mich zutiefst.« Also dann: alles bereit?

Ein höchst subjektiver, willkürlich zusammengestellter Leitfaden für das Grundrepertoire, in dem der Leser ermutigt wird, unter Einsatz seines Verstandes und seiner Phantasie weitere Erleuchtung zu suchen und sich neue Blickwinkel zu erschließen.

Sinfonien

Brahms: *Sinfonie Nr. 2* in D-Dur

Wer ein Stück sucht, das geradezu wie geschaffen dafür ist, den Anfänger in die Welt der klassischen Musik einzuführen, sollte sich an Brahms' *Zweiter* versuchen. Das Bild vom barschen kleinen Kerl mit dem großen langen Bart und den furchtbar schlechten Manieren hat sich in unserer Vorstellung so festgesetzt, daß es schwerfällt zu glauben, daß der Griesgram von Wien eine so sonnige Sinfonie wie die Zweite geschrieben haben könnte. Vom Anfang mit seinem romantischen Hornmotiv bis zum strahlenden Schlußklang der Blechbläser ist die *Zweite* Brahms' rundum gelungenstes Werk. Sie in erstklassiger Besetzung, etwa mit den Berliner Philharmonikern unter Herbert von Karajan, zu hören zählt zu den größten Freuden des Lebens.

Natürlich kann es sein, daß einige Brahmsfans das anders sehen und ein anderes Werk, etwa die *Erste*, favorisieren. Sein Leben lang war Brahms vom Geist Beethovens besessen, und die Arbeit an seiner *Ersten Sinfonie* – die vom Dirigenten Hans von Bülow natürlich prompt »Beethovens *Zehnte*« getauft wurde – kostete ihn viele lange Jahre und mehrere fehlgeschlagene Anläufe. Aber es stimmt schon, die *Erste* hat tatsächlich Ähnlichkeit mit den Werken seines geistigen Paten. Als Brahms einmal darauf angesprochen wurde, daß das Hauptthema des Finales auffallend an das Hauptthema von Beethovens *Neunter Sinfonie* erinnere, blaffte der jähzornige Brahms gleich los: »Das Tollste daran ist, daß jeder Esel das gleich merkt!«

So groß und massig die *Erste*, so subtil und verhalten ist die unterschätzte *Dritte*. Jeder ihrer vier Sätze schließt ruhig; mag sein, daß das ein Grund für die nicht so häufige Aufführung im

Konzertsaal ist. Es gibt eben kein Krachbum-Schluß, mit dem ein Dirigent protzen könnte. Die *Vierte* wird gern von denen bewundert, die ein Faible für die phrygische Tonart und die Passacaglia-Form haben – phrygisch ist eine alte Kirchentonart, die auf e ansetzt und keine schwarzen Tasten enthält, die Passacaglia ist eine musikalische Form der Renaissance, bei der die Baßlinie das ganze Stück hindurch gleich bleibt wie bei einem Rocksong) – , aber ich finde das Stück ziemlich kalt und enttäuschend. Die *Zweite* dagegen ist ein Prachtstück, die ein Lächeln auf Ihre Lippen und einen Hüpfer in Ihren Gang zaubern wird. Wenn sie Ihnen gefällt und Sie die anderen Brahms-Sinfonien auch schon kennengelernt haben, dann brauchen Sie sicher bald neues Futter, etwa die *Siebte Sinfonie* von Antonin Dvorak, die so brahmsig ist wie nur irgend möglich. Als kleine Zugabe könnten Sie noch Joachim Raffs gespenstische *Leonoren-Sinfonie* ausprobieren, ein Stück aus der Mitte des 19. Jahrhunderts, das seinerzeit, ebenso wie Raff selbst, viel Bewunderung erfuhr. Raff hielt man damals für den besten Sinfoniker des Jahrhunderts – bis Brahms des Wegs kam.

Bruckner: *Sinfonie Nr. 9* in d-Moll

Anton Bruckner war auch so ein kleines Kerlchen, zwar ohne Bart, aber auch mit ausgebeulten Hosen, flatternden Haaren und einer ungesunden Beethovenfixierung – allerdings: Orgel spielen, das konnte er! Ansonsten war Bruckner ein solcher Trottel, daß er einmal dem Dirigenten einer seiner Sinfonien Trinkgeld gab, ein solcher Schwächling, daß er sich nicht wehrte, als wohlmeinende Freunde seine Musik übel zurichteten, weil sie glaubten, sie müsse spielbarer gemacht werden, und ein solches Weichei, daß er sich nicht traute, seine *Neunte* Beethoven zu widmen, obwohl fast alle seine Sinfonien exakt wie Beethovens *Neunte* beginnen – das wäre ja anmaßend gewesen. Statt dessen widmete er sie Gott.

Für meine Begriffe ist die *Neunte Sinfonie* sein bestes Werk, auch wenn sie unvollendet ist (vielleicht *weil* sie unvollendet ist, mag der Herzlose vermuten). Bruckner, der immer Probleme mit den Finalsätzen hatte, starb, bevor er den vierten Satz fertigstellen konnte, aber auf seinem Totenbett schlug er vor, sein Chorwerk *Te Deum* an dessen Stelle treten zu lassen. Das wäre allerdings wirklich ein Fall von Ideenklau gewesen, denn das Konzept eines Chorfinales hatte Beethoven in seiner *Neunten* erfunden.

Kann es sein, daß alle Bruckner-Sinfonien gleich klingen? Na ja, irgendwie schon: ein riesenhafter erster Satz, ein strahlender langsamer Satz, ein stampfendes Scherzo, das klingt, als versuchten Panzer zu tanzen (manchmal ist die Reihenfolge dieser beiden Sätze umgedreht), und ein weitschweifiges Finale, das oft das Thema des ersten Satzes noch einmal aufnimmt, bevor es irgendwie zu einem Schluß stolpert. Weil der *Neunten* aber das Finale fehlt, rutscht sie automatisch auf der Liste ganz nach oben; sie endet mit dem langsamen Satz, einem feierlichen Adagio, das zum Besten gehört, was Bruckner je geschrieben hat. Die *Neunte* ist ein ergreifendes Werk, so ergreifend, daß ich das Herbstsemester meines zweiten Jahres auf dem College damit verbrachte, nur sie zu hören und Vaughan Williams' *Pastorale Symphony*.

Wenn sie Ihnen gefällt, dann empfehle ich dringend, doch ein paar von den anderen zu versuchen. Die *Siebte* ist ein herrliches Geschöpf, ebenso die *Achte*. Für die in Deutschland so bewunderte, aber doch eher schwülstige *Fünfte* gäbe ich keinen Pfifferling, aber die *Sechste* ist ein noch unentdeckter Schatz – das Thema aus dem Film *Born Free* (Frei geboren) und das Thema im langsamen Teil von *Somewhere* aus Bernsteins *West Side Story* stammen daraus. Außerdem ist sie eine von Bruckners knapperen sinfonischen Darlegungen.

Vor ein paar Jahren war es üblich, Bruckner mit einem anderen spätromantischen Sinfoniker, nämlich Gustav Mahler, in einen Topf zu werfen. In alten Büchern sieht man immer noch »Bruckner und Mahler«, als handle es sich um die Stars eines Wiener Krimis. Aber die beiden waren nicht nur sehr unterschiedliche Persönlichkeiten, sie schrieben auch völlig unterschiedliche Musik. So ungefähr das einzige, was sie gemein haben, ist ein post-wagnerscher Sinn für Harmonie. Bruckner war ein einfacher katholischer Bauernsohn aus Österreich, Mahler ein temperamentvoller christianisierter Jude aus Böhmen. Bruckner war unbekannt, Mahler, der Direktor der Wiener Oper und später dann der New Yorker Philharmoniker, war weltberühmt. Über Bruckner hätte man stolpern können, Mahler war nicht zu übersehen. Eine Bruckner-Sinfonie ist ein Privatgottesdienst in der Kirche; eine Mahler-Sinfonie ist eine Urschreitherapie beim Analytiker.

Mahler: *Sinfonie Nr. 9*, D-Dur

Probieren Sie es selbst aus. Es gibt populärere Mahler-Sinfonien: die *Erste*, nach dem ursprünglich zugrundeliegenden Programm auch *Titansinfonie* genannt; die *Zweite*, als *Auferstehungssinfonie* bekannt; die ganz reizende *Vierte*; selbst die *Fünfte*, die das berühmte (und ziemlich aufreizende) Adagietto aufzuweisen hat. Es gibt auch größere Mahler-Sinfonien – das Mammutwerk der *Dritten*, deren Eingangssatz so lange dauert, wie die meisten normalen Sinfonien im ganzen, und die *Achte*, die nicht ohne Grund *Sinfonie der Tausend* genannt wird. (»Tausend« bezieht sich auf die ideale Anzahl der Mitwirkenden, obwohl ich, ehrlich gesagt, immer dachte, damit sei gemeint, wie oft man während der Aufführung überlegt, doch lieber Selbstmord zu begehen.)

Wenn musikalisch ausgedrückte Neurosen Ihrem Sinn für Unterhaltung entgegenkommen, dann ist Mahler Ihr Mann. Ist es ein Wunder, daß Freud die Psychoanalyse gleich bei Mahler um die Ecke erfunden hat? Wie viele Verrückte, so kann auch Mahler ordentlich beeindrucken, wenn er so richtig loslegt. In der *Neunten* gibt es durchaus lange Strecken, die bewegend sind, vor allem das trostlose Finale – wer das gehört hat, für den klingt das Finale aus Tschaikowskys *Pathétique* wie ein Mozartsches Techtelmechtel im Wald.

Noch ein Wort zur Zählung der Sinfonien. Mahler war abergläubisch (Überraschung!), vor allem, wenn es um Todessymbolik ging (Überraschung! Überraschung!). Als er seine neunte Sinfonie schreiben sollte, beschloß er, dem Sensenmann ein Schnippchen zu schlagen, und nannte das Stück einfach *Das Lied von der Erde*. Nachdem ihm ein langer Paß direkt in den Torraum gelungen war, während der Tod noch auf eine Flanke von rechts wartete, arbeitete Mahler an dieser Sinfonie.

Und wissen Sie was? Er lebte weiter! Dann fing er mit seiner *Zehnten Sinfonie* an. Und wissen Sie was? Er starb! (Wenn Sie Mahlers *Zehnte* hören, dann in einer für die Aufführung eingerichteten Fassung von irgendeinem anderen Komponisten, oft von Deryck Cooke.) Endstand: Tod 1, Mahler 0.

Beethoven: *Sinfonie Nr. 3*, Es-Dur *(Eroica)*

Sie dachten schon, zu Ludwig van käme ich wohl gar nicht mehr, stimmt's? Irrtum! Die *Eroica* habe ich nicht deswegen gewählt, weil sie seine beste Sinfonie ist – was sie auch tatsächlich ist –, sondern weil sie seine bedeutendste ist. Die Anhänger der *Neunten* werden Ihnen da widersprechen, aber die *Dritte* ist das Stück, das den Wagen wieder flottgemacht hat. Vor der *Eroica* kutschierte die Sinfonie gemütlich mit sechs Zylindern herum – unter Mozart und Haydn war sie schließlich schon zur Perfektion ausgereift. Doch dann kam der linkische, pockennarbige Flegel aus Bonn, der das Klavier so wild und verrückt traktierte, daß jedesmal die Saiten rissen und die Instrumente nach einer Aufführung praktisch Kleinholz waren. Tja, bei der sinfonischen Form ging es ihm genauso. Erst versuchte er sich in der Gattung mit zwei wirklich netten Werken, der *Ersten* und der *Zweiten*, doch dann ging es mit ihm durch – mit der *Dritten* fegte er sie vom Platz.

Wie hat er das gemacht? Erstens war die *Eroica* lang – ungefähr doppelt so lang wie jede normale Sinfonie. Zweitens hatte sie als zweiten Satz einen Trauermarsch (der Titel bedeutet übrigens soviel wie »die heldenhafte«, und ursprünglich war die Sinfonie Napoleon gewidmet, aber Beethoven verübelte es dem kleinen Korsen, daß er sich selbst vom Konsul zum Kaiser beförderte – 1803 wußte Beethoven offenbar schon etwas, wovon Napoleon noch keine Ahnung hatte). Drittens bestand das Finale aus einem riesenhaften Variationssatz über ein Thema, das Beethoven schon früher verwendet hatte, und zwar in dem Ballett *Die Geschöpfe des Prometheus*. Die *Eroica* brachte die Welt gegeneinander auf, und danach war die Gattung Sinfonie nicht mehr die gleiche. Beethoven übrigens auch nicht: Seine *Eroica* ist das Werk, in dem er sich selbst erfand.

Mozart: Alle Sinfonien

Ja, alle einundvierzig. Auf Originalinstrumenten. Sie müssen ja nicht gleich alle hintereinanderweg hören. Aber Sie sollten sie dahaben, in Ihrer Nähe – für alle Fälle.

Ein Wort über die Sinfonien (ein Buch über die Sinfonien!): Die Hits läßt man gern außen vor und stürzt sich statt dessen lieber gleich auf unbekanntere Werke. Doch auch wenn Sie erst einmal einige der frühen Sinfonien ausprobieren wollen, die *Haffner*, *Linzer* oder *Prager* oder aber die letzten drei Sinfonien in Es-Dur, g-Moll und C-Dur (die *Jupiter*) sollten Sie sich nicht entgehen lassen. Gestatten Sie mir bitte, als besonderen Tip die *Prager* zu empfehlen, die manchmal neben ihren großen Konkurrentinnen übersehen wird; sie ist eine von Mozarts glücklichsten Geschöpfen. Achten Sie besonders auf das Thema am Ende der Exposition des ersten Satzes; Mozart, nie mit dem Erreichten zufrieden, veränderte es später leicht – nur um eine kleine, aber herrliche neue Nuance –, wenn es am Ende des Satzes wieder erscheint. Sie können das Stück natürlich auch genießen, wenn Sie diese kleinen Details nicht beachten. Wenn Sie es doch tun, ist der schöne Schauer um so stärker.

Früher, das heißt noch vor einigen Jahren, war die Auswahl an Mozart-Einspielungen vor allem auf die weiche, abgerundete Art des Dirigierens etwa eines Sir Thomas Beecham oder Bruno Walter oder auf die noch weichere und rundere, um nicht zu sagen süßliche und entkräftete Interpretation Karajans beschränkt. Bernstein war zu derb, Maazel zu unterkühlt, Ozawa zu tolpatschig. Doch dann kamen die Ensembles mit Originalinstrumenten.

In England fing alles an. Es bildeten sich kleinere Gruppen von Musikern, die Musik des 18. Jahrhunderts auf Instrumenten der Zeit aufführten. »Wie hat das wohl zu Mozarts Zeiten geklungen?« fragten sie sich und nahmen Geigen mit Darmsaiten und Holzflöten zur Hand. Dies war eine Folge der Pionierarbeit, die Ensembles wie Musica Riservata und Thomas Binkleys Studio der Frühen Musik in München für die Musik des Mittelalters und der Renaissance geleistet hatten. Diese Arbeit hatte eine tiefgreifende Wirkung darauf, wie wir heute die Musik dieser Zeit sehen.

Macht doch Sinn, oder? Ein Komponist hat den Klang der Instrumente seiner Zeit in den Ohren, wenn er schreibt. Bach hätte es nicht für möglich gehalten, wie Leopold Stokowsi in *Fantasia* seine Orgelmusik bearbeitet und spielt; Beethoven konnte den modernen Flügel nicht vorhersehen.

Es geht sogar noch weiter. Ich besichtigte einmal die Thomaskirche in Leipzig, die Kirche, in der Bach so viele Jahre als Kantor verbracht hatte. Als ich hineinging, übte der Organist zufällig gerade eine Bach-Toccata, und als der letzte Akkord noch nachhallte, überkam mich eine verblüffende Erkenntnis: Ob bewußt oder nicht, der Organist hatte sein Tempo nach dem Nachhall der Kirche gerichtet, so daß die letzten Obertöne gleichzeitig mit dem (jetzt nicht mehr hörbaren) Rhythmus verschwanden. Um wirklich authentisch zu sein, müßten wir also eigentlich die Musik an den originalen Schauplätzen hören. Aber das würde natürlich zu weit führen. Sehr überzeugend finde ich allerdings, Instrumente sowie Phrasierungen und Tempi der Zeit zu übernehmen. So klingt die Musik einfach besser. Als Christopher Hogwoods Gesamteinspielung der Mozart-Sinfonien bei L'Oiseau-Lyre erschien, bezeichnete ich sie als »eines der wichtigsten Projekte in der Geschichte des Phonographen«. Auch wenn es heute Mode geworden ist, Hogwood – zu dessen Nachteil – mit seinen Kollegen Trevor Pinnock, Roger Norrinton und John Eliot Gardiner (alles Briten) zu vergleichen, ich bleibe bei meiner Aussage. Sie werden Mozart nie mehr anders hören wollen. Wenn doch, dann gibt es ja immer noch Bruno Walter.

Mendelssohn: *Sinfonie Nr. 4*, A-Dur (die *Italienische*)

Wie der Name schon sagt, war Felix (der Glückliche) Mendelssohn ein Glückspilz. Zumindest läßt ihn seine Musik so erscheinen. Und es gibt im ganzen Repertoire kein sonnigeres Stück als die *Italienische Sinfonie*. Sie legt gleich vom Start weg mit Vollgas los: die hüpfenden Holzbläser, die vorwärts drängenden Geigen, die federnde Eröffnungsmelodie, sie alle sind dazu gedacht, Ihnen ein Lächeln zu entlocken. Und, kaum zu glauben, es geht immer so weiter.

Von den anderen Mendelssohn-Sinfonien gefällt mir die *Fünfte*, die mit dem Beinamen *Reformationssinfonie*, am besten. Darin hören Sie das berühmte »Dresdner Amen«, ein Kirchenlied, das Wagner später höchst wirkungsvoll in seiner letzten Oper, *Parsifal*, verwendet hat. Ebenfalls hörenswert: die *Dritte Sinfonie*, genannt *Schottische*. Und vergessen Sie nicht die *Hebriden*-Ouvertüre, auch bekannt als *Fingalshöhle*.

Schumann: *Sinfonie Nr. 2* in C-Dur

Zu den beliebten Klischees der Musikkritik gehört die Behauptung, Robert Schumanns kompositorisches Talent sei am besten im Bereich Klavier und Lied zur Geltung gekommen; Sinfonien habe er nur geschrieben, weil seine ehrgeizige Frau Clara ihn dazu gedrängt habe; und überhaupt habe er sich beim Instrumentieren völlig idiotisch angestellt. Na ja, das stimmt wohl nicht ganz.

Die *Zweite Sinfonie* ist eine der besten Sinfonien des 19. Jahrhunderts, kann sie doch mit einem unbeschreiblich schönen langsamen Satz und einem quirligen Scherzo aufwarten. Einiges daraus gehört zum Aufregendsten, was je für Streicher geschrieben worden ist. Die anderen drei Sinfonien sind auch nicht schlecht. Die *Erste*, genannt *Frühlingssinfonie*, springt einen mit strahlenden Hörnern an. Die *Dritte*, bekannt als die *Rheinische Sinfonie*, enthält ein berühmtes musikalisches Porträt des Kölner Doms. Die *Vierte* in d-Moll ist das reine Hörvergnügen. Glauben Sie nicht immer, was Sie lesen. Bei Schumann-Sinfonien heißt hören glauben.

Berlioz: *Symphonie fantastique*

Sie gehört in die Sparte »unglaubliche musikalische Begebenheiten«: unglaublich, daß diese gewagte, brillant orchestrierte Schilderung der erotischen Halluzinationen eines Drogensüchtigen 1830 erschien, nur drei Jahre nach Beethovens Tod. Hector Berlioz war einer dieser im 19. Jahrhundert seltenen Fälle, in denen ein Komponist nicht auch Virtuose auf einem Instrument war. Sein Instrument war das Orchester, und er spielte es wie eine Harfe.

Der Schlüssel zum Verständnis der *Fantastique* ist Berlioz' Verwendung der *idée fixe*, einer immer wiederkehrenden Melodie, die in diesem Fall die Geliebte darstellt. Ein Mädchen treibt einen jungen Mann in den Wahnsinn, und er nimmt eine Überdosis Opium. Die Sinfonie ist sein Alptraum, in dem sie immer wieder erscheint. Die berühmtesten Sätze sind der vierte (»Gang zum Hochgericht«) und der fünfte (»Traum in der Walpurgisnacht«), beides haarsträubende Übungen in musikalischer Phantasie. Achten Sie besonders auch darauf, wie die *idée fixe* im Finale wiederkehrt: Statt die schöne Geliebte in einer lieblichen Vision erscheinen zu lassen, zeigt sie die verunstaltete Melodie jetzt als mürrische alte Hexe. Sie müssen sich nur immer wieder sagen: Das hier ist nur eine Sinfonie, das hier ist nur eine Sinfonie.

Ives: *Sinfonie Nr. 2*

Was macht denn Charles Ives in dieser illustren Gesellschaft, fragen Sie sich? Oder vielleicht fragen Sie sich auch: Wer ist eigentlich Charles Ives? »Sind meine Ohren nicht in Ordnung?« fragte sich Ives einmal. »Ich bin doch der einzige, mit Ausnahme von Mrs. Ives (und vielleicht noch ein oder zwei anderen), dem meine Musik gefällt.« Nicht ganz, Charlie. Ich mag Ives' Musik, und

Ihnen wird sie auch gefallen – jedenfalls zum Teil. Die *Zweite Sinfonie* ist ein guter Ausgangspunkt. Wenn Sie überhaupt etwas über Ives wissen, dann vielleicht, daß er ein Connecticut-Yankee aus Danbury war, der tagsüber ein Vermögen damit gemacht hat, Versicherungen in New York City zu verkaufen, und in fast völliger Dunkelheit nachts seine dichte, schwierige Musik schrieb.

Das ist nur zur Hälfte richtig. Der biographische Teil ist korrekt, aber nicht die Klassifizierung seiner Musik. Sicher, Ives war ein polytonaler Revolutionär – er liebte den Klang, der entsteht, wenn Tonarten aufeinanderprallen wie Armeen in der Nacht – und einige seiner besten und bedeutendsten Werke sind kompromißlos experimentell. (Obwohl er bis 1954 lebte, hatte er schon ungefähr 1922 aufgehört zu schreiben; zu dieser Zeit veröffentlichte er privat noch einen Band mit 114 Liedern; die besten Werke Ives' stammen aus der Periode 1900-1910.) Aber Ives interessierte sich auch sehr für Amerika, und seine Musik strotzt – positiv gemeint – nur so von nostalgischen Zitaten aus der amerikanischen Volks- und Populärmusik. Wenige Komponisten fangen den Geist der USA im späten 19. Jahrhundert besser ein als Charles Ives.

Die *Zweite Sinfonie* ist in vieler Hinsicht seine zugänglichste und typischste Komposition. Machen Sie sich wegen der Dissonanzen mal keine Sorgen: Außer an einer einschneidenden Stelle, zu der ich gleich kommen werde, ist sie eine Ohrwurmorgie. »Columbia the Gem of the Ocean« (eins von Ives' Lieblingsstücken), »America the Beautiful« und andere wohlbekannte Melodien verkehren hier mit Ives eigenen großen, breitschultrigen Themen, einige von ihnen beschwören schmerzlich ein verschwundenes Neu- england herauf – das kleinstädtische Amerika mit Dorfanger, sonntäglichem geselligem Beisammensein, Chorälen und Vierter-Juli-Feuerwerk. Da die *Zweite* ein relativ frühes Werk ist, spiegelt sie noch den Einfluß von Ives' Lehrer in Yale, Horatio Parker, wider, und man kann, genauso wie in der *Ersten*, noch den Nachhall von Brahms und Dvorak hören.

Jetzt aber zu den Dissonanzen. Im Finale bringt Ives einen fabelhaften Schluß: Die Blechbläser schmettern »Columbia the Gem of the Ocean«, und der Rest des Orchesters wird ganz verrückt. Doch dann auf einmal bricht das Orchester – der Satz geht gerade auf einen aufregenden Schluß zu – in verächtliches Schnauben aus, so als hätte ein Armeehornist den letzten Ton des »Reveille« total verpatzt. Das ist gleichzeitig komisch und schockierend und erheiternd. Mit anderen Worten: typisch Ives.

Wenn Sie meinen, die *Zweite Sinfonie* sei genau Ihre Art von Musik, dann rennen Sie schnell zum nächsten Plattenladen, und kaufen Sie sich ein Exemplar von Ives' *Klaviertrio*. Das ist zwar ein bißchen härterer Stoff als die *Zweite Sinfonie*, aber auch die beste Aufarbeitung von Ives' kompositorischem Küchenlatein. Lassen Sie sich vom geheimnisvollen Titel des zweiten Satzes, TSIAJ, nicht in die Irre führen, das ist nur wieder einer von Ives' typischen Scherzen und bedeutet nichts weiter als »This Scherzo Is a Joke« (dieses Scherzo ist ein Scherz, wobei »scherzo« das italienische Wort für »Scherz« ist).

Die *Erste Sinfonie* ist, wie wir gesehen haben, relativ konventionell, aber doch attraktiv. Die *Dritte Sinfonie* ist ein regelrechtes Meisterwerk, feinsinnig und wundervoll. Einer der schönsten Momente in Ives' Musik überhaupt steckt im langsamen Satz der quirligen *Vierten*, den Ives sich aus einem seiner früheren Streichquartette geborgt hat. (Wenn man nicht, wie Beethoven, neun Sinfonien schreibt, dann schreibt man vier, als da wären: Schumann, Brahms und Ives.) Und vergessen Sie nicht, auch den *Three Places in New England* aus *The Housatonic at Stockbridge* Gehör zu schenken; darin eines der schönsten musikalischen Flußporträts – auf gleicher Stufe wie Smetanas *Die Moldau*.

Lassen Sie sich von Ives' Ruf als ohrenbetäubender Primitiver nicht abschrecken. Sie werden froh darum sein.

Schostakowitsch: *Sinfonie Nr. 15*

Die *Fünfte Sinfonie*, das Werk, das Schostakowitsch schrieb, um für seine Sünden gegen die sozialistisch-realistische Empfindlichkeiten Buße zu tun, ist das populärste Werk des inzwischen verstorbenen Russen. Die *Siebte*, bekannt als die *Leningrader*, die berüchtigste. Doch die *Fünfzehnte*, seine letzte, ist in meinen Augen die beste Einführung in Schostakowitschs Stil. Nicht, daß sie die typischste wäre. Sie beginnt mit einem Zitat aus der Ouvertüre von *Wilhelm Tell* und endet mit einer Glosse über das Schicksalsmotiv in Wagners *Ring*. Doch alle Schostakowitsch-Charakteristika sind hier vertreten: die schnarrenden kleinen Trommeln, die flatternden Flöten und Piccolos, die Art, wie die Streicher maschinengewehrartig losballern; das Hocherhabene und das Tiefdüstere. Die Sinfonie war schon bei ihrer Uraufführung 1972, die Maxim Schostakowitsch, der Sohn des Komponisten, geleitet hatte, ein Hit. (Schostakowitsch starb drei Jahre danach.) »Schostakowitsch hat hier die Fülle seiner Lebenserfahrung in unnachahmliche musikalische Illustration übertragen«, schrieb die *Prawda*, und diesmal war das keine kommunistische Propaganda. Schostakowitsch hatte schon lange vorher seinen Frieden mit dem Sowjetsystem gemacht (Sie müssen unbedingt das faszinierende und bewegende Buch *Testimony* lesen, Schostakowitschs Memoiren, die er Solomon Volkov diktierte) und schrieb mit dieser Sinfonie sein vielleicht geheimnisvollstes Werk. Achten Sie beim Hören vor allem auf das Finale, das mit einer langen, immer leiser werdenden, gespenstischen Passage für Schlagwerk endet. Die *Fünfzehnte* ist eines der seltsamsten Abschiedswerke der sinfonischen Literatur, eine akustische Parallele zu dem mysteriösen Lächeln, das immer die gespannten dünnen Lippen des Komponisten zu umspielen schien. Worüber lacht er wohl? Über uns.

Vaughan Williams: *Sinfonie Nr. 5*

Englische Musik wird im heutigen Konzertleben immer ziemlich stiefmütterlich behandelt. Sicher, zwischen Henry Purcell im späten 17. Jahrhundert und Sir Edward Elgar im späten 19. Jahrhundert haben englische Komponisten vor allem durch Abwesenheit geglänzt. Dabei haben die Engländer durchaus musikalisches Talent. Doch, wirklich.

Ralph Vaughan Williams schrieb ... genau: neun Sinfonien. Die *Erste*, genannt *Sea Symphony*, ist ein großes, urwüchsiges Chorwerk, das in der aus dem 19. Jahrhundert stammenden britischen Tradition des Mitsingkonzerts steht. So richtig losgelegt hat »Rafe« aber erst mit der *Zweiten*, bekannt als die *London Symphony*, einem herrlichen Schallporträt der englischen Hauptstadt. Die *Dritte*, genannt *Pastoral Symphony*, ist ein weiteres leidenschaftliches Tongedicht, die *Vierte* dagegen (ohne Beinamen) ist ein brutaler, dissonanter Abenteuertrip quer durchs Niemandsland.

Und so kommen wir zur *Fünften*. Dieses köstliche Werk verwendet Material aus Vaughan Williams' unterschätzter Oper *The Pilgrim's Progress*; vermutlich gibt es im 20. Jahrhundert kein kontemplativeres, spirituelleres Werk, es sei denn die *Fantasia on a Theme of Thomas Tallis* vom gleichen Komponisten. Wenn die Zwänge der modernen Zeit Sie wieder einmal fertigmachen, dann legen Sie die gute alte *Fünfte Sinfonie* auf den Plattenteller und schon fällt alle Last des Tages von Ihnen ab.

Im Grunde wirkt fast alles von Vaughan Williams belebend, wenn einem irgendwie unwohl ist: die Opern, dazu gehören auch *Sir John in Love*, noch eine Bearbeitung von Shakespeares Stück mit dem Dickwanst; die *Songs of Travel* für Tenor und Klavier; die *Serenade to Music* für 16 solistische Sänger; *An Oxford Elegy*, eines der wenigen erfolgreichen Werke für Sprecher und Orchester; *The Lark Ascending* für Violine und Orchester. Nichts wie raus und alle kaufen. Sie werden es mir danken.

Elgar: *Sinfonien Nr. 1 und 2*

Sagt Sir Edward schön »Guten Tag«, Kinder. Ja, er sieht aus wie Colonel Blimp oder sonstwas aus *Gilbert und Sullivan* oder vielleicht wie Sherlocks Dr. Watson. Dennoch war er ein großer Komponist. Wahrscheinlich werden Sie zuerst die *Enigma Variationen* hören wollen. Tun Sie das ruhig, aber steigen Sie dann um auf die beiden – es sind wirklich nur zwei! – Sinfonien. Der langsame Satz der *Ersten* ist eines der Schmuckstücke der spätromantischen Orchesterliteratur, und die Zusammenfassung am Ende des Finales, in der das Hauptthema des ersten Satzes strahlend zurückkehrt, eindeutig ein Highlight. Die *Zweite* ist ein bißchen heikler, aber bleiben Sie dran.

Messiaën: *Turangalila Sinfonie*

Olivier Messiaën ist einer der großen Visionäre der Musik, ein tiefreligiöser französischer Katholik, von Haus aus Organist, der herrliche Klangkathedralen baut. Diese hier ist nichts für empfindliche Ohren. Aber wenn Sie mal sehen möchten, was man aus einem modernen Sinfonieorchester herausholen kann, wenn alle Register gezogen werden, dann ist *Turangalila* das Richtige für Sie. (Der Titel ist übrigens eine Kombination aus zwei Sanskrit-Wörtern: turanga bedeutet soviel wie fließende Zeit, Bewegung oder Rhythmus, lila ist Liebe, Sport oder das Spiel der Götter.)

Das Programm der Sinfonie (das heißt ihre Geschichte oder die Quelle der Inspiration) ist eklektisch: Tristran und Iseult, mystischer Katholizismus, die Mythen des alten Indien und Perus, die Geschichten von Edgar Allan Poe. Aber das muß Sie nicht unbedingt interessieren, die Majestät und Aufrichtigkeit dieses Werkes erschließt sich auch so. Die Sinfonie hat zehn Sätze und dauert gut über eine Stunde.

Wenn Sie sie zum ersten Mal hören, werden Sie denken, ich spinne total. Aber lassen Sie sie auf sich wirken.

Noch ein interessanter Punkt zu diesem Werk: Messiaën hatte lange eine Vorliebe für ein bestimmtes Instrument, genannt Martenotwellenklavier – vielleicht erinnern Sie sich, Maurice Jarre hat es für die Filmmusik zu *Lawrence von Arabien* verwendet. Es macht merkwürdige Flattergeräusche, und Filmmusikkomponisten setzen es deshalb gern für Science-fiction-Filme ein.

Und noch etwas: Wenn Sie denken, eine Sinfonie mit einem Sanskrit-Titel zu versehen sei doch etwas exzentrisch, dann vergessen Sie nicht Philip Glass' Oper *Satyagraha*, deren gesamter Text in Sanskrit steht.

Konzerte

Tschaikowsky: *Klavierkonzert in B-Dur*

Das ist es, das allerberühmteste. Nummer eins. Das große. Der anfängliche Mißerfolg dieses Konzerts – Tschaikowsky schrieb noch zwei weitere, aber von denen spricht keiner, und gespielt werden sie auch nicht – eignete sich wieder einmal fabelhaft zur Legendenbildung. Doch im Grunde setzte sich das Werk schnell durch und ist heute so gut wie unvermeidlich geworden. Pianisten machen sich mit ihm einen Namen und gewinnen mit ihm bei Wettbewerben. Als Vladimir Horowitz und Sir Thomas Beecham 1928 mit diesem Werk ihr gemeinsames Debüt gaben, lief Horowitz mittendrin davon.

Van Cliburn feierte Triumphe, als er es 1958 beim Tschaikowsky-Wettbewerb in Moskau spielte. Das Publikum liebt es wegen seiner tückischen Läufe, die wie Kaskaden herabstürzen, und wegen der kühnen, donnernden Oktaven – ganz zu schweigen von der unsterblichen Eröffnungsmelodie (»Tonight We Love«), die erstaunlicherweise im ganzen Stück nicht wieder zu hören ist. Es ist das musikalische Äquivalent zum Besuch einer Zirkusvorstellung, zu der man nur geht, um zu sehen, ob die Löwen den Dompteur nicht doch noch fressen.

Manchmal tun sie es.

Rachmaninow: *Klavierkonzert Nr. 3 in d-Moll*, op. 30

An Sergej Rachmaninow, dem eigensinnigen, im Ausland leben- den Russen – von Strawinsky denkwürdig als »Zwei Meter großen Miesepeter« charakterisiert –, ist nichts natürlich. Rachmaninows Musik ist nicht unbedingt künstlich, sie ist einfach penibel auf ma- ximale Wirkung hin angelegt. Wie Mozart schrieb Rachmaninow seine Konzerte, um sie selbst zu spielen. Anders als Mozart hatte er gegen ein bißchen Protzerei nichts einzuwenden.

Die meisten ziehen das *Zweite Konzert* mit seinen berühmten Popmusik-Themen vor. Doch das *Dritte* ist in jeder Hinsicht das bessere Werk: prunkvoller, dramatischer, aufregender. Für meinen Geschmack kommt nicht einmal das vermeintlich größte, stärkste Schlachtroß, Tschaikowskys *Erstes Klavierkonzert*, an Rachma- ninows *Drittes* heran, zumindest was den mitreißenden Drive an- geht. Denn im Finale holt Sergej noch mal zum K.o.-Schlag aus und besiegelt den Triumph am Schluß mit dem typischen russi- schen Trommelrhythmus als Unterschrift: Dum-da-da-dum. (Übersetzt: Rach-ma-ni-now. Jetzt wissen Sie, wie man seinen Namen betont.) Ja! Wenn diese Art von musikalischem Feuerwerk Ihr Ding ist, dann werfen Sie doch auch einen Blick auf die drei an- deren Konzerte.

Das *Zweite* haben wir bereits besprochen. Das *Erste* ist ein ju- gendlich ausgelassenes Werk, das man nicht oft hört; und das son- derbare *Vierte*, das Variationen über das amerikanische Kinderlied *Three Blind Mice* enthält, wird fast nie gespielt. Lohnend wäre es auch, die Rachmaninow-Sinfonien zu erforschen: Die große, fette *Zweite* ist allseits die beliebteste, aber ich stehe mehr auf die *Dritte*, wieder eine von der rätselhaften Sorte. Sein bestes Orchesterwerk sind wohl die *Sinfonischen Tänze*, besonders gern mag ich auch das frühe sinfonische Gedicht *Prinz Rotislaw* – me- lancholisch bis zum Gehtnichtmehr: genau das Richtige für einen langen russischen Winterabend. Kein Wunder, daß Rachmaninow nach Beverly Hills ausgewandert ist.

Liszt: *Klavierkonzert Nr. 1 in Es-Dur*

Sie lieben Feuerwerke, ja? Hier ist der Urvater aller Pyromanen, der große Franz höchstpersönlich, der König der Lisztomanie, Ungarns Lieblingssohn (auch wenn er nie ungarisch gelernt hat), der Sultan des Boudoir, der Abbé von Rom: Franz Liszt. Mit seiner byronschen Goldjungen-Erscheinung, seinem Ruf als Schwerenöter und vor allem seiner unglaublichen Virtuosität war er eine schillernde Figur. Liszt (der ursprüngliche deutsche Familienname lautete List, wurde dann später zu Liszt ungarisiert) war es, der das öffentliche Klavierkonzert erfand, und der erste, der Beethovens späte Sonaten öffentlich aufführte. Selbst heute noch gilt er als derjenige, an dem sich alle anderen messen müssen. Allein schon der Name Liszt ist gleichbedeutend mit Virtuosität.

Das Es-Dur-Konzert ist eines von zwei Konzerten; das andere steht in A-Dur. Seltsamerweise ist keines von beiden besonders gut – sicherlich nicht auf gleichem Niveau wie seine Musik für Klavier solo. Die Elemente, die den Zeitgenossen Liszts damals besonders kühn vorkamen – die Struktur des durchgehenden Satzes, die Verwendung des Triangels im Scherzo des *Ersten Klavierkonzerts* – sind für uns heute nichts Besonderes. Und im Vergleich etwa mit Rachmaninow scheint sogar die Komplexität des Klaviersatzes ein bißchen brav geraten zu sein. Aber eigentlich sind das keine wirklichen Kritikpunkte: Liszt konnte ja nicht wissen, daß ein Rachmaninow des Weges kommen würde. Nehmen wir also die Konzerte, wie sie sind, ähnlich wie die von Chopin, nur die sind noch schlechter.

Seltsam, daß die beiden größten Pianisten des frühen 19. Jahrhunderts in Sachen Klavierkonzert keinen wirklichen Treffer landen konnten. Aber das ist wohl eine kleine Laune der Muse, nehme ich an. Bei einer wirklich tollen Aufführung des *Es-Dur-Konzertes* kann man dennoch Gänsehaut bekommen. Und jeder Pianist, der etwas auf sich hält, muß sich an den Liszt-Konzerten versuchen. Doch das Publikum scheint noch immer bereit, eine Menge Geld hinzulegen, um ihnen bei ihren Versuchen zuzuhören. Sie vielleicht auch.

Brahms: *Klavierkonzert Nr. 2 in B-Dur*, op. 83

Schon wieder Brahms. Ich habe eben eine Schwäche für den alten Griesgram. Sein Bellen war schlimmer als sein Beißen, und in seiner Musik beißt er fast gar nicht. Das *Zweite Konzert* ist vielleicht das größte Klavierkonzert aller Zeiten, ein so umwerfend schönes Gebilde, daß man eigentlich gleich Klavier lernen will, nur um es selbst zu spielen (das allerdings werden Sie, so Sie nicht wirklich gut sind, nie schaffen). Dieses Konzert ist das musikalische Äquivalent zu den Griechen in Thermopylae, falls sie gewonnen hätten. Der Solist kämpft gegen eine unglaubliche Übermacht, schafft es aber irgendwie, durch einen titanenhaften ersten Satz, ein Haudrauf-Scherzo, einen strahlenden langsamen Satz, in dem das Klavier das Solo-Cello austricksen muß, und ein heiteres, fast mozartsches Finale, seinen Kopf auf den Schultern zu halten. Es ist der ultimative Test für die pianistischen Fähigkeiten, nicht so protzig wie bei Rachmaninow, aber brutal schwer und emotional auslaugend.

Wenn Sie das *Zweite* hinter sich haben, werfen Sie doch einen Blick auf das *Erste*, ein frühes Werk in d-Moll, aus dem ursprünglich eine Sinfonie werden sollte, bis Brahms dann doch wieder gekniffen hat (er brauchte 15 Jahre und mehrere Anläufe, um dann doch endlich die *Erste* zu schreiben). Der langsame Satz des *Ersten Klavierkonzerts* ist ein musikalisches Porträt von Brahms' großer Liebe, Clara Schumann, der Frau seines Freundes und Mentors Robert Schumann. Brahms' Leidenschaft für Clara war eine der großen unerwiderten (?) Liebesaffairen des 19. Jahrhunderts, eine Leidenschaft, die im Lauf der Zeit abkühlte. (Nach Roberts Tod 1856 trug Clara nur noch Trauerkleider – vierzig Jahre lang.) Eine wunderbar romantische Geschichte – die häßlichen Gerüchte, daß das jüngste Kind der Schumanns Brahms schrecklich ähnlich sah, sollte man einfach überhören.

Da wir gerade beim Thema Brahms-Konzerte sind, bestehe ich darauf, daß Sie auch das edle *Violinkonzert* kennenlernen, ein Stück, das Sie von Anfang an mit seinem breit angelegten Eröffnungsthema im Orchester und dem folgenden Ausbruch von Virtuosität des Solisten in seinen Bann zieht. Ich weiß, ich habe gesagt, ich würde keine Einspielungen empfehlen, aber in diesem Fall werfe ich meine Vorsätze über den Haufen: erbetteln, leihen oder stehlen Sie die Erica-Moroni- oder Henryk-Szeryng-Fassungen. Kein moderner Fiedler hat die Qualität oder den Mumm, es so zu spielen wie diese beiden. Was das *Doppelkonzert* betrifft – ein merkwürdiges Stück für Violine, Cello und Orchester, das auf dem

Papier interessanter aussieht, als es sich im Konzertsaal anhört –, da müssen Sie sich Ihre eigene Meinung bilden.

Apropos Cello, keine Besprechung der wichtigsten Konzerte wäre vollständig ohne die Erwähnung des weltbesten – und einzig wahren – Cellokonzertes: das *Konzert in h-Moll* von Antonin Dvorak. Sie wissen schon, das, das Susan Sarandon immer in den *Hexen von Eastwick* übt, wenn der alte Teufel Jack Nicholson zum kurzen Privatunterricht vorbeikommt. Es gibt durchaus noch andere Cellokonzerte, sicher – von Schumann, Prokofjew, Sir William Walton –, aber das Dvorak-Konzert ist einfach das schönste.

Mozart: *Klavierkonzert in B-Dur*, KV 595

Ein anderes Klischee der Musikkritik lautet, daß die Klavierkonzerte Mozarts das abstrakte Äquivalent zu seinen Opern seien, nur daß hier das Klavier die Stimme ersetze. Offen gestanden war mir dieses Argument nie ganz einsichtig. In den Opern besteht Mozarts Genie darin, *ex pluribus unum* – den einen unter vielen – zu charakterisieren (wie viele der Gründerväter war auch Mozart Freimaurer; ihm wären all die geheimwissenschaftlichen Symbole auf den amerikanischen Dollarnoten absolut vertraut gewesen). In den Klavierkonzerten ist es umgekehrt: Er nimmt, was im Grunde die konfrontationsreichste musikalische Form ist – ein einziger Solist gegen ein Orchester – und beschwört eine Welt verschiedener Stimmen herauf: aus eins mach viel.

Während die Partisanen die Fahnen für das dramatische *d-Moll-Konzert*, KV 466, oder für das sonnige *A-Dur-Konzert*, KV 488, hochhalten, bin ich mehr für das *B-Dur-Konzert*, KV 595, und zwar wegen seiner unübertrefflichen Beherrschung von Form und Inspiration. Wenn Sie Noten lesen können, dann sehen Sie sich Mozarts Partitur an, Sie werden staunen, wie einfach alles auf dem Papier aussieht. Da gibt es keine unnötige Bewegung, kein Übergepäck, nichts behindert seinen Fortgang. Mozarts Werk ist der Welt einzige reibungsfreie Musik.

Beethoven: *Violinkonzert in D-Dur*, op. 61

Schon wieder Beethoven. Zum Violinkonzert wären wir sowieso gekommen. Aber mir scheint jetzt der richtige Zeitpunkt zu sein, Ihnen Beethovens bestes Stück vorzustellen. Ich kann Sie schon schreien hören: Und was ist mit der *Fünften* oder mit der *Eroica*?

Aber ich meine, was ich sage: Für meinen Geschmack ist das reizende *Violinkonzert* das rundum gelungenste Werk des großen B. Wenn Beethoven einen nicht gerade piesackt, kann er ein ganz liebenswürdiger Kerl sein – denken Sie nur an die *Pastorale* –, und wenn er dann seine Weste aufknöpft und seinen steifen Kragen abnimmt, ist er richtiggehend charmant. Das Geigenkonzert ist entspannt, melodiös, verspielt und, im langsamen Satz, einfach schön. Sie fragen sich: Kann das der gleiche Kerl sein, der das Trio (den kontrastierenden Abschnitt) im Scherzo der *Siebten Sinfonie* geschrieben hat, das vielleicht allerhäßlichste Stück Musik ist, das im 19. Jahrhundert komponiert wurde? Kann er, und das beweist mal wieder, daß Ausnahmen die Regel bestätigen.

Zu den berühmten fünf Klavierkonzerten einige kurze Bemerkungen: *Nr. 1 in C-Dur*: angenehm. *Nr. 2 in B-Dur*: schrecklich. *Nr. 3 in c-Moll*: anspruchsvoll. *Nr. 4 in G-Dur*: von allen das beste. *Nr. 5 in Es-Dur*, das *Empereur*: nicht so gut wie sein Ruf. Im ersten Satz des *Es-Dur-Konzerts* gibt es einen Moment, wo das Klavier plötzlich, die Tastatur hinauf und hinunter, Tonleitern spielt.

Eines Tages, als ich mir gerade eine Aufnahme des *Empereur*-Konzertes anhörte, fragte mich meine Mutter an dieser Stelle: »Warum übt der Pianist seine Tonleitern mitten im Stück?« Ich hatte damals keine Antwort auf diese Frage, und ich habe sie bis heute nicht.

Erstaunlicherweise hat Beethoven sein *Violinkonzert* für Klavier und Orchester umgearbeitet. Ja, hat er wirklich. Auf der Geige klingt es aber viel besser.

Prokofjew: *Violinkonzert Nr. 1* in D-Dur

Genug des Wohlklangs. Wenn Sie gutes Geld ausgeben, um Itzhak Perlman dabei zuzuhören, wie er Bogenhaare auf Stahlsaiten setzt, dann wollen Sie Feuerwerk. Ich mache Ihnen keinen Vorwurf daraus. Teil der großen Anziehungskraft der Musik ist ihre Physikalität. Man möchte es staunend miterleben, wenn ein Mensch mit schier übermenschlichen feinmotorischen Fähigkeiten etwas eigentlich Unmögliches ziemlich gut hinkriegt.

Sergej »Stahlfinger« Prokofjew mag für Sie auch noch so ein erzkonservativer Bolschewik sein, aber glauben Sie mir, der große Russe mit Ansatz zur Glatze hat durchaus was auf dem Kasten. Seine Klavierkonzerte sind äußerst wirkungsvoll angelegt, vor allem das berühmte *Dritte Konzert in C-Dur*. Sein schönstes Werk aber ist und bleibt das *Violinkonzert Nr. 1* von 1917, das gleichzeitig lyrisch und, im Scherzo, strahlend ist. Prokofjew zieht alle Register, unter anderem Pizzicatospiel (durch Zupfen der Saiten) und Flageolett-Töne (beim Flageolett berührt man die Saite an bestimmten Stellen nur ganz leicht und erzeugt so um ein oder zwei Oktaven höhere Töne; das Ganze klingt dann wie ein Pfeifen). Das *Erste* ist das Paradestück jedes Geigers. Hören Sie es sich an, es wird Ihnen gefallen. Das *Zweite in g-Moll* begeistert mich persönlich nicht so sehr, hat aber auch seine Fans.

Tschaikowsky: *Violinkonzert in D-Dur*
Siehe Bemerkungen zu Tschaikowsky: *Klavierkonzert in b-Moll*, und ersetze »Klavier« durch »Violine«.

Berg: *Violinkonzert*
Oh nein, kann das sein? Ja! Ein Zwölfton-Violinkonzert. Noch schlimmer, ein umwerfend schönes Zwölfton-Violinkonzert. Alban Berg war, genauso wie Anton Webern, Schüler Arnold Schönbergs. Berg war ein großer, gutaussehender Österreicher, ein echter Spätromantiker. Nichts war typischer für die Spätromantik als Schönbergs Zwölftonsystem (egal wie »modern« es noch heute in unseren Ohren klingt), und bei Berg fiel es auf fruchtbaren Boden.

Anders als Webern hat Berg allerdings viele der ursprünglich romantischen Impulse beibehalten. Das *Violinkonzert* schrieb er kurz vor seinem Tod (er starb an den Folgen eines Bienenstichs) und sollte ein Requiem für Manon Gropius, die schöne Tochter des Architekten Walter Gropius und Alma Mahler-Gropius, sein (ja, Mahlers Witwe, der größte Künstlergroupie aller Zeiten). Es enthält ein korinthisches Volkslied, ein Zitat aus einer Bach-Kantate und steht, im großen und ganzen, in g-Moll. Das sollten Sie sich einmal auf der zwölftönigen Zunge zergehen lassen, Arnold!

Wie das bei den größten Musikstücken so ist, verbreitet und definiert auch Bergs Violinkonzert eine ganz bestimmte Stimmung. Die Stimmung dieses Werks nun ist die elegischer Trauer. Berg war eine Art musikalischer Numerologe und Kryptograph. Das *Kammerkonzert*, eine seiner undurchdringlichsten Schöpfungen, basiert auf einer numerologischen Reihe; seine *Lyrische Suite* für Streichquartett ist ein offenes Bekenntnis seiner Liebe zu Hannah

Fuchs-Robettin – seine und Hannahs musikalische Initialen werden hier immer und immer wieder miteinander verwoben. Doch das *Violinkonzert* ist direkter zugänglich, ein Werk, dessen Kummer und Leid jeder Zuhörer verstehen kann, egal wie wenig er über Schönbergs Theorien weiß. Dieses Konzert ist eines der größten Orchesterstücke des 20. Jahrhunderts. Lassen Sie es sich nicht entgehen!

Dvorak: *Cellokonzert, h-Moll*, Elgar: *Cellokonzert*

Damit wären auch schon die wichtigsten Konzerte im Cellorepertoire genannt. Dvoraks Werk haben wir weiter oben schon besprochen, also kommen wir am besten gleich zu Elgars Konzert, das als letztes großes Werk des Komponisten 1919 uraufgeführt wurde. Es ist eines der herzzerreißendsten Stücke überhaupt, so unsagbar traurig, daß es jeder Beschreibung spottet. Eine der großen Stärken der Musik besteht darin, uns dazu zu befähigen, in die Seelen längst verstorbener Menschen zu sehen. Wenn Sie eine Vorstellung bekommen wollen, welche Auswirkung der Erste Weltkrieg auf das Bewußtsein Europas hatte, hören Sie sich einfach Elgars *Cellokonzert* an. Und weinen Sie. Wenn Sie Ihre Augen wieder trockengetupft haben, machen Sie mit dem *Violinkonzert* des gleichen Komponisten weiter.

Opern

Berg: *Wozzeck*

Sie wußten ja, früher oder später würde ich auf die Oper zu sprechen kommen. Die meisten empfehlen für Opernneulinge irgend etwas Leichtes, etwa Leoncavallos *Pagliacci* oder Puccinis *La Bohème*. Ich nicht. *Wozzeck* war meine erste Oper, und bis heute ist sie mir die liebste. *Wozzeck* ist keine Zwölfton-Oper – nur eine Szene (in der vierten Szene des ersten Aktes) ist nach der Zwölftonmethode geschrieben. Allerdings ist sie atonal, das heißt, das Werk hat kein tonales Zentrum. Doch Berg war, wie ich erwähnt habe, ein Erzromantiker, und deshalb ist es in seiner Musik nie weit bis zur Tonalität.

Der Höhepunkt der Oper, die übrigens im Dezember 1925 uraufgeführt wurde, steht plötzlich unmißverständlich in d-Moll.

Der Titel ist eigentlich ein Druckfehler. Eigentlich sollte er »Woyzeck« lauten, aber der Setzer hatte sich vertan und »Wozzeck« mit zwei »z« geschrieben, und bei dieser Schreibweise ist es dann auch geblieben. Das Libretto basiert auf dem Theaterstück des bemerkenswerten Dramatikers Georg Büchner (1813-1837), eines frühreifen Genies, dessen Stücke durch ihre verfremdete, aphoristische Weltanschauung verblüffen.

Die Geschichte handelt von einem mißbrauchten Soldaten, und Graf Floyd bekäme es mit der Angst zu tun: Wozzeck wird von seinem Vorgesetzten Hauptmann schikaniert, vom Doktor, der eher ein Quacksalber ist, während eines medizinischen Experiments gequält, vom sexsüchtigen Tambourmajor geschlagen und von der schlampigen Marie, der Frau, von der er ein uneheliches Kind hat (»ohne den Segen der Kirche!« erinnert ihn der Hauptmann), gehörnt. Schließlich verliert er den Verstand, ersticht Marie und ertrinkt dann bei dem Versuch, die Mordwaffe im See verschwinden zu lassen. Ziemlich grausig, oder?

Tja, das ist Oper für Sie. Bergs Genie bestand darin, aus dieser, durch ihre vielen Schnitte fast schon filmartigen Story, ein Werk von unglaublicher Eindringlichkeit zu machen. Der Kritiker Ernest Newman sprach in einer Artikelreihe, die er für die Londoner *Sunday Times* 1949 geschrieben hatte, über diese Wirkung: »Der wissenschaftlich nicht versierte Opernhörer merkt, daß er vielleicht zum ersten Mal in seinem Leben eine große Menge nicht-tonale Musik aufnimmt, ohne dabei gleich zusammenzuzucken – im Gegenteil, die Musik nimmt ihn richtiggehend gefangen. Diese einfache Tatsache zeigt das wahre Ausmaß von Bergs Leistung; ob der Zuhörer sich sein Interesse erklären kann oder nicht, Tatsache bleibt, daß er ganz und gar am Wozzeck interessiert ist. Er spürt, daß diese Musik für dieses Thema nicht nur ›richtig‹ ist, sondern das einzig denkbare musikalische Äquivalent. – Alles an *Wozzeck* ist toll.«

Kraftvoll auch. Sogar heute noch strömen die alten Leute während einer Vorstellung des *Wozzeck* aus der Met, vielleicht weil sie sich bei Bergs nicht gerade verniedlichender Musik in Verbindung mit Büchners kraftvollem Schauspiel höchst unwohl fühlen; es ist soviel einfacher, wenn die Leute sich zu den Leierkastenklängen eines Verdi ohne Blutvergießen gegenseitig umbringen. Aber Sie sind doch aus härterem Holz geschnitzt.

Kaufen Sie die Platte (mir gefällt die Boulez-Einspielung, auch wenn die Marie unzulänglich ist). Schlagen Sie sich drei Stunden Zeit frei. Legen Sie den Telefonhörer neben den Apparat, und werfen Sie die Katze raus. Dann lehnen Sie sich mit dem Libretto zurück und verfolgen die Geschichte. Achtung: Legen Sie niemals den *Wozzeck* – im Grunde egal welches Musikstück, das Sie nicht in- und auswendig kennen – als Hintergrundmusik auf und erwarten Sie dann, daß die Musik Sie fesselt. Sie müssen immer aktiv zuhören; glauben Sie mir, Ihre Aktivität wird Ihnen reich gelohnt.

Zehn Jahre später schrieb Berg eine zweite Oper, *Lulu*. Wie *Wozzeck* ist auch sie eine ordentliche Portion Leben, wiederum basiert die Oper auf einem Theaterstück. Genaugenommen auf zwei Stücken des österreichischen Dramatikers Frank Wedekind (die inzwischen verstorbene Louise Brooks spielte die Lulu zu ihrer besten Zeit im deutschen Stummfilm). Anders als *Wozzeck* ist *Lulu* ein Zwölftonwerk, lang, dicht und schwierig. Ich mag sie sehr, aber es wäre unverzeihlich, wenn ich Ihnen Henry Pleasants' Kommentar dazu aus seinem Buch *Serious Music – and All That Jazz!* vorenthalten würde. »Mir ist immer alles vergangen, wenn diese Kritiker von Strauss' *Ariadne auf Naxos* und *Capriccio* reden, als seien sie von Mozart, wenn sie Nono und Dallapiccola ›lyrisch‹ finden [was sie mit Sicherheit auch sind] und den pseudopsychopathischen Unsinn der *Lulu* tatsächlich ernst nehmen [so wie ich].« Na, Henry, Kopf hoch!

Schostakowitsch: *Lady Macbeth von Mtzensk*

Wenn Sie feststellen, daß Berg Ihnen gefällt, dann wollen Sie sicherlich bald einige andere moderne Opern erforschen. An erster Stelle sollte dann Schostakowitschs *Lady Macbeth von Mtzensk* stehen, das Stück, das Stalin so erbost hat, daß es den Komponisten fast das Leben gekostet hätte. Dieses Märchen von ehelicher Untreue und Mord im alten Rußland ist eine der offensten Untersuchungen zum Thema Sexualität im gesamten Opernrepertoire. Entgegen Stalins Verleumdung des Werks als »Chaos statt Musik« – so lautete die Überschrift des Leitartikels in der *Prawda*, der das Stück 1936 verdammte – ist die *Lady Macbeth* in einer zugänglichen Tonsprache komponiert. Es gibt nur wenige Opernarien, die es mit dem Monolog der Heldin Katerina im ersten Akt (kurz bevor ihr Mann Sergej in ihr Schlafzimmer kommt und sie gewaltsam verführt) aufnehmen können. Noch herrscht Ruhe vor dem Sturm, und die heißblütige Katerina, eingesperrt in eine lieblose Ehe, grübelt: »Ohne Freiheit kann ich nicht weiterleben. Ich habe kein Nest wie das Täubchen und habe vor allem auch keinen Geliebten. Ich bin einsam. Wie trostlos wird mein Leben weitergehen.« Und dann, peng!

Und da ist noch so ein magischer Augenblick in der *Lady Macbeth*: Wenn der betrunkene Bauer in den Keller stolpert und die Leiche von Katerinas Mann Zinowi entdeckt, bricht das Orchester plötzlich in eines dieser von Schostakowitsch patentierten Getöse aus, laut pulsierende kleine Trommeln und dröhnende Blechbläser, ein Chor des Triumphes und des Schreckens, des Schocks und der Angst und der Hochstimmung. Niemand hat einen Nervenzusammenbruch musikalisch je so lebhaft geschildert. Diese Art von Musik macht Diktatoren leicht sehr, sehr nervös. Kein Wunder, daß Stalin ausgerastet ist.

Mozart: *Le nozze di Figaro* (*Figaros Hochzeit*)

Alleinherrscher scheinen grundsätzlich mit revolutionärer Musik Probleme zu haben, egal welcher politischen Richtung sie angehören. Als Mozarts *Figaro* am k.u.k. National-Hoftheater in Wien uraufgeführt wurde, soll der Kaiser bemerkt haben: »Zu viele Noten, mein lieber Mozart, zu viele Noten.« Worauf der freche Salzburger erwiderte: »Aber nicht mehr als nötig, Euer Hohheit.« Kein Wunder, daß er Probleme hatte, einen Job zu finden.

Und *Figaro* war revolutionär. Textgrundlage war ein Stück von Beaumarchais, eine kaum verhüllte Glosse auf die Zustände, die bald darauf zur Französischen Revolution führen sollten. Nur drei Jahre nach der Premiere des *Figaro* (1786) wachten eine Menge gekrönte Häupter morgens auf und mußten sich erst vergewissern, ob sowohl Haupt wie Krone noch an Ort und Stelle waren. *Figaro* war Mozarts erste Oper, die in Zusammenarbeit mit Lorenzo da Ponte entstanden war, diesem aus der Art geschlagenen italienischen Priester (er war vom Judaismus zum Katholizismus konvertiert!). Da Ponte schrieb Libretti für viele große Komponisten der Zeit (darunter auch – o Graus – Salieri), bis es ihn nach Manhattan verschlug, wo er am Ende seines Lebens Italienisch an der Columbia University (!) unterrichtete; er ist in New York begraben.

Mit *Figaro* beginnt die moderne Oper. Jedenfalls beginnt mit ihm das internationale Standardrepertoire. Zwar gingen dem *Figaro* schon andere Werke voraus, darunter auch Werke von Mozart wie etwa *Die Entführung aus dem Serail*, aber keine wird regelmäßig aufgeführt. Die Geschichte handelt vom Versuch des listigen Dieners Figaro, die Pläne seines lüsternen Chefs zu durchkreuzen. Der Graf will nämlich mit seiner Braut Susanna ins Bett, und das ausgerechnet in der ersten Nacht nach ihrer Hochzeit mit Figaro – das alte Droît de seigneur gibt ihm die Legitimation dafür. Das Ganze ist eine Metapher für soziale Unterdrückung und gleichzeitig eine zutiefst menschliche Komödie, deren Melodienfülle keiner widerstehen kann.

Beaumarchais schrieb übrigens drei *Figaro*-Stücke, und Mozart vertonte das zweite davon. Das erste Stück, *Der Barbier von Sevilla*, wurde später von Rossini als eine Art »Vorgeschichte« zum *Figaro* vertont. Das dritte Stück, *La mère coupable*, hat 1992 seinen Weg ins Opernhaus gefunden: Der amerikanische Komponist John Corigliano erhielt von der Metropolitan Opera den Auftrag.

Auf jeden Fall ist die Kenntnis des *Figaro* für das Verständnis der Oper überhaupt von grundlegender Bedeutung. Vor ihm gab es nichts, was ihm an Schönheit seiner Arien, am Glanz seiner Ensembles, an der Eindringlichkeit der Empfindungen und der harten, kalten Wahrheit seiner Moral gleichgekommen wäre. Mozarts nachfolgende Opern – die Geschichte vom flotten Lebemann *Don Giovanni* oder das Verwirrspiel *Così fan tutte* (auch bei diesen beiden Opern war Da Ponte der Librettist), *Die Zauberflöte* und *La Clemenza di Tito*, mit der Mozart zur Opera seria zurückkehrte –, sie alle haben natürlich viel zu bieten.

Viele glauben, *Don Giovanni* sei die größte Oper, die je geschrieben wurde (auch wenn Beethoven, der alte Knallkopf, meinte, das Thema sei unmoralisch); aber auch die *Così* hat ihre Partisanen, zu denen ich mich zähle.

Und es gibt keinen, der die *Zauberflöte* nicht mag. Aber *Figaro* steht an erster Stelle. Hören Sie sich doch einmal den Schluß des ersten Aktes an oder das ansteckende Marschlied, dann wissen Sie, warum.

Puccini: *La Bohème*

Apropos Märsche: Am Ende des zweiten Aktes der *Bohème*, der berühmtesten romantischen Oper der Welt, gibt es auch einen ganz netten. (Warum, glauben Sie, haben sie ihn sonst in *Moonstruck/ Mondsüchtig* verwendet?) Er wird gespielt, wenn Rodolfo, Mimi und die anderen Bohémiens sich im Café Momus in Paris versammelt haben. Dort hat Rodolfo seine alte Flamme Musette getroffen, die von einer ihrer Herrenbekanntschaften, Alcindoro, zum Essen ausgeführt wird. Spontan entflammt ihre Liebe aufs neue. Als eine Militärpatrouille vorbeimarschiert, schließen sich die vergnügungssüchtigen vom linken Seineufer den Truppen an; den alten Trottel lassen sie mit der Rechnung für alle ihre Mahlzeiten zurück. Das ist ein Augenblick der Freude und der guten Laune, der die kommende Tragödie geschickt verzögert.

Viele Kommentatoren haben deutlich gemacht, was für ein Sadist der elegante, Zigarette rauchende Puccini war: Er liebte es, seine Heldinnen zu quälen. Mimi stirbt an der Schwindsucht, Tosca springt vom Castel Sant'Angelo, Madama Butterfly begeht Selbstmord, desgleichen Liu, das verschmähte Faktotum, in *Turandot*. Aber Puccini versteht etwas, das eine spätere Generation von B-Movie-Machern aufgegriffen haben: Das Publikum liebt süße Mädchen in Gefahr.

Aber bei Puccini sieht die Gefahr immer so nett aus. Seine Liebhaber sind leidenschaftlich, auch wenn sie fies sind; Leutnant Pinkerton ist ein Schuft reinsten Wassers, aber sein erstes Liebesduett mit Cio-Cio-San in *Butterfly* ist einer der Glanzpunkte der Literatur. Prinz Kalaf ist genauso gemein zu Liu, aber seine Arie »Non piangere, Liu« (Weine nicht, Liu) ist unwiderstehlich. Obwohl Puccini ein Komponist von enormer Intellektualität war – was seine Kritiker nicht immer realisieren –, verließ er sich am liebsten auf die älteste und stärkste Waffe eines Musikers: seine Melodien. Er hatte Millionen davon.

Verdi: *Don Carlos*

Genau wie Verdi. Mein Problem bei Verdi ist die schlechte Quote, die sich aus dem Verhältnis von Nieten zu Hits ergibt. Über die *Aida* – für meinen Geschmack ein schreckliches Stück Musik – sagte er selbst, sie sei seine »am wenigsten schlechte Oper«. Nicht ganz, Giuseppe. Natürlich meinte der Gutsherr von Sant' Agata das nicht ernst, obwohl er näher an der Wahrheit war, als er wußte. Der allgemein gute Ruf, den Verdi genießt, ist eine der größten Leistungen, die Öffentlichkeitsarbeit je zustande gebracht hat – »größter Komponist des 19. Jahrhunderts«, »der Beethoven der Oper« und so weiter, und so weiter.

Aber haben Sie je von den folgenden Opern gehört: *Oberto, Un giorno di regno, Nabucco, I Lombardi, Ernano, I due Foscari, Giovann d'Arco, Alzira, Attila, Macbeth, I masnadieri, Jerusalem, Il corsaro, La battaglia di Legnano, Luisa Miller, Stiffelio*? Ja, Freunde, sie alle schrieb Verdi in den zwölf Jahren, bevor er es 1851 endlich schaffte, mit *Rigoletto* eine mehr oder weniger anständige Oper auf die Bühne zu bringen. Kein Wunder, daß Verdi den größten Teil dieser Periode als »Galeerenjahre« bezeichnete. Sich diese Werke anzuhören ist allerdings ähnlich qualvoll wie das Leben als Galeerensklave.

Zugegeben, als Verdi dann endlich in Fahrt gekommen war, machte er seine Sache ziemlich gut, obwohl es immer noch erstaunliche Ausrutscher gab, etwa *Il Trovatore*, die vielleicht schlechteste Oper, die je von einem der großen Komponisten geschrieben wurde, und die eben erwähnte *Aida* (die übrigens *nicht* zur Eröffnung des Suez-Kanals oder des Kairoer Opernhauses bestimmt war). Oft werden Verdis Leistungen der späteren Jahre besonders lobend hervorgehoben, insbesondere die beiden Opern *Otello* und *Falstaff*, die er zu Libretti von Arrigo Boito nach Stücken Shakespeares komponiert hatte. *Otello* erschien 1887, *Falstaff* 1893 – man sollte doch annehmen, daß bei Verdi nach einem halben Jahrhundert am Theater doch wenigstens ein bißchen was hängengeblieben ist.

Wie auch immer, lassen Sie sich von meinen Bemerkungen nicht das zweifelsfreie Meisterwerk *Don Carlos* miesmachen. Ursprünglich schrieb Verdi das Stück für die Pariser Oper, damals das Mekka in Sachen Oper und der Ort, an dem jeder Komponist reüssieren wollte. Die Opéra, das größte Haus in Europa, war auch finanziell am besten ausgestattet. Aufträge von dort waren entsprechend heiß begehrt. Dennoch lief die Sache für Verdi nicht so ganz glücklich. Die fünfaktige Oper wurde noch vor der Eröffnungsvorstellung 1867 (wo sie natürlich auf französisch gesungen wurde) erheblich gekürzt, und alles in allem hatte sie nicht den durchschlagenden Erfolg, den Verdi sich erhofft hatte. Auch mit dem

Französischen hatte er so seine liebe Not, er fühlte sich in der Sprache einfach nicht wohl. Einige Jahre später überarbeitete Verdi, zurück in Italien, den *Don Carlos*, kürzte ihn auf vier Akte (den ersten Akt ließ er einfach weg, übernahm daraus nur die Tenorarie und setzte sie an anderer Stelle ein) und schnitt das »s« am Schluß ab, so daß aus dem französischen *Don Carlos* der italienische *Don Carlo* wurde. Diese Form war fast das ganze 20. Jahrhundert hindurch die bekanntere.

Jedenfalls hat der *Don Carlos* mehr denkwürdige Momente als jede andere Verdi-Oper: die Autodafé-Szene, bei der Philip II. die spanischen Häretiker auf dem Scheiterhaufen verbrennen läßt, ist eine der absolut perfekt gearbeiteten Massenszenen Verdis; Philips qualvolle Arie zu Beginn des vierten Aktes, wenn ihm klar wird, daß seine Frau ihn nie geliebt hat; die schaurige Szene mit dem Großinquisitor, die darauf folgt. Nie schrieb Verdi, sieht man von *Otello* ab, dem immerhin Shakespeare zur Seite steht, eine menschlichere, ergreifendere Oper (auch hier basiert das Libretto auf einer literarischen Vorlage – Schillers *Dom Karlos*). Sein epischer Bogen, die genaue Detailarbeit, die scharf gezeichneten Charaktere und die ausgeklügelte Vertonung machen ihn zu Verdis gelungenstem Werk. *Don Carlos* ist so gut, daß man Verdi alles verzeiht – vielleicht sogar die *Alzira*.

Schade nur, daß das Ende von einem lächerlichen *deus ex machina* verschandelt wird: Plötzlich erscheint der alte Karl V. (oder ist es sein Geist?) und zieht schnell seinen Enkel in Sicherheit (oder in die nächste Welt?). Niemand weiß, was am Ende von *Don Carlos* wirklich passiert – ein bißchen wie am Ende von *The Big Sleep* (Tote schlafen fest) –, aber die Szene kommt an und das Publikum liebt sie. Natürlich wäre es kein echter Verdi, wenn es nicht irgendwo eine so richtig ordinäre Stelle gäbe, und Verdi enttäuscht uns nicht: In der Autodafé-Szene bringt er die banalste Marschmelodie, die man sich nur vorstellen kann. (Einer seiner Biographen nannte sie einmal die schlechteste Melodie, die er je geschrieben hätte, und das will schon etwas heißen.) Der Marsch klingt nach sizilianischer Beerdigung vor hundert Jahren. Da aber sonst alles im *Don Carlos* eitel Wonne ist, können wir ihm in diesem Fall vergeben. Danke, Joe.

Mussorgsky: *Boris Godunow*

Noch eine große, ausladende historische Oper über echte Menschen und noch ein Glanzpunkt der Opernliteratur. Modest Mussorgsky war vielleicht ein Säufer, aber er war trotzdem ein verdammt guter Komponist – erstaunlicherweise verehrte Debussy ihn, obwohl ihre Musik wirklich nichts gemein hat – und ein Musiker mit einem Talent zum Gewagten und Originellen. Im *Boris* schuf Mussorgsky *das* russische Nationalepos, übertraf damit sogar seinen Kollegen Alexander Borodin und dessen *Prinz Igor*. *Boris* hat alles: herrische Zaren, intrigante polnische Verschwörer, falsche Dimitrijs, schlaue Bauern und kluge Mönche, sich prügelnde Menschenmassen vor dem Kreml, sogar einen Irren, der am Ende um Mütterchen Rußland weint. Wenn irgend so ein gigantischer finnischer Baß (anscheinend die einzigen, die der Rolle heutzutage gewachsen sind) kurz vor dem grausigen Schluß der Oper die königlichen Stufen herabstürzt – das geht unter die Haut.

Wie Bruckners Sinfonien wurden Mussorgskys Opern über die Jahre hinweg den editorischen »Verbesserungen« verschiedener Hände unterworfen. Mussorgskys Picheleien machten es ihm unmöglich, Maßstäbe in Sachen Ordentlichkeit und Vollständigkeit zu setzen. Außerdem bewirkte seine Elefant-im-Porzellanladen-Originalität, daß seine radikale erste Fassung des *Boris* 1871 natürlich sofort vom Kaiserlichen Theater in Sankt Petersburg abgelehnt wurde. Mussorgsky arbeitete daraufhin das Stück gründlich um: Damit das Ganze gefälliger erschien, fügte er unter anderem die Love-Story zwischen der schönen Polin Marina und dem falschen Dimitrij hinzu.

Doch beide Versionen sind glänzend. Klar, daß es Rimsky-Korsakow nach Mussorgskys Tod auf sich nahm, im *Boris* ein bißchen aufzuräumen und ihn auch gleich neu zu orchestrieren – und das zweimal. Jahrelang kannte man die Oper vor allem in der protzigen zweiten Rimsky-Version, doch neuerdings ist – dank einiger Wissenschaftler – das Interesse an Mussorgskys Original neu erwacht. 1940 machte auch noch Schostakowitsch eine Fassung des *Boris*, die allerdings selten zu hören ist, und Karol Rathaus erstellte 1952/53 eine Ausgabe für die Metropolitan Opera. Wenn Sie eine Aufnahme des *Boris* suchen, werden Sie höchstwahrscheinlich auf die Rimsky-Version treffen – aber das ist auch völlig in Ordnung.

Eines garantiere ich Ihnen: Wenn sonst nichts vom *Boris* bei Ihnen hängenbleibt, Sie werden zumindest ein Wort Russisch gelernt haben: »Slava!« Da!

Und was ist mit den anderen Mussorgsky-Opern, etwa *Chowanschtschina*? Fragen Sie nicht.

Britten: *Death in Venice* (*Tod in Venedig*)

Als Einführung in Brittens Opernschaffen wäre vermutlich seine erste große Oper *Peter Grimes* besser geeignet. Aber *Tod in Venedig*, nach einer Novelle von Thomas Mann, ist einfach besser – gewagter, fremdartiger und fesselnder. Brittens Homosexualität war kein Geheimnis, doch in seinem letzten großen Werk ging er ganz offen mit dem Thema um. Zweifellos fand er sich irgendwie im Charakter des Aschenbach wieder, des deutschen Schriftstellers, der nach Venedig reist, sich dort in einen Knaben verliebt, an Cholera erkrankt und schließlich stirbt.

Britten ist der Allgemeinheit vielleicht als Komponist des reizenden *Young Persons's Guide to the Orchestra* noch am ehesten bekannt, das eigentlich eine Erzählfassung seiner glänzenden *Variations on a Theme of Purcell* ist. Aber er war auch ein großartiger Komponist von Vokalmusik – die *Serenade für Tenor, Horn und Streicher*, geschrieben für seinen langjährigen Freund Peter Pears, und das herrliche *Les Illuminations* nach einem Gedicht von Rimbaud sind nur zwei seiner Meisterwerke auf diesem Gebiet. Erwähnt werden müssen hier auch noch seine vielen Chorwerke, darunter das bewegende *War Requiem*.

Und dann gibt es noch die Opern. Nicht nur *Grimes*, auch die Schwulenkomödie *Albert Herring*, das einfühlsame Werk *Billy Budd*, das grausige *The Turn of the Screw* – man kann von seiner Musik halten, was man will, aber Brittens Literaturgeschmack war einwandfrei. Doch *Tod in Venedig* hält den Ehrenplatz: wegen seines Einfallsreichtums der Schreibweise, wegen der Art, wie es den verführerisch degenerierten Geist von Manns Buch einfängt, und wegen des tief menschlichen Mitempfindens, das der Komponist einem Thema entgegenbringt, das für viele anstößig ist. Lassen Sie sich diese Oper nicht entgehen. Nur erzählen Sie Ihrer Mutter lieber nicht, wovon sie handelt.

Janácek: *Jenufa*

Ein weiteres slawisches Meisterwerk, diesmal von Leos Janácek, einem der sicher merkwürdigsten Komponisten, die sich auf der Opernbühne tummeln. Janácek, der Mann mit dem kauzigen Aussehen, schrieb wie Verdi seine beste Musik erst in einem ziemlich fortgeschrittenen Alter. Für die *Jenufa*, sein erstes Meisterwerk, brauchte er ein ganzes Jahrzehnt. Als sie 1904 endlich Premiere hatte, war er bereits sechzig Jahre alt. Janácek, ein leidenschaftlicher tschechischer Nationalist, war so patriotisch, daß er es aus Prinzip ablehnte, einen Fuß in Prags deutschsprachiges Theater zu setzen. Die Prager Premiere der *Jenufa* 1916 brachte ihm endlich Ruhm auch außerhalb seiner Heimatprovinz Mähren ein, wo er vor allem als Komponist von Instrumental- und Chorwerken und als Direktor der Orgelschule bekannt war.

Janáceks Opern – der Jenufa folgten noch zwei weitere Meisterwerke: *Katja Kabanowa* und *Aus einem Totenhaus* – sind zweifellos etwas für Kenner. Nicht weil sie außergewöhnlich dissonant oder atonal wären. Nein, sie sind sehr tonal; sie haben sogar Melodien zum Mitsummen. Aber der Mann war in bezug auf seinen harmonischen Rhythmus (das Tempo, mit dem die Harmonie unter einer Melodie wechselt) einfach nicht von dieser Welt. Das mag teilweise an den Akzenten der tschechischen Sprache liegen, die für die meisten Westler sehr fremd sind, aber mehr noch an Janáceks eigenen Akzenten, die vom Mars zu kommen scheinen. »Die Kunst der dramatischen Schreibweise liegt darin, Melodien so trickreich zu komponieren, daß sie, wie durch Zauberei, sofort ein menschliches Wesen in einer bestimmten Phase seiner Existenz enthüllen.«

Janácek hatte eine Schwäche für die unverfälschten, sogar brutalen Themen. In der *Jenufa* wird ein armes Bauernmädchen von einem Dorfrowdy namens Stewa, der zufällig auch noch ihr Cousin ist, schwanger. Die Schande ist so groß, daß ihre Ziehmutter, die Küsterin Buryja, das Kind in einem nahegelegenen Fluß ertränkt. (Teilweise geht es in der Oper um diese Figur; der eigentliche Titel lautet auch *Ihre Ziehtochter*, wobei sich das »ihre« auf die Küsterin bezieht.) Schließlich heiratet Stewas Halbbruder Laca eine von Messerstichen entstellte Jenufa. In einer menschlichen Apotheose erhebt sich am Ende die Heldin – allen vergebend – über die dörfliche Engstirnigkeit.

Übrigens sollten Sie sich Janáceks Orchestermusik, vor allem seine dröhnende *Sinfonietta*, nicht entgehen lassen. Der harmlose Titel läßt nicht auf die Majestät und Kraft dieser Musik schließen. Drehen Sie richtig auf, wenn Sie sie anhören. Aber vergewissern Sie sich vorher, daß Ihre Nachbarn auf den Kanaren sind.

Wagner: *Die Meistersinger von Nürnberg*

Wagner schrieb eine Komödie. Doch! Na schön, so eine Art Komödie. Gar nicht lustig, finden Sie? Ich fand sie eigentlich schon lustig ... Vielleicht haben Sie recht.

Die Worte *Wagner* und *lustig* scheinen nicht so ganz zusammenzupassen. Was ist schon lustig an einer Oper, die fünf Stunden dauert, deren Humor sich zu 99,9 Prozent auf für jedermann außerhalb Deutschlands unverständliche Wortspielereien gründet und deren zentraler Charakter – halten Sie sich fest – ein Schumacher-Poet namens Hans Sachs ist?

Des Rätsels Lösung: Das Ganze ist nicht die Art von Komödie, die Sie erwarten. Eher eine Sittenkomödie, eine menschliche Komödie. In seinen anderen Werken schrieb Wagner über Götter, Zwerge, Drachen, fliegende Holländer, Zaubertränke und Heilige Grale – in den *Meistersingern* aber geht es um junge Liebe und den Frühling, um einen älteren Mann, dem klar wird, daß er keine jüngere Frau bekommt, um den wohlverdienten Denkzettel für einen Griesgram (Wagner zeichnete diese Figur – wie schon oben erwähnt –, einen ewigen Nörgelnden namens Beckmesser nach seiner *bête noire*, dem Wiener Kritiker Eduard Hanslick) und um die Freude eines jungen Mannes am Erwachsenwerden. Ein frischer, genialer Wind bläst durch die Meistersinger, ein anderer als dieses Lüftchen, das durch den Ring oder Tristan und Isolde haucht.

Dennoch, keine leichte Nuß. Ich erinnere mich an das erste Mal, als ich *Die Meistersinger* hörte: Die Oper wurde im Radio übertragen (die denkbar ungeeignetste Art, eine Oper kennenzulernen). Die Erfahrung von damals – ich fand das Stück todlangweilig – hat mir die ganze Oper vermiest, und es dauerte Jahre, bis ich mich davon erholt hatte. Sicherlich haben Sie schon mal die berühmte Ouvertüre gehört; leider ist sie ein gutes Beispiel dafür, wie irreführend ein Orchesterauszug sein kann, vor allem bei Wagner. Im Konzertsaal endet die Musik mit einem großen, endgültigen C-Dur-Klang: so weit, so konventionell. Aber im Opernhaus leitet er direkt in einen herrlichen Chorsatz über – die erste Szene findet in einer Kirche statt. Worte können den Schauer nicht beschreiben, der Ihnen über den Rücken laufen wird, wenn Sie diesen Effekt zum ersten Mal hören.

Für Nicht-Deutsche hat Nürnberg einen schlimmen Ruf als Schauplatz der Nachkriegsprozesse nach dem Zweiten Weltkrieg; davor war Nürnberg der Ort, wo Hitler gern seine Hollywood-ähnlichen Kundgebungen abhielt, die so brillant von Leni Riefenstahl in *Triumph des Willens* im Film festgehalten sind. Die Deutschen denken bei Nürnberg eher an die engen, kopfsteingepflasterten Gassen, deren Fachwerkhäuser wie Betrunkene in die Straßen ragen, an eine Stadt, in der der Nachtwächter früher seine Runde gedreht hat, um die Bürgerschaft zu beruhigen, daß, zumindest für diesen Abend, bei Mensch und Gott alles in Ordnung sei.

Diese romantische Haltung ist es, die hinter jeder Note der *Meistersinger* steckt. Wagner war ein großer deutscher Patriot – auch wenn er während des Aufstands von 1848 ein sozialistischer Revolutionär war –, und als er älter wurde, überkam ihn eine immer größere Sehnsucht nach einem Deutschland, das es selbst damals nie wirklich gab. (Lesen Sie doch einmal einen Bericht über die unglaublichen Greueltaten des Dreißigjährigen Krieges, wenn Sie sehen wollen, wie friedvoll das alte Nürnberg in dem Jahrhundert nach der Zeit des historischen Sachs war.) Ebenso fasziniert war er von den Minnesängern (um die es auch im *Tannhäuser* geht).

Die Musik der *Meistersinger* schrieb Wagner nach den strengen Regeln mittelalterlicher Komposition (zumindest so, wie er sie sich vorstellte); er wollte mit diesem für ihn untypischen Stil zeigen, daß man sich auch als Komponist vor den Gefahren verdummender Orthodoxie hüten müsse. Selbst als er schon der große alte Mann geworden war, der in seidener Wäsche um die Villa Wahnfried (sein Haus in Bayreuth) herumstolzierte, er blieb im Herzen immer ein Unruhestifter.

Und deshalb, denke ich, vergeben wir ihm so vieles. »Wagner hat seine Momente – und seine langen halben Stunden«, bemerkte einmal ein Witzbold; und es stimmt schon, manchmal muß man durch ziemlich schwülstige Passagen waten, bevor man zum gelobten Land auf der anderen Seite gelangt. Aber Sie schaffen das schon; der Hexenmeister von Bayreuth war ein meisterlicher

Handwerker und ein Mann des Theaters, der genau wußte, wie man die Leute bei Laune hält. Dem alten Teufel kann man eben einfach nicht widerstehen.

Bizet: *Carmen*

Wagner war der 800-Pfund-Gorilla des 19. Jahrhunderts; er beanspruchte für sich den besten Platz, alle anderen hatten sich nach ihm zu richten. Seine Komponistenkollegen definierten sich danach, ob sie den Versuchungen des Wagnerismus nachgegeben oder widerstanden hatten. Der Philosoph Nietzsche war erst von Wagners Ethos angezogen, dann angewidert; er schrieb sogar ein Buch, *Der Fall Wagner*, in dem er mit seinem früheren Idol abrechnete. Für manche Leute hat Wagner eine religiöse Dimension; selbst heute noch findet man unter seinen hartnäckigen Anhängern die seltsamsten Menschen, die man im Musikbereich treffen kann. Manche sprechen von ihm immer noch als dem Meister. Wirklich.

Was hat das denn alles mit Bizet zu tun, fragen Sie sich? Eine Menge. Für Nietzsche war Bizets *Carmen* die größte Oper, die je geschrieben wurde, eine wohltuend plastische Schilderung des vitalen, sonnigen Südens im Gegensatz zum neurotischen, ewig Innenschau betreibenden, germanischen Wagner. Sicherlich richtig, scheint doch die *Carmen* alles Verführerische der transalpinen Kultur in sich zu vereinen; mit dem Zigeunermädchen haben wir zudem eine Heldin, die nicht nach vorbestimmten Regeln handelt wie die Figuren des *Rings*, sondern ganz nach Lust und Laune. Kein Wunder, daß Nietzsche sie liebte.

Carmen ist eine großartige Oper, weit besser als ihre engste Rivalin im Wettbewerb um die Publikumsgunst, *Aida*, und sogar erhaben über *La Bohème*, wenn auch nur wegen ihrer natürlichen Frische (bei Puccini scheint alles mehr als nur ein bißchen gewollt). Gab es je eine Oper mit mehr Schlagermelodien als die *Carmen*? Von der ansteckenden Ouvertüre bis zum letzten qualvollen Moment sprudelt die *Carmen* nur so von unerschöpflichen Melodien – eine erstaunliche Leistung von Georges Bizet, der mit sechsunddreißig schon starb und seinen Triumph nicht mehr genießen konnte. Bei ihrer Uraufführung an der Opéra Comique verurteilte man die *Carmen* wegen eines »obszönen« Librettos (geschrieben nach der mutigen Novelle von Prosper Mérimée), und die Kritiker verrissen die Musik als zu gelehrt, unverständlich, farblos, mittelmäßig und unromantisch. Was nur beweist, daß jeder mal Mist bauen und sich irren kann. (Wie sagte der New Yorker Bürgermeister Fiorello LaGuardia einst: »Wenn ich einen Fehler mache, ist das was Tolles.«) Bizet hat das nichts genützt; deprimiert über die schlechte Aufnahme seiner Oper (wer wäre da nicht deprimiert?) erkrankte er drei Monate nach der Premiere schwer an Mandelentzündung. Zwei Herzanfälle gaben ihm den Rest.

Im Laufe der Debatte, ob die *Carmen* wirklich spanisch sei oder nicht, ist schon viel Tinte verschrieben worden, und viele Bäume mußten ihr Leben lassen. Aber wen kümmert das? Wie wir schon an anderer Stelle bemerkt haben, hatten die Franzosen im 19. Jahrhundert das Monopol auf »spanische« Musik; genausogut könnte man fragen, ob die *Carmen* wirklich jüdisch ist, denn Bizet war Jude. Der Punkt ist doch der: Die *Carmen* ist ein Meisterwerk – höchste melodische Ausdruckskraft verbunden mit durchdringendem psychologischem Scharfblick, unerreicht von jeder anderen Oper. Ja, die Librettisten (darunter auch Bizets Schwiegervater Lodovic Halévy) haben die Story durch das Weichei Micaela, die Freundin aus der Heimat, ein bißchen verniedlicht. Doch die Musik, bei all ihrer Melodienseligkeit, bleibt eng bei Mérimée; und das macht sie so beunruhigend. Immer wieder müssen wir mit ansehen, wie Carmen in ihr Verderben rennt; wie Don Giovanni am Ende von Mozarts Oper spuckt sie dem Tod ins Gesicht und weigert sich, sich zu ändern. Es zeugt schon von Größe, wenn man lieber mit dem sinkenden Schiff untergeht. Giovanni und die Zigeunerin haben diese Größe – in Hülle und Fülle.

Orff: *Der Mond*
Wer bitte ist Orff? Orff ist Carl, der in München geborene Komponist, dessen Musik den Geist Bayerns verkörpert. Es mag mal wieder typisch für mich sein, jetzt eine Orff-Oper anzubringen. Aber ich glaube, Sie könnten Schlimmeres tun, als sich den *Mond* anzuhören, Orffs reizende Fabel von den vier Freunden, die den Mond aus einem Nachbardorf klauen, ihn nach ihrem Tod in die Unterwelt mitnehmen und sich den Zorn Petrus' zuziehen. Orff, den man vor allem von seinem Chorwerk *Carmina Burana* her kennt, lebte ewig: 1895 bis 1982.

Sicher, seine Musik ist eher etwas für den Geschmack einer Minderheit, doch sie hatte eine tiefgreifende Wirkung auf den

Verlauf der modernen Musik – im besonderen im Hinblick auf den Minimalismus.

Der *Mond* ist eine Gute-Laune-Oper, von der Substanz her volkstümlich und mit einer liebenswürdigen Geschichte; im letzten Bild schaut ein kleines Kind, nachdem Petrus den Mond zurückgeholt hat, zum Himmel hinauf und ruft: »Ah, da hängt ja der Mond!«, und die Zither klimpert dazu im Hintergrund. Dieses Bild steht für alles, was gut ist an Deutschland. Sie können gern *Die Kluge*, ein Fabelpendant zum *Mond*, außen vor lassen, aber wenn Sie sich die ersten Sporen am *Mond* verdient haben, möchten Sie vielleicht Orffs *Antigonae* und *Oedipus der Tyrann* ausprobieren. Weit entfernt davon, volkstümlich zu sein, sind sie nackte, brutale Bearbeitungen griechischer Mythen, hart und eindringlich.

Bartók: *Herzog Blaubarts Burg*

Keine Besprechung über moderne Opern wäre vollständig ohne die Erwähnung von Bela Bartóks *Blaubart*, einem einaktigen genialen Werk, das ich gar nicht genug empfehlen kann. Auch wenn Sie beim Gedanken an Bartók vermutlich einen Schreck bekommen, *Blaubarts Burg* ist ein launiges, rätselhaftes Meisterwerk. Es behandelt die Geschichte vom blutrünstigen Herzog und seinen vielfachen Frauen, und zwar auf eine metaphysische Art: Das Öffnen der berühmten Türen ist eine Vorwärtsbewegung durch Blaubarts Seele: Erst offenbart sich ihr Reichtum, am Ende aber steht das Herz der Dunkelheit. Judith, Blaubarts neugierige Frau, drängt ihren Mann, ihr zu zeigen, was sich hinter den verschlossenen Türen seiner Burg verbirgt. An der fünften Tür, wenn sie Blaubarts weites Reich entdeckt, bricht das Orchester in eine gewaltige Akkordsequenz aus, die Unendlichkeit suggeriert. Dann, an der sechsten Tür, findet sie den See der Tränen und trifft schließlich an der siebten auf seine anderen Frauen. Nun muß auch sie feierlich ihren Platz bei ihnen einnehmen.

Bartók hat für diese Oper seine schönste und bewegendste Musik geschrieben und das Ganze mit dem für ihn so charakteristischen ungarischen Temperament überzogen. Als Einführung in seine Musik und überhaupt in die Musik des 20. Jahrhunderts eignet sich kaum ein Werk besser als dieses großartige Meisterwerk. An einem windigen Herbstabend, wenn die Blätter draußen auf den Straßen herumwirbeln und der erste Winterfrost schon in der

Luft liegt, sollten Sie sich mit einem Cognac an den Kamin zurück-
ziehen, alle Lichter auslöschen und sich ganz der Musik von *Herzog Blaubarts Burg* widmen. Sie werden es nicht bereuen.

Wenn Ihnen der *Blaubart* gefällt, dann müssen Sie unbedingt
auch Luigi Dallapiccolas zwölftönige Oper in einem Akt von 1950,
Il prigioniero, hören. Aber auch wenn Berg Sie noch nicht überzeugt haben sollte, daß serielle Musik singen kann, dann schafft es
sicherlich Dallapiccola.

Noch ein abschließendes Wort zum Thema Oper. Ich habe ver-
sprochen, daß diese Liste ein bißchen eigenwillig sein würde – und
das ist sie auch, mit leichter Neigung zugunsten von Werken des
20. Jahrhunderts. Warum? Weil jeder seinen Weg zu Bellinis *Norma* (weder Werk noch Komponist kann ich ausstehen) oder zu
Verdis »Greatest Hits« und, weiß Gott, zu den Opernzwillingen
Cavalleria/Bajazzo (jeweils Einakter von Mascagni und Leoncavallo, die normalerweise zusammen aufgeführt werden) selbst finden kann. Die Gemeinplätze der Musik interessieren uns hier
nicht, höchstens insoweit, als sie falsch sind. Mein Job ist es, Ihnen
beizubringen, wie Sie Musik richtig genießen lernen; Verständnis
für Musik aufzubringen genügt nicht. Vertrauen Sie mir.

Und jetzt ein Wort zum Broadway-Musical. Aus irgendeinem
unerfindlichen, unerklärlichen Grund sind Broadway-Musicals in
den Fachbereich von Leuten geraten, die vermutlich am wenigsten
qualifiziert sind, darüber zu schreiben – die Theaterkritiker. Kaum
ein Theaterkritiker hat auch nur den Hauch einer Ahnung von
Musicals; Musikkritiker dagegen berichten regelmäßig über eine
Gattung, die Drama, Gesang und Tanz vereint. Diese Kunstform,
wie Sie inzwischen wissen, ist die Oper. Auch einige Broadway
Musicals sind Opern.

Porgy and Bess begannen ihr Leben am Broadway. Ebenso
Leonard Bernsteins *Candide*. Ob Sie es glauben oder nicht, Benjamin Brittens erste Oper, *Pail Bunyan*, war für den Broadway konzipiert. Und was sind Sondheims *Sweeny Todd* und Lloyd Webbers
Phantom der Oper? Das Problem mit dem Broadway Musical ist
nur das Greshamsche Gesetz, wonach die Guten von den Schlechten vertrieben oder, wie in diesem Fall, ins Opernhaus abgescho-
ben werden.

Kern/Hammerstein: *Show Boat*

Jahrelang befand ich mich in einem Irrtum, und zwar, daß es sich im Grunde nur um »Ol' Man River« und sonst nichts handele, eine Hollywood-Operette über herumalbernde Weiße und leidende Schwarze, inhaltslos und langweilig. Wie sehr habe ich mich doch geirrt!

Die Einspielung, die 1988 mit den Opernstars Teresa Stratas und Frederica von Stade herauskam, hat mir die Ohren geöffnet. Hier hörte man eine Musik von roher Gewalt und Eindringlichkeit, ganz offen im Stil einer Oper komponiert: ein großer Eröffnungschor, eine glühende Tenorarie (»Who Cares?«), glänzende Liebesduette (»Make Believe« und »You Are Love«) und natürlich die große Baritonarie mit Chor »Ol' Man River« – das vielleicht schönste Lied, das je von einem Amerikaner geschrieben wurde. Es stimmt schon, dem Stück geht im zweiten Akt die Puste aus (die gleiche Kritik könnte man bei *Così fan tutte* anbringen) und nicht jede Melodie ist ein Knüller. Aber wen kümmert's?

Bernstein/Sondheim: *West Side Story*

Was ist bloß bei Leonard Bernstein schiefgelaufen? Seine Musical-Neufassung von *Romeo und Julia* gehört zu den besten Vertonungen eines Bühnenwerks, die je ein Amerikaner schrieb – ein Werk von enormer Eindringlichkeit, Überzeugungskraft und großem Scharfblick. Hätte Lenny in diesem Stil weitergemacht, wer weiß, was er noch produziert hätte? Statt dessen entschied er sich für seine Dirigentenkarriere und seine »ernste« Musik: die schreckliche *Kaddish Symphony*, die miserable *Messe* und die grauenvolle Oper *A Quiet Place*, die eine Fortsetzung des fabelhaften *Trouble in Tahiti* (geschrieben 30 Jahre früher) sein sollte, aber nichts weiter erreichte, als daß es die Erinnerung daran zunichte machte.

Über die *West Side Story* aber kann ich nicht genug Gutes sagen. Von der ersten bis zur letzten Note ist sie einfach brillant gemacht. Warum Bernstein sie langsam in Stücke gerissen hat – und in dieser Hinsicht ist man an Strawinskys Ausspruch über Richard Strauss erinnert: »Der Mensch mit Talent war einst ein Genie« –, ist ein Geheimnis, das nur Gott und seine Biographen kennen. Aber was ist das für eine Tragödie für Amerika.

Benny Andersson, Björn Ulvaeus/Tim Rice: Chess

In London ein Hit, am Broadway ein Flop. Am besten aber war *Chess* sowieso in seiner ersten Inkarnation, der originalen Studioeinspielung. Trotz mancher Mängel ist *Chess* ein wunderbares, eklektisches Werk der Popmusik, geschrieben von zwei Männern der schwedischen Megagruppe der siebziger Jahre, ABBA. Librettist Rice schrieb dazu wunderbar bissige, teilweise zynische Texte. So singen die von ihren Schreibarbeiten völlig erschöpften Bürokraten im »Embassy Lament«: »Far too many jokers/Cross the border/Not a single document/In order/Russia must be empty/Through we're all for/Basic human rights it makes you wonder/What they built the Berlin Wall for/Who do these foreign chappies think they are?« (»Viel zu viele Typen kommen über die Grenze, kein einziges Dokument in Ordnung. Rußland muß leer sein. Auch wenn wir alle für die grundlegenden Menschenrechte sind, fragt man sich doch, wozu die überhaupt die Berliner Mauer gebaut haben. Für wen halten sich denn diese ausländischen Kerlchen?«) »Nobody's Side« bringt Rices bitteren Zynismus endgültig auf den Punkt. Gut möglich, daß *Chess* auf der Bühne nie so richtig ankommen wird, doch allein schon solche Balladen wie das »Mountain Duet«, »Heaven Help My Heart« und das Duett »I Know Him So Well« sind Genuß pur. Probieren Sie's aus.

Ballette, Tondichtungen und andere Leckerbissen

Strawinsky: *Le Sacre du printemps* (*Das Frühlingsopfer*)

Oper ist nicht die einzige Bühnengattung, die Komponisten anzieht. Es gibt auch noch das Ballett. Ich bin mir nicht sicher, warum das so ist. Der größte Teil der Ballettmusik ist wirklich schrecklich; manchmal denke ich, man hat das Ballett nur erfunden, um den Adolphe Adams der Welt einen Job zu verschaffen. Dennoch haben auch einige talentierte Komponisten Ballette geschrieben, vor allem im 20. Jahrhundert. Igor Strawinsky schrieb gleich drei. Ich habe das *Sacre* ganz oben auf die Liste gesetzt, aber die Entscheidung fiel mir nicht leicht. In die Enge getrieben könnte ich vielleicht eine gewisse Vorliebe für das frühere Werk *Petruschka* nicht verhehlen, andere ziehen vielleicht den *Feuervogel* vor. Alle drei, so unterschiedlich sie sein mögen, sind wunderbare Stücke, und alle drei gehören in Ihre Platten-Grundausstattung. Das *Sacre* ist das Stück, das die musikalische Welt 1913 in Aufruhr brachte. Der Tumult, der bei seiner Premiere in Paris losbrach, hat das Zeug zur Legende, und selbst heute ist es noch möglich herauszuhören, worüber sich damals wohl alle so aufgeregt haben. Dieses Porträt des heidnischen Rußland gehört zu den rhythmisch komplexesten Stücken aller Zeiten, es strotzt nur so vor Metrum- und Taktwechseln und Akzentverschiebungen. Kein Wunder, daß Walt Disney das Stück als Musik für den Tanz der Dinosaurier in *Fantasia* verwendete (und, erinnern Sie sich jetzt an das *Sacre*?). Wenn Musik das revolutionäre Rußland wäre, stünde das *Sacre* für Lenin.

Die Musik zu *Petruschka* schrieb Strawinsky 1911 für Sergej Diaghilews *Ballets Russes* (ebenso wie das *Sacre* und den *Feuervogel*). Die Geschichte spielt im vorrevolutionären Rußland, Schauplatz des Geschehens ist ein Jahrmarkt in Sankt Petersburg, Held der Handlung die Clownspuppe Petruschka. Eigentlich geht es um nichts weiter als um Petruschkas hoffnungslose Liebe zur Ballerinapuppe. Nicht gerade umwerfend, sagen Sie? Aber Strawinskys ungewöhnlich lebendige Musik läßt das ganze Spektakel und den Prunk des zaristischen Rußlands neu entstehen, und den Puppen verleiht sie menschliche Charakterzüge. Wenn Petruschka vom Mohren getötet wird, berührt uns das. Wenn am Ende sein Geist wiederkehrt und über dem Zirkus schwebt, überkommt uns ein Frösteln. Rhythmisch ziemlich forsch, wenn auch nicht so kompliziert wie das *Sacre*, ist *Petruschka* melodisch doch zugänglicher – Mozart allerdings würde das harmonische Erkennungszeichen des Balletts, die berühmte Tritonusreibung zwischen C-Dur- und Fis-Dur-Akkorden, schwerlich als lobenswert anerkennen. Also weiter zum *Feuervogel* – noch so ein urrussisches Märchen. Strawinsky schrieb ihn 1910. Von den drei großen Balletten zeigt es am deutlichsten den Einfluß von Strawinskys Lehrer Rimsky-Korsakow, ist dabei aber schwungvoll und schmissig. Die letzten Seiten sind ein bemerkenswertes Beispiel dafür, wie Komponisten manchmal der Hafer sticht; man hört praktisch Strawinsky ausrufen: »Ich glaub's einfach nicht, daß ich das hier mache!« Glauben Sie es – und genießen Sie es.

Bartók: *Der wunderbare Mandarin*

Wenn Sie jetzt langsam denken, ich hätte eine Schwäche für haarige Stücke des 20. Jahrhunderts, dann haben Sie recht. Und das hier ist eines der haarigsten. Bartók schrieb nur drei Werke für die Bühne: *Herzog Blaubarts Burg* (1911) und die Ballette *Der holzgeschnitzte Prinz* (1914-16) und *Der wunderbare Mandarin*, begonnen 1918, aber wegen Problemen mit der Zensur erst 1926 aufgeführt. Kein Wunder: Die Story handelt von einer Prostituierten, die einsame Männer in ihr Zimmer lockt. Sind sie erst einmal da drin, fallen drei Gangster über sie her und ermorden sie. Ihr letztes Opfer ist ein mysteriöser Chinese: Wie Rasputin wird er erdrosselt, erstochen und aufgehängt – aber er weigert sich zu sterben. Erst als das Mädchen Mitleid für ihn aufbringt, fangen die Wunden an zu bluten, und er findet Linderung in einem tiefen Schlaf. Schroff im Rhythmus, schneidend hart in seiner Melodik, emotional abgründig ist der *Mandarin* ein Meisterwerk in jeder Hinsicht. Er wird Ihnen gefallen, Ihren Nachbarn wahrscheinlich eher nicht.

Debussy: *La Mer*

»Das Konzert des gestrigen Abends begann mit einer Menge impressionistischer Farbkleckse, die kunterbunt auf eine tonale Palette geschmiert wurden, ohne einen Gedanken an Form oder Zweck, außer dem, neue Klangkombinationen zu schaffen. Eines ist sicher, und zwar, daß der Ozean des Komponisten ein Froschteich ist und daß einige seiner Bewohner wohl in den Hals eines jeden Blechblasinstruments geraten waren.«

Nobody's perfect, nicht einmal die Musikkritiker. (Vor allem nicht die Musikkritiker, wie Sie im nächsten Kapitel sehen werden.) Nein, das ist kein Auszug aus einer meiner vorlauten Besprechungen, sondern die wohlüberlegte Meinung eines Henry Krehbiel, die er 1907 in der New Yorker *Tribune* veröffentlichte. Der Musikkritiker Krehbiel war Brahms, Tschaikowsky und Dvorak gewohnt. Als er seine Kritik über *La Mer* zwei Jahre nach der Uraufführung schrieb, konnte sich der arme Krehbiel nicht auf irgendeine allgemeine Meinung berufen, er mußte sich sein eigenes Urteil bilden, der arme Kerl.

Tja, die Geschichte hat anders entschieden, und lebte Krehbiel heute, würde er respektvoll die Trommel für *La Mer* rühren, egal, was er wirklich davon hielte. Später urteilte er tatsächlich anders über Debussys großartige Tondichtung: »Ein poetisches Werk, in dem Debussy so wunderbar den Rhythmus und die Farben des Meeres eingefangen hat.« So ist das eben, wenn man unter Druck gerät oder noch mal nachdenkt.

Ihnen wird *La Mer* (Das Meer), nicht zu verwechseln mit *La Mère* (Die Mutter) oder *La Merde* (Die ... oh, nicht so wichtig) keine Schwierigkeiten bereiten. Es ist ein bezauberndes dreisätziges Stück, schimmernd und evokativ; der wunderbare erste Satz trägt die Überschrift »Von der Morgendämmerung bis zum Mittag auf dem Meer«, was den bilderstürmerischen französischen Komponisten Eric Satie veranlaßte, darüber zu witzeln: »Mir gefällt dieser Zehn-vor-Zwölf-Teil.« Mir auch.

Debussy versuchte sich auch am Ballett, und zwar mit dem tiefgründigen *Jeux*. Das Stück handelt, wie der Titel schon sagt, von Spielen. *Jeux* hat allerdings nie eine solche Popularität erreicht wie zum Beispiel *L'après-midi d'un faune*, die *Nocturnes*, die *Images,* das fabelhafte *Streichquartett* oder die Bände mit Klaviermusik – seine neckische, rätselhafte Art ist eher etwas für Kenner. Überhaupt scheint der späte Debussy bei den Leuten nicht mehr so gut anzukommen. Sie aber, anspruchsvoll wie Sie sind, sollten sich die drei Instrumentalsonaten anhören, eine für Violine, eine für Cello (natürlich beide mit Klavier) und, das ist die beste, die *Sonate für Flöte, Viola und Harfe*. Aber nichts überstürzen.

Strauss: *Don Quixote*

Bei Ihren Wanderungen durch das Orchesterrepertoire werden Sie früher oder später Richard Strauss und seinen Tondichtungen für Orchester begegnen. Keine Sorge, es ist völlig normal, wenn Sie sich richtig in sie verknallen. Schließlich sind sie, na ja, sexy: der furchteinflößende Beginn von *Also sprach Zarathustra*, die gewaltigen Höhepunkte in *Ein Heldenleben*; die ganz offene erotische Beschreibung des Liebeslebens der Straussens in *Sinfonia Domestica*. In vieler Hinsicht ist jedoch der *Don Quixote* von allen am besten.

Don Quixote, eine höchst einfühlsame musikalische Umsetzung von Cervantes' Roman, unterscheidet sich von den anderen Tondichtungen vor allem dadurch, daß sie eigentlich ein Konzert für Cello und Orchester ist. Das Cello ist das Sprachrohr des Quixote; die Bratsche des Orchesters steht für die Nebenrolle des

Sancho Panza. Strauss, der Tonmaler, zeichnet nirgends so lebendig wie hier: Windmühlen drehen sich, Schafe blöken, ein heftiger Sturm bringt ein Ruderboot zum Kentern, und die erträumte Dulcinea verwandelt sich vor unseren Ohren in eine alte Hexe. Der Tod des Quixote ist eine der ergreifendsten Passagen in Straussens Werk – bei einer guten Aufführung müßten Ihnen an dieser Stelle eigentlich die Tränen kommen.

Vom *Don Quixote* aus können Sie sicherlich gut zu den anderen berühmten Strauss'schen Tondichtungen weiterwandern. Ich möchte Ihnen aber vor allem die letzten beiden ans Herz legen, die oben bereits erwähnte *Sinfonia Domestica* und die *Alpensinfonie*.

Als ich noch ein junger Bursche war, hat man über diese beiden oft spöttische Bemerkungen gemacht; man fand, sie verdienten es nicht, in einer Reihe mit ihren schicken Zwillingen zu stehen. Dagegen ist allerdings einzuwenden, daß nur wenige Dinge in der Musik so mitreißend sind wie eine Aufführung dieser wirkungsvollen Werke, bei der alle Register gezogen werden. In den letzten zehn Minuten der *Sinfonia Domestica* und beim Aufstieg zum Berggipfel in der *Alpensinfonie* bekommen Sie bestimmt eine Gänsehaut. Und um was sonst geht es in der Musik?

Holst: *Die Planeten*

Wie klingt der Mars? Was ist mit Neptun? Gustav Holst, ein Engländer, verrät es uns in seiner aus dem Jahre 1916 stammenden Suite für großes Orchester. Das Klangporträt des Sonnensystems – allerdings ohne Erde (auf der wir leben) und Pluto (damals noch nicht entdeckt) – ist einer der ganz großen Phantasiesprünge. Was macht es da schon, daß Holst nie wieder etwas Derartiges geschrieben hat? Hat sonst ja auch keiner.

Holsts Musik zu erforschen lohnt sich aber dennoch. Versuchen Sie es mal mit dem seltsamen *Egdon Heath* oder der Oper *The Perfect Fool*. Wenn Sie sich entscheiden, es mit *The Hymn of Jesus* zu probieren, ist das Ihre Sache.

Kammermusik und Lied

Schubert: *Forellenquintett*

Franz Schubert schrieb auch Opern; neun oder zehn, je nachdem, wie man zählt. Aber keine davon muß man kennen, sie sind unterirdisch (das gilt vor allem für die Libretti; Teile der Musik sind sogar sehr gut). Was man von Schubert kennen sollte, sind seine Lieder (mehr als 600, aber wir machen ja hier kein Quiz) sowie seine Klavier- und Kammermusik. Die müssen Sie kennen, denn die sind vom Feinsten.

Schubert starb im Alter von einunddreißig (31!!) Jahren – aber dafür hat er eine ganze Menge Musik geschrieben. Im Grunde tat er nichts anderes. Er stand morgens auf und schrieb wie verrückt, machte nur kurz Pause, um mit seinen Kumpels zu Mittag zu essen. Am Abend fand man sich zu einer Gesellschaft zusammen, die meist von seinen Freunden organisiert wurde (der sogenannten »Schubertiade«), bei der Schuberts neueste Werke, gespielt vom Komponisten selbst, aufgeführt wurden. Man stelle sich diese Disziplin und Hingabe vor; die meisten von uns haben mit Anfang Dreißig doch kaum angefangen, beruflich ein Bein auf den Boden zu bekommen – Schubert war in dem Alter schon tot.

Ich habe das *Forellenquintett* herausgegriffen, nicht weil es Schuberts heiterstes Stück ist, was schon etwas aussagt, sondern weil es besonders hübsch zwei Facetten von Schuberts Genie vereint: seine melodische Gabe und seine Vorliebe für Kammermusik. Das Thema, das dem Stück den Namen gab, ist ein Lied (»Die Forelle«). Schubert verwendet das Lied im vierten Satz des fünfsätzigen Werks als Thema für eine Reihe von Variationen. Das *Forellenquintett* ist also eine Art »Auslese« – von allem etwas und besonders hübsch verpackt.

Auch wenn Schubert neun Sinfonien schrieb – hat das nicht jeder getan? –, der arme Kerl hatte kaum je die Gelegenheit, sie zu hören; einige komponierte er sogar nur auf gut Glück. Mit seiner Kammermusik und den Liedern war das allerdings etwas anderes. Man braucht ja nur einen Sänger und einen Pianisten, um ein Lied aufzuführen, ein paar Leute, die sich dazusetzen, und schon hat man einen Kammermusikabend. Das *Forellenquintett* verlangt eine etwas unübliche Kammermusikbesetzung, und zwar Klavier, Violine, Viola, Cello und Kontrabaß. Die Besetzung mit zwei

Baßinstrumenten folgt einer Tradition, die sich aus dem Continuo-Spiel des Barock weiterentwickelte. Ursprünglich verdoppelte das Cello bei einer Triosonate die linke Hand des Cembalos, um so das wichtigste konstruktive Element der Musik, die Baßstimme, zu verstärken. Sobald die Ensembles größer wurden, brauchte man, um einen volleren Ton zu erhalten, zusätzlich noch einen Baß. Stellen Sie sich einmal die Streichinstrumente als Stimmen vor: Die Geige ist der Sopran, die Bratsche der Alt, das Cello der Tenor und der Kontrabaß, na ja, eben der Baß.

Aber nun wieder zurück zu Schubert.

Das *Forellenquintett* vereint in sich alle guten Eigenschaften Schuberts. Es ist melodisch, es ist heiter, es ist strahlend – die Kongenialität in Musik. Der Klavierpart ist ebenfalls glänzend geschrieben – und er ist ziemlich schwer. Schubert selbst war auf jeden Fall nur ein durchschnittlicher Pianist. Als er einmal versuchte, die große *Wandererfantasie* zu spielen – noch ein Werk, das auf einem Lied basiert –, soll er abgebrochen und gerufen haben: »Soll's doch der Teufel spielen!«

Mit dem *Forellenquintett* als Einführung in Schuberts Kammermusik werden Sie schon bald zu weiteren Hörerlebnissen bereit sein. Die beiden Klaviertrios, eines in B-Dur, das andere in Es-Dur, sind beide spektakulär gut; ich ziehe das B-Dur- dem Es-Dur-Trio etwas vor. Vielleicht ist Ihnen aber der langsame Satz aus dem Es-Dur-Trio schon vertraut, denn Stanley Kubrick verwendete es in seinem Film *Barry Lyndon*. Auch wenn es aus der falschen Epoche stammt – Thackerays pikaresker Roman eines irischen Emporkömmlings spielt im 18. Jahrhundert –, paßt seine sehnsüchtige, elegische Stimmung perfekt zur emotionalen Grundhaltung des Films.

Kubrick ist übrigens ein Meister im Ausschlachten des klassischen Musikrepertoires. Sicher erinnern wir uns alle daran, wie er den Beginn von Richard Strauss' *Also sprach Zarathustra* für die Affenmensch-Sequenz in *2001: Odyssee im Weltraum* einsetzte. Nicht zu vergessen auch seine brillante Verwendung von Beethovens *Neunter* in *A Clockwork Orange* (*Uhrwerk Orange*) oder – im selben Film – der Ouvertüre aus Rossinis *Diebischer Elster* (an der Stelle, wo Alex und seine Halbstarken-Kumpels eine rivalisierende Gang übel verprügeln) und von *Singin' in the Rain* während der grauenhaften Vergewaltigung der Frau des Schriftstellers. Kubrick wußte: Die Kraft der Musik besteht nicht darin, daß sie den Verstand der Menschen trüben, sondern daß sie ihre Seelen anrühren kann. Schubert wußte das auch.

Wenn Schuberts klavierbetonte Kammermusik Sie anspricht, dann hat sich Ihnen auf einmal eine völlig neue Welt aufgetan. Auch Beethovens *Sonaten für Klavier und Violine* (bezeichnenderweise nicht für »Violine und Klavier«) sind wirklich wunderbare Musik. Zu meinen Lieblingswerken zählen auch noch die Klaviertrios von Dvorak, vor allem das fabelhafte *Dumky*-Trio, sowie das Klavierquintett. Die Apotheose aller Klavierquintette (in dem natürlich nicht fünf Klaviere spielen, sondern ein Klavier plus ein Streichquartett) ist für mich das Brahms-Quintett. Die Feuerkraft dieses Werks ist durch nichts zu übertreffen. Wenn Sie immer noch nicht verstanden haben, was die Leute an Kammermusik finden, dann gehen Sie zu einer Aufführung des Brahms-Quintetts und achten auf den Pianisten. Da bekommen Sie für Ihr Geld was geboten.

Wir müssen aber unbedingt noch etwas zu den Liedern sagen. Leider kann ich hier nicht näher auf die Lieder eingehen, aber ich möchte Sie doch wenigstens auf die berühmten Liederzyklen, *Die schöne Müllerin* und *Die Winterreise*, hinweisen, zwei der krönenden Höhepunkte der Musik überhaupt. Bitte lesen Sie dazu Gerald Moores einnehmende Autobiographie *Bin ich zu laut?* Der größte Liedbegleiter aller Zeiten bespricht darin diese Werke, und wie man sie spielen sollte, und zwar mit dem gleichen Einfühlungsvermögen und der gleichen Vollendung, die er bei seinem Klavierspiel an den Tag legte. Lassen Sie sich auch Schuberts *Der Hirt auf dem Felsen* nicht entgehen, ein breit ausgearbeitetes Lied für Sopran, Klarinette und Klavier, eines der kleinen Freuden des Lebens.

So viel Schubert, so wenig Zeit. Aber wenn er alles in einunddreißig Jahren schreiben konnte, welche Entschuldigung haben Sie dann, seine Musik nicht anzuhören?

Debussy: *Streichquartett in g-Moll*
Ravel: *Streichquartett in F-Dur*

Mit diesen beiden Juwelen in die Gattung Streichquartett einzusteigen ist nicht das Schlechteste. Sollten Sie irgendwo gehört haben, das Streichquartett sei die »intellektuellste« aller Musikgattungen – vergessen Sie es. Nicht, daß die beiden Debussy- oder

Ravel-Quartette nicht ernst zu nehmen seien – sie waren jeweils die ersten und letzten Versuche in dieser Gattung. Die Stücke sind nur so frisch, so betörend und so schnell vertraut, daß sich, zumindest beim ersten Hören, alle anderen Qualitäten der puren Attraktivität unterordnen.

Diese Quartette sind Salonmusik par excellence, aus jeder Note strömt der Duft des Pariser Fin de Siècle. Das Debussy-Quartett, ein relativ frühes Werk (die einzige Komposition von Debussy, die eine Opus-Zahl trägt, in diesem Fall die Nummer 10) war zuerst da; das F-Dur-Quartett wurde etwa zehn Jahre später komponiert, allerdings von einem Komponisten, der zwölf Jahre jünger war. Der eine oder andere schonungslose Kritiker mag vielleicht annehmen, daß Ravel einfach Stil und Form des Debussy-Quartetts kopiert hat; der etwas großzügigere zieht es vielleicht vor, die gewisse Ähnlichkeit zwischen beiden Werken als eine Homage Ravels an Debussy zu bezeichnen.

Sehen wir uns einmal die Ähnlichkeiten an: erster Satz in der Sonatensatzform; zweiter Satz ein Scherzo *Assez vif – très rythmé* (Debussy), *Assez vif et bien rythmé* (Ravel); je ein langsamer Satz, dem ungefähr 40 Takte vorausgehen, in denen alle *con sordino* (mit Dämpfern) spielen und so einen schwülen, gedämpften Klang erzeugen; ein flottes Finale. Euer Ehren, ich plädiere für schuldig.

Nicht so voreilig. Es gibt auch auffallende Unterschiede. Im Vergleich mit Ravel ganz anders gestaltet ist Debussys berühmtes Pizzicato-Scherzo – ein von den Klängen des javanesischen Gamelan-Orchesters, das Debussy bei der Pariser Weltausstellung von 1889 gehört hatte, inspirierter Satz, in dem fast jede Note gezupft, nicht gestrichen wird. (Debussy war natürlich nicht der erste, dem so etwas einfiel; Tschaikowsky setzte dieselbe Technik im Scherzo seiner *Vierten Sinfonie* ein.) Ravel verwendet im gesamten Quartett alles in allem hellere Farben; die Wirkung ist kantiger, geschliffener. (Interessant: Keines der beiden Quartette ist besonders »impressionistisch« angehaucht.) Liebhaber der Quartettliteratur sind froh, beide zu haben. Man kann ja nicht dauernd die *Große Fuge* hören.

Doch wie ein Kommentator einmal bemerkte: »Beethovens Quartette – zumindest die späten – waren Dramen, doch Ravels Quartett ist eine umtriebige Komödie, ein Unterhaltungsstück.« Bravo!

Brahms: *Klaviertrio in H-Dur*, op. 8

Das ist nun wirklich ein Stück, das Ihnen gefallen wird. Dieses Trio für Klavier, Violine und Cello trägt eine frühe Opus-Zahl, doch die Fassung, die wir normalerweise hören, ist eine revidierte Version, die etwa 35 Jahre später entstand. Mit Ausnahme vielleicht des *Klavierquintetts* ist das hier Brahms' bestes Kammermusikwerk.

Am op. 8 werden Sie den unerschöpflichen Melodienfluß mögen, die Brillanz und den Glanz des Klavierparts; diese Musik wird Sie einfach mitreißen. Unglaublich, daß man Brahms zu seinen Lebzeiten immer vorgeworfen hat, es fehle ihm an wahrem melodischem Talent – sogar unmusikalische Kritiker hören doch sicherlich die Melodien des H-Dur-Trios. Wie fein das groß angelegte, breite Eröffnungsthema im ersten Satz vom Klavier zum Cello und dann zur Violine übergeht, wie es wächst und aufblüht und schließlich unisono gesungen wird – das ist wirklich höchst inspiriert. Das Blitzstrahl-Scherzo lodert kurz auf, unterbrochen von einem seligen, liedhaften Mittelteil; das Adagio ist zutiefst beschaulich – Brahms bei einer seiner Grundstudien –, und das Finale bewegt sich von einem unruhigen, ruckartigen Anfang zu einem aus voller Kehle singenden Schluß: der allerdings steht nicht in der Grundtonart H-Dur, sondern in h-Moll. Das ist Brahms vom Feinsten.

Brahms: *Violinsonate in G-Dur*, op. 78

Nein, Moment mal! Habe ich eben gesagt, das Trio op. 8 sei Brahms' bestes Kammermusikwerk? Und die Violinsonaten, was ist mit denen? Richtig – die Violinsonaten!

Das ist eben das Problem mit der klassischen Musik. Kaum denkt man, man hätte nun endlich ein absolutes Lieblingswerk, schon kommt ein anderes Stück daher und kickt es vom Platz. Von den drei Violinsonaten – in G-Dur, A-Dur und d-Moll – ist die erste reinster Glanz, die zweite reinste Liebenswürdigkeit und die dritte reinstes Drama. Die d-Moll-Sonate ist vielleicht die wirkungsvollste, aber wenn es jemand ganz genau wissen wollte, würde ich doch meine Vorliebe für das op. 78 gestehen. Keine Spur vom großen Griesgram; die G-Dur-Sonate ist wie eine Kamingeschichte an Heiligabend. Wie war das noch: Brahms war doch dieser korpulente kleine Mann mit dem wehenden Bart, oder? Kann das sein?

Beethoven: Die 16 Streichquartette, die 32 Klaviersonaten

Sie werden wohl in den sauren Apfel beißen müssen, fürchte ich. Man kommt weder um Beethovens Sinfonien noch um seine Streichquartette und Klaviersonaten herum. Ich dachte nur, damit Sie mir nicht davonlaufen, schiebe ich lieber die Besprechung des Forellenquintetts ein, bevor wir noch mal zu Beethoven kommen.

Sie werden überrascht sein: Die Streichquartette anzuhören ist ganz einfach. Das gilt jedenfalls für die meisten davon. Ich finde sogar, sie sind das reine Vergnügen. Die ersten sechs, alle unter dem Dach op. 18 zusammengefaßt, stammen aus der frühen Periode, als Beethoven noch unter dem Einfluß seines Lehrers Haydn stand. Aus op. 18 mag ich besonders gern die Nr. 2, das *G-Dur-Quartett*; das soll Sie aber nicht davon abhalten, ein anderes auszuprobieren. Ziemlich kurz sind sie alle.

Die Quartette der mittleren Periode – im allgemeinen Beethovens populärste Periode – sind merkwürdig enttäuschend. Die drei *Rasumowski-Quartette* op. 59 werden eher geschätzt als geliebt; Kammermusikensembles versuchen sich gern am Finale des *G-Dur-Quartetts*, op. 59, Nr. 3, mit dem sie zeigen können, wie schnell man es spielen kann. Die *Rasumowski-Quartette* waren einem russischen Grafen gewidmet – Ludwig van Beethoven, der Menschenrechtler, machte bei seinen Widmungen an den Adel immer gleich eine tiefe Verbeugung –, und in zweien zitierte er russische Volkslieder. Die Melodie, die er im Scherzo des *e-Moll-Quartetts*, op. 59, Nr. 2 verwendet, taucht übrigens an ziemlich prominenter Stelle im ersten Akt von Mussorgskys Oper *Boris Godunow* auf. Die Welt ist eben klein. Von den beiden anderen mittleren Quartetten mag ich das op. 95, genannt das *Serioso*, am liebsten. Ein angenehm knappes, tolles kleines Stück.

Die späten Quartette dagegen sind eines wie das andere glänzend. Jeder hat da so sein Lieblingsstück. Meines ist das *a-Moll-Quartett* op. 132, das mit dem berühmten *Heiligen Dankgesang*, eines der kreativsten und bewegendsten Schöpfungen Beethovens. Empfehlenswert auch das geschmeidige und oft wenig beachtete *Es-Dur-Quartett* op. 127; das unglaubliche, siebensätzige *cis-Moll-Quartett* op. 131; das graziöse *B-Dur-Quartett* op. 130, dessen untergeschobenes Finale – ursprünglich sollte op. 133, *Die Große Fuge*, der letzte Satz dieses Quartetts sein – das letzte Werk ist, das Beethoven schrieb; und op. 135, das *Quartett in F-Dur*, dessen Finale die Überschrift »Der schwer gefaßte Entschluß« trägt. Hört sich schwer nach großen Problemen an: Gibt Beethoven, der Himmelsstürmer, etwa kampflos auf? (Unter das Hauptthema schrieb er auch noch: »Muß es sein? – Es muß sein!«) Aber so schlimm, wie sich das alles anhört, war es gar nicht. Beethoven macht sich nur über uns lustig: Das *F-Dur-Quartett* ist fast so etwas wie eine Rückblende auf op. 18, ein schlichter, unbeschwerter Klamauk. Theoretiker, die Musik eines Komponisten immer als dessen Antwort auf seine Lebensumstände verstehen, bringt es jedesmal wieder aus der Fassung. (Ein unsinniger Interpretationsansatz, bedenkt man, daß Mozart seine heitere *Zauberflöte* geschrieben hat, als er schon halbtot war.) Ähnliches gilt auch für das Quartett op. 135.

Nun zur *Großen Fuge*. Dieses ausladende, häßliche Mammutwerk sollte eigentlich der Schlußsatz des sechssätzigen *B-Dur-Quartetts* op. 130 werden. Beethoven, ein eifriger Arbeiter und Denker, hat es sich anders überlegt. Und wie das bei Beethoven oft ist, hatte er mit seinen Überlegungen recht. Die *Große Fuge* wurde rausgeworfen und mit einer eigenen Opuszahl versehen – was sie zum 17. Streichquartett machte – und durch das graziöse Finale, das auch heute üblicherweise am Schluß des op. 130 gespielt wird, ersetzt. Die Welt dankt es ihm.

Klaviersonaten gibt es doppelt so viele wie Streichquartette; daß dadurch die kompositorische Bandbreite größer ist, ist klar. Beethoven war in seinen jüngeren Tagen ein ziemlich guter Pianist, und so schrieb er anfangs viele seiner Sonaten für sich selbst. Wie bei den Quartetten entwickeln sie sich vom klaren klassischen zum eindeutig romantischen Stil der letzten Sonaten – und darüber hinaus. Diese letzten Sonaten hielt man denn auch für so schwer spielbar, daß es erst eines Franz Liszt bedurfte, bevor man sie in der Öffentlichkeit hören konnte.

Im allgemeinen gilt folgende Regel: Wenn ein Stück einen Beinamen hat, ist es irgendwie nett. So zum Beispiel die beiden frühen Werke *Pathétique* und *Mondscheinsonate*; vielleicht möchten Sie auch gern in die *Pastoralsonate* op. 28 in D-Dur hineinhören, auch wenn ich es lohnender finde, sie selbst zu spielen. Die glänzende *Waldsteinsonate* op. 53 stammt aus der mittleren Periode – für mich die beste von allen. Beethoven erreichte nie wieder eine so ätherische, entspannte Haltung wie beim ersten

Auftreten des Hauptthemas im Finalsatz. Die donnernde *Appassionata* ist zu recht populär, und die Sonate *Les Adieux* hat auch ihre Anhänger. Die kühne zweisätzige *Sonate in e-Moll*, op. 90, mit ihrem knappen, straffen ersten Satz und dem langen und wunderschönen Rondo, steht ebenfalls ganz weit oben auf meiner Hitliste.

Der wesentliche Kern aber sind die letzten fünf Sonaten, angefangen mit op. 101. Sie können – genau wie die späten Streichquartette – sowohl für den Spieler als auch für den Hörer hochgeistige Erfahrungen sein. Sie genau kennenzulernen lohnt sich sehr. Wenn Sie Noten lesen können, verfolgen Sie beim Hören einer Aufnahme die Partitur. Wenn nicht, dann versuchen Sie, besonders gut aufzupassen. Das Finale der *Sonate in E-Dur*, op. 109, ist eine perfekte Demonstration dafür, wie Beethoven den Variationssatz beherrscht; mit der konzentrierten Struktur der letzten Sonate, op. 111, holt er das letzte aus der Form heraus.

Den Höhepunkt bildet natürlich die sogenannte *Hammerklaviersonate*. Der Titel bezieht sich auf das Instrument, auf dem die Sonate gespielt werden sollte – das moderne Klavier. Aber dieses Wort »Hammer« hat etwas an sich, das dem Stück eine zusätzliche Nuance verleiht. Das riesige viersätzige Werk ist die »Neunte Sinfonie der Klaviersonaten«, die Summe all dessen, was Beethoven über Form und Inhalt gelernt und selbst entdeckt hatte. Es endet mit einer gigantischen Fuge (lassen Sie sich von dieser »gelehrtesten« aller musikalischen Formen nicht einschüchtern, sie ist nur eine Möglichkeit, Material logisch zu ordnen), die die Grenzen sowohl des Pianisten als auch des Instrumentes auslotet. Sie werden die *Hammerklaviersonate* sicherlich nicht jeden Tag hören wollen, aber holen Sie sie einmal pro Jahr oder zu besonderen Anlässen hervor. Sie werden froh darüber sein.

Bartók: Sechs Streichquartette

Nur schnell ein Wort zu den Bartók-Quartetten. Sicher, sie sind ein bißchen steinig, wie die ersten beiden Klavierkonzerte. Härten Sie sich ab! Tun Sie, was der echte Kenner tut: Gehen Sie direkt zu Nr. 4 und Nr. 5, denn in diesen Werken offenbart sich Bartóks ganze Ästhetik. Gehen Sie dann zurück zu den romantischen Stücken, wie etwa Nr. 2, über dem dick »Made in Hungary« steht.

Da wir gerade beim Thema Ungarn sind, vergessen Sie nicht die Musik von Bartóks Kumpel Zoltán Kodály, vermutlich am besten bekannt als Komponist der *Hary Janos Suite*. Diese Suite ist ein Auszug aus der gleichnamigen Oper, die von den pikaresken Abenteuern eines Hary Janos handelt. (Ungarn nennen ihren Namen wie die Chinesen in umgekehrter Reihenfolge, also erst Familien-, dann Vornamen; unsereins würde ihn Janos Hary nennen.) Aber Kodaly hat mehr zu bieten als dieses Bonbon. Wenn Sie wirklich Spaß haben wollen, hören Sie sich doch die *Sonate für Solo-Cello* an; ganz richtig: Solo-Cello. Kein Klavier, keine Violine, kein Streichquartett. Nur der Cellist und das schwerste Stück der Welt – das ist spannende Unterhaltung.

Bach: *Die Kunst der Fuge*

Als wir vorhin von Beethoven sprachen, bat ich Sie, bei der Erwähnung der gefürchteten Fuge nicht gleich wegzulaufen. Jetzt flehe ich Sie an, dazubleiben. Mir ist klar, eine Bach-Fuge kann, so ganz abstrakt betrachtet, todlangweilig und beängstigend kompliziert wirken. Der Perücke tragende Bach ist eine so strenge und imposante Figur, daß es den Anschein hat, als müßten Fugen einfach gut für uns sein (Rhizinusöl ist es schließlich auch), zumindest wenn er sie geschrieben hat. Aber Bach hat mehr zu bieten als nur Fugen. In Deutschland, wo öffentliche Saunen gemischt sind, lernte ich eines Nachmittags eine wunderschöne junge Frau kennen, und das Gespräch kam, wie das so ist, wenn zwei nackte Leute unterschiedlichen Geschlechts sich unterhalten, auf Musik. Als ich sie fragte, wer ihr Lieblingskomponist sei, antwortete sie, ohne zu zögern: Bach. Nun, vielleicht hat sie nur versucht, mich zu beeindrucken, aber ich glaubte ihr. Man kann Bach lieben; das kann man wirklich. Seine zweite Frau, Anna Magdalena, tat das sicherlich, denn schließlich hatten sie dreizehn Kinder zusammen, und der alte Schwerenöter hatte noch sieben weitere von seiner ersten Frau! (Wie komme ich da jetzt bloß drauf?)

Die Kunst der Fuge ist Bachs Abschiedswerk, die Summe all dessen, was er über Musik wußte. Einige Fragen bleiben in bezug auf dieses Werk wohl immer offen, so zum Beispiel, warum die Kunst der Fuge überhaupt geschrieben wurde und auf welchen Instrumenten sie zu spielen sei. Bach hat sie nie vollendet. Dennoch steht sie da als seine Apotheose, überragt selbst so fabelhafte und vertraute Werke wie *Das musikalische Opfer* – dieses Stück, das Bach ursprünglich zu einem von Friedrich dem Großen

vorgegebenen Thema improvisierte und erst später nieder-
schrieb –, und sie übertrifft die berühmten *Brandenburgischen
Konzerte* (mit denen Sie am besten Ihre Wanderung durch Bachs
Musik beginnen). Dann kommen die großen Chorwerke, die *h-
Moll-Messe* und, noch eine Stufe höher, die *Matthäus-Passion*.
Diese Werke zu lieben zeichnet den Kenner aus, nicht den
Anfänger. Also keine Sorge, wenn Sie jetzt noch nicht soweit sind.
Sie sind es sicherlich bald.

Wolf: *Italienisches Liederbuch*

Hugo Wolf war einer der großen Irren in der Musik, aber Lieder
schreiben konnte er. Ich habe hier das *Italienische Liederbuch* an-
gegeben, genausogut hätte ich auch das *Spanische Liederbuch*
nehmen können oder die *Mörike-Lieder*. Neben Schubert, Schumann und Brahms gehört Wolf zu den großen Meistern des deutschen Lieds. Wie Schubert und Schumann (aber nicht Brahms)
versuchte Wolf sich an der Oper (*Der Corregidor*) – und scheiter-
te. Aber jedes seiner Lieder ist mit seinen scharf beobachteten
Details und dem alles durchdringenden psychologischen Scharfblick eine Art Minioper. Hören Sie sich die qualvolle Pein von
»Herr, was trägt der Boden« aus dem *Spanischen Liederbuch* an.
Die heitere Gelassenheit des »Schlafenden Jesuskinds« aus den
Mörike-Liedern. Die ausgelassene Fröhlichkeit von »Epiphanias«,
der *Vertonung eines Goethe-Gedichts*. Die Zartheit der »Ver-
schwiegenen Liebe« nach einem Text von Eichendorff. Hören Sie
sich diese Lieder auf Platte an – bei einer Aufnahme mit dem all-
gegenwärtigen Dietrich Fischer-Dieskau können Sie eigentlich
nichts falsch machen –, hören Sie genau auf den Text oder lesen
Sie ihn mit und versenken Sie sich tief in diese Musik. Eine neue
Welt wird sich Ihnen auftun.

Dies und das

Musik des Mittelalters und der Renaissance

Sie werden überrascht sein, wie sehr Ihnen diese Musik gefallen
wird. Die meisten von uns glauben, daß Musik mehr oder weniger
von der Bach-Familie erfunden worden sei – immerhin rühmten
sich siebzig Mitglieder dieses Clans, ihren Lebensunterhalt mit

Musik verdient zu haben, und das schon seit dem 16. Jahrhundert, als der alte Veit Bach aus Mähren oder der Slowakai nach Thüringen kam. Doch es gab auch vor (Johann Sebastian) Bach Musik, genauso wie es sie nach ihm gab. Dennoch sollten Sie nicht erwarten, daß sie »normal« klingt. Das tonale System, das wir heute kennen und lieben, hatte sich wirklich erst in der Musik J.S. Bachs so richtig etabliert. Davor standen die Stücke in Modi, nicht in Tonarten; Modi gibt es seit der griechisch-römischen Geschichte (weshalb sie auch griechisch-römische Namen wie äolisch, dorisch und phrygisch haben), doch die Modi, von denen wir hier sprechen, sind Schöpfungen des europäischen Mittelalters.

Auch wenn ich keinem einen ganzen Abend mit gregorianischen Gesängen wünsche, ein bißchen davon kann nicht schaden. Auf Platten sind sie umfassend dokumentiert, und es müßte problemlos möglich sein, sich Kostproben dieser Art von Musik zu besorgen. Was man beim gregorianischen Choral nicht vergessen sollte, ist, daß die Musik dazu da war, dem Text zu dienen und nicht umgekehrt. Dabei kam eine Art flexibler Sprechgesang heraus, ein Ideal, dem Komponisten wie Schönberg ein Jahrtausend später mit der »Sprechstimme« wieder näher zu kommen versuchten.

Eine kleine Abschweifung zum Thema »Sprechstimme«. Die Sprechstimme hat unter Musikern eine Menge Verwirrung darüber verursacht, was Schönberg bei diesem Begriff wohl vorgeschwebt habe. So verwirrend ist das Ganze aber gar nicht: Er wollte etwas, das sich eher an der Sprache als am Lied orientierte, die Tonhöhen sollten nur leicht angedeutet, nicht herausgebrüllt werden. Klassisch ausgebildeten Musikern fiel es aus irgendwelchen Gründen sehr schwer, das richtig zu begreifen und umzusetzen. Popmusiker schaffen das im Schlaf. Denken Sie nur an Bob Dylan. Wer eine ideale Darstellung der »Sprechstimme« hören will, möge sich Mark Knopfler, den Lead-Sänger der Dire Straits, mit »Sultans of Swing« zu Gemüte führen. Genau das ist »Sprechstimme«.

Die Musik entwickelte sich schnell und stetig weiter. Erst war Paris das Zentrum, und die frühen kontrapunktischen Kompositionen von Leonin und Perotin in der Kathedrale von Notre-Dame erwiesen sich als prägend. Der Ort des musikalisch bedeutenden Geschehens verlagerte sich für die nächsten Jahrhunderte in die Niederlande beziehungsweise nach Italien, und die Liste der großen Komponisten ist lang. Sie enthält Namen wie Josquin des

Pres, Palestrina, Orlando di Lasso, Guillaume Dufay, Ockeghem und Heinrich Isaac, den Komponisten des Dauerbrenners »Innsbruck, ich muß dich lassen«, damals schon ein Superhit.

Musik des Mittelalters und der Renaissance ist etwas für Leute, die Spaß an Ausgefallenem haben. Aber es kann auch Ihnen durchaus nicht schaden, Pierre de la Rues bemerkenswertes *Requiem*, Dufays *Missa L'Homme Armée* (die auf einem im 15. Jahrhundert sehr beliebten Volkslied aufgebaut ist) oder Ockeghems *Missa Mi-Mi* anzuhören, deren Titel übrigens nicht Puccini vorwegnimmt, wie das die New Yorker *Times* vielleicht vermuten würde, sondern sich auf die Töne des Modus bezieht (siehe oben).

Apropos Vorwegnahme: Früher oder später werden Sie auf einen Komponisten der Renaissance treffen, der wegen seiner vermeintlichen »Modernismen« gefeiert wird. Sein Name war Carlo Gesualdo, Prinz von Venosa, und er ist berühmt – oder eher berüchtigt – für zwei Dinge: erstens dafür, daß er seine Frau und ihren Liebhaber 1590 brutal ermordet hat – doch das hat damals jeder getan; zweitens für seine hochexpressiven, um nicht zu sagen, etwas sonderbaren Madrigale und Motetten (Werke für kleines Vokalensemble). Strawinsky war ein großer Bewunderer von Gesualdos Verwendung von Dissonanz und Chromatik, und er bearbeitete diverse seiner Madrigale. Gesualdo war ein extremer, wenn auch durchaus repräsentativer Vertreter der ornamentalen italienischen Kompositionsweise des frühen 16. Jahrhunderts. Seine Musik wird Ihnen sicher gefallen.

Und jetzt etwas ganz anderes: Lieblingslaster

Manchmal fahren wir alle, egal wie sehr wir uns sonst unter Kontrolle haben, auf Dinge ab, die bekanntermaßen nicht gut für uns sind. Fressorgien mit Pralinen oder Angriffe auf sämtliche Eisvorräte. So etwas kommt auch im Musikbereich vor. Es gibt Werke, von denen man weiß, daß sie keine Meisterwerke sind, aber das ist einem egal. Sie gefallen einem – basta.

Jeder hat solche Musiklaster. Ich auch. Und Sie sicher auch bald. Also bringen wir den Beichtball ins Rollen. Vater, vergib mir, denn ich höre gerne:

Massenet: *Werther*

Ja, ich weiß, Jules Massenet gehört nicht gerade zu den großen Komponisten. Ich weiß, er ist rührselig und sentimental, hat Millionen von Opern geschrieben, und rechtgläubige Menschen auf der ganzen Welt verachten sie alle. Aber ich kann nicht anders: Ich liebe *Werther*. Aus irgendeinem Grund scheinen die Franzosen deutsche Themen in ihren Opern besonders zu mögen (denken Sie an Gounods *Faust*), auch wenn diese Liebe nicht erwidert wird. Die Deutschen mögen zwar auch deutsche Themen, aber keine französischen. Massenets Oper basiert auf Goethes Romanknüller *Die Leiden des jungen Werther*, der seinerzeit zu einer Selbstmordwelle unter liebeskranken jungen Burschen führte. Werther liebt Charlotte, aber die heiratet Albert. Werther ist todunglücklich, leidet schrecklich, schickt einen etwas kryptisch formulierten Abschiedsbrief an Charlotte und erschießt sich – und das an Weihnachten. Natürlich eilt sie gleich zu ihm, kommt aber zu spät. Was für ein feiner Kerl!

Sie können über Massenet sagen, was Sie wollen, aber das hier hat er richtig gemacht. Das Thema, das für Werthers unerfüllte Liebe zu Charlotte steht, ist eines der leidenschaftlich schwermütigsten in der Oper; die kontrastierende Kindermusik (»Noël, Noël, Noël«), die erklingt, wenn Werther sterbend am Boden liegt, ist von scharfer Ironie. (Ich glaube, Berg hat sich im letzten Akt des *Wozzeck* diese Idee geborgt.) Albert ist angemessen blasiert, Charlotte richtiggehend sexy. Selbst in einer schlechten Aufführung erwischt es mich bei *Werther* doch jedesmal.

Johann Strauß (Sohn): *Die Fledermaus*

Ich nehme an, man sollte keine Schuldgefühle haben, wenn man *Die Fledermaus* mag. Sie ist wunderbar – zumindest in den ersten beiden Akten. Im dritten Akt aber – einer einzigen Slapstick-Szene, die im Gefängnis spielt – macht Strauß so viel falsch, daß damit fast der ganze Zauber des ersten Akts ruiniert wird. Machen Sie es wie ich: Gehen Sie nach dem zweiten Akt. Oder schalten Sie einfach aus. Es entgeht Ihnen nichts, das garantiere ich.

Schaporin: *Die Dekabristen*

Auf der Liste meiner musikalischen Laster ist eine Menge russischer Musik, ich weiß, und diese Oper hier ist wirklich vom roten

Lager. 1986 stieß ich durch Zufall auf sie, und zwar im Kirow-Theater in St. Petersburg, wo ich sie zum ersten und bisher letzten Mal gesehen habe. Juri Schaporin (1887-1966) arbeitete 33 Jahre an seiner Oper. Wie andere sowjetische Komponisten der Stalin-Ära war auch er den Launen des Diktators ausgesetzt. Immer wieder überarbeitete Schaporin *Die Dekabristen*, bis sie dann endlich 1953 aufgeführt wurden – zufälligerweise in dem Jahr, als Stalin starb. *Die Dekabristen* handelt von der Ur-Revolution von 1825, bei der eine Gruppe von St. Petersburger Militäroffizieren und Aristokraten einen verfrühten Anschlag gegen den Zaren veranstalteten. Der Anschlag schlug fehl, doch die Bolschewiken bejubelten ihn als Modell für ihre eigene Revolution hundert Jahre später. Schaporins Oper ist eine Art realistisches Sozialdrama: Man stelle sich eine musikalische Verschmelzung von Borodin, Tschaikowsky und Schostakowitsch vor. Doch hat sie eine mit sicherer Hand gestaltete Struktur, einige außerordentliche große Szenen sowie markante, eindringliche und attraktive Melodien. Sie wartet immer noch auf eine Produktion im Westen: Opernhäuser, bitte nehmt das zu Kenntnis. Plattenfirmen auch.

Tschaikowsky: Gesamtwerk
Sie haben schon verstanden. Sie brauchen sich nicht zu entschuldigen. Genießen Sie es einfach. Sie haben es sich verdient.

Sibelius: *Sinfonie Nr. 2*
Schon erstaunlich, wie vergänglich ein guter Ruf ist. Früher galt Finnlands Jan Sibelius als einer der großen Komponisten. Irgendwann später fand man, seine Musik gehöre auf den Dachboden. Die *Zweite Sinfonie* ist wie ein großer, struppiger Hund – ein großer, *lauter*, struppiger Hund – oder wie ein Schnulzenroman. Dirigenten lieben sie. Das Publikum auch.

Wer den weniger sündigen Sibelius ausprobieren möchte, versuche sich an der kryptischen *Sinfonie Nr. 4*, der besten der sieben. (Was, nicht neun?)

Moeran: *Sinfonie in g-Moll*
Ernest John Moeran war ein relativ unbekannter britischer Komponist der ersten Hälfte des 20. Jahrhunderts. Diese Sinfonie ist eigentlich so gut wie unbekannt. Auf jeden Fall habe ich sie nie

live in einem Konzert erlebt. Aber auch, wenn man einmal von meiner allseits bekannten Schwäche für britische Musik absieht, ist das eine herrliche Sinfonie: ein bißchen schrullig, originell, erfrischend, unheimlich und exzentrisch in einem (so eine Art englischer Janácek). Was macht es da schon aus, daß die Hörner zu dominant, das Schlagwerk ziemlich absonderlich, das Scherzo zu kurz und das Finale zu lang sind? Nichts wie raus und kaufen, wenn Sie die Platte irgendwo noch auftreiben können. (HNH Records # 4014).

Moeran war väterlicherseits irischer Protestant und stammte mütterlicherseits von robusten Engländern aus Norfolk ab. Geboren wurde er in London, wo er später auch am Royal College of Music studierte. Im Ersten Weltkrieg verwundet, kehrte er nach England zurück und studierte unter dem Komponisten John Ireland. Um 1930 zog er sich nach Cotswolds zurück, wo er seine beste und bedeutendste Musik schrieb. Er starb 1950, nur kurz nach seinem 56. Geburtstag. »Der gute alte Moeran!« rief Neville Marriner mir einmal zu, »Kopfunter im Kenmare River!« Genauso war Moeran tatsächlich gestorben, offenbar an einem Herzinfarkt.

Wenn Ihnen die Moeran-Sinfonie gefällt, müssen Sie unbedingt einige der anderen modernen britischen Komponisten erkunden: George Butterworth, Komponist des reizenden *A Shropshire Lad*, der im Ersten Weltkrieg umkam, Alan Rawsthorne und Arnold Bax. Wenn Sie etwas wirklich ganz besonders Tolles kennenlernen wollen, suchen Sie nach Musik des Autodidakten Havergal Brian, der siebenundzwanzig Sinfonien schrieb, und zwar alle nach seinem siebzigsten Geburtstag (er wurde sechsundneunzig Jahre alt). Die wenigen Sinfonien, die auf Platte erhältlich sind, wurden mit nicht gerade erstklassigen Ensembles wie dem Leicester Schools Symphony Orchestra aufgenommen. Aber was soll's? Wer weiß, vielleicht gefallen sie Ihnen dennoch.

Rimsky-Korsakow: *Scheherazade*

Scheherazade war eines der ersten Stücke, die ich je gehört habe, und noch immer gehört diese Tondichtung zu meinen Lieblingswerken. Rimskys musikalische Umsetzung der *Märchen aus 1001 Nacht* ist ein wunderbares viersätziges Stück voller herrlicher Melodien und gehüllt in glitzernde orchestrale Gewänder – das Ganze nicht unbedingt inhaltsschwer, aber schön.

Katschaturian: *Spartacus*

Kitschig, kitschig, ich weiß. Aber mitreißend. Dasselbe gilt auch für das Ballett *Gajaneh*. Und für das *Klavierkonzert*. Und für das *Violinkonzert* ... Sie wissen schon. Laut, ordinär, derb. Stürzen Sie sich drauf!

Albinoni: *Adagio*, Barber: *Adagio für Streicher*

Haben Sie *Gallipoli* gesehen? Oder *Platoon*? Dann haben Sie diese beiden Schnulzenstücke schon mal gehört. Egal wie ungeklärt der Ursprung des Albinonistücks ist, es sorgt doch immer wieder für eine wunderbar sinnträchtige, ergreifende Stimmung, und es bringt in Peter Weirs *Gallipoli* die Sinnlosigkeit des Ersten Weltkriegs, in dem junge Australier als Kanonenfutter in den Kampf geschickt wurden, auf den Punkt. Das Barber-*Adagio,* eigentlich Teil eines Streichquartetts, ist zu einer inoffiziellen Trauerhymne geworden, und Oliver Stone tat recht daran, es in seinem elegischen, oscargekrönten Film über den Vietnamkrieg einzusetzen.

Miklós Rózsa: *Violinkonzert*

Auch wenn sich nicht mehr viele daran erinnern, aber Jascha Heifetz hatte eine hochentwickelte Vorliebe für Kitsch, und der gab er auch häufig nach. (Wer Heifetz noch nicht »Jeanie with the Light Brown Hair« spielen gehört hat, hat was versäumt.) Einmal wurde er auch tatsächlich von einem bekannten Kritiker seines Repertoires wegen gescholten, das sich eben zu sehr auf die Bonbons stützte – eine Standpauke, die, wie er später gestand, Anstoß zur Besserung war. (Manchmal bewirken Kritiker doch etwas Gutes.) Was aber noch weniger Menschen wissen, ist, daß Heifetz ein aktiver Auftraggeber für zeitgenössische Musik war; schwer vorzustellen, daß heutzutage ein gleichermaßen bekannter Geiger – sagen wir einmal Itzhak Perlman – soviel neue Musik spielt. (Lesen Sie dazu im nächsten Kapitel meine Standpauke an Künstler, Kritiker, Dirigenten, überhaupt an alle. Ein Trauerspiel.) Dieses glanzvolle Geigenkonzert von Rózsa, das 1956 uraufgeführt wurde, gehört zu Heifetz' Auftragswerken. (Rózsa klaute später übrigens den langsamen Satz für Billy Wilders reizenden Film *Das Privatleben des Sherlock Holmes.*) Das Konzert ist, egal in welcher Form, ein wunderbares Stück: einerseits voll ungarischer Angeberei, andererseits, besonders im *Lento cantabile*, voll ungekünstelter Schmerzlichkeit. Eine willkommene Alternative zum Mendelssohn, den wir immer und ewig im Konzertsaal vorgesetzt bekommen. Nur der pure Snobismus hält die modernen Geiger davon ab, Rózsa zu spielen. Das Stück ist weiß Gott nicht schlechter als Bruchs *Violinkonzert* und um einiges besser als alles von Henri Wieniawski. Also los, Leute, gebt dem Stück eine Chance!

Rodrigo: *Concierto de Aranjuez*

Fast meine ganze Kritikerkarriere über habe ich versucht, klassischer Gitarrenmusik jeglicher Art aus dem Weg zu gehen, aber bei diesem Werk mache ich eine Ausnahme. Joaquín Rodrigo, der blinde spanische Komponist, hat nie ein besseres Stück geschrieben als dieses hier. Möglicherweise ist Ihnen das berühmte Thema des zweiten Satzes schon vertraut: Es kam vor einigen Jahren in einer Autowerbung vor. Aber geben Sie nicht Rodrigo die Schuld daran. So etwas kann jedem passieren.

Tja, das war's fürs erste. Mir ist klar, daß dieses Grundrepertoire nicht so grundlegend ist, wie mancher es vielleicht gern hätte. Möglicherweise haben Sie bisher noch nicht einmal von der Hälfte der Werke oder der Komponisten überhaupt gehört. Und vielleicht warten Sie noch auf meine Kommentare zum *Bolero* und zur *1812-Ouvertüre*.

Wenn dem so ist, dann werden Sie wohl lange warten müssen. Warum nicht gleich ein bißchen abhärten? Die Stücke können Sie hören, wann immer Sie wollen. Ich aber möchte Ihnen Kopf und Ohren öffnen. Seien Sie kein, wie Charles Ives es nannte, »Rollo«. Wenn Sie diese Werke erst einmal verdaut haben, dann sind Sie für alles gerüstet. Und dafür werden Sie mir noch dankbar sein.

Übrigens, nur für den Fall, daß Sie denken, ich fände einfach alles gut, was mit klassischer Musik zu tun hat, dann springen Sie bitte gleich zum nächsten Kapitel. Da werden wir einen unverstellten Blick darauf werfen, was heute im Bereich klassische Musik Mist ist. (Hinweis: Nicht die Musik, sondern die Leute, die sie produzieren.)

Zwischenspiel: Bach und Händel in Deutschland

»Die Deutschen sind übrigens wunderliche Leute! Sie machen sich durch ihre tiefen Gedanken und Ideen, die sie überall hineinlegen, das Leben schwerer als billig.« (Goethe) – Der Zufall wollte es, daß Bach und Händel im Abstand eines Monats in nur hundertdreißig Kilometer voneinander entfernten Städten zur Welt kamen. Trotzdem ergeben die beiden ein seltsames und ungleiches Paar. Händel, der Sohn eines Barbiers und Hofchirurgen aus Halle, der wollte, daß sein Sohn Juristerei studiert, war ein weitgereister Kosmopolit. Er ließ sich in London nieder, anglisierte seinen Namen (obwohl er die deutsche Aussprache seines Nachnamens beibehielt) und wurde der beherrschende Opern- und Oratorienkomponist seiner Tage. Als er vierundsiebzigjährig als Junggeselle starb, wurde er mit allen Ehren in der Poet's Corner der Westminster Abbey beerdigt (seltsamerweise steht auf der Grabplatte ein falsches Geburtsdatum).

Bach dagegen entstammt einer weitverzweigten Musikerfamilie, verbrachte fast sein gesamtes Leben innerhalb Ostdeutschlands, und zwar in Diensten aufgeblasener Duodezfürsten und strenger lutherischer Rektoren. Er heiratete zweimal, zeugte zwanzig Kinder und war, als er starb, weitaus berühmter für sein Orgelspiel als für seine meist unveröffentlichten Kantaten, Messen, Sonaten und Konzerte. Obwohl ihrer beider Leben an mehreren Knotenpunkten miteinander verflochten war – beide unterzogen sich zum Beispiel einer grausamen und erfolglosen Grauen-Star-Operation beim gleichen Augenarzt, und beide erblindeten danach teilweise –, begegneten sie sich aber nie persönlich.

Jedes Zeitalter hat seinen eigenen Blick auf die Vergangenheit, und die Geschichte hat das Urteil früherer Generationen oft drastisch revidiert. Hätte man in der Mitte des 18. Jahrhunderts eine Meinungsumfrage gemacht, wäre herausgekommen, daß Händel mehr Bewunderung entgegengebracht wurde, vor allem in England, wo der Geist des Dicken mit dem deutschen Akzent die originär britische Musik mehr als hundert Jahre erdrückte. Im Gegensatz zu ihm galt Bach, in den spöttischen Worten seines Sohnes Johann Christian, als »alter Zopf«, als jemand, der verbissen am aussterbenden kontrapunktischen Medium des vierstimmigen Satzes und der schwerverständlichen Fugen festhielt.

Heute hat sich die Situation beinahe völlig umgekehrt. Händels Opern, einst beim Londoner Publikum so ungeheuer beliebt, wurden in den vergangenen Jahren kaum noch aufgeführt, wenn sich auch hier eine Trendwende abzeichnet und Händel eine gewisse Renaissance erlebt. Trotzdem, der Geschmack hat sich eben gewandelt, und Kastraten sind längst von den Bühnen verschwunden. (Kastraten sind chirurgisch veränderte, männliche Soprane, deren Stimmkraft, unglaubliche Atemkontrolle und blendende Technik das Publikum von der Sixtinischen Kapelle bis zum Covent Garden früher in Staunen versetzte.) Von Händels zahlreichen Oratorien kann man nur noch den respektgebietenden *Messias* als wirklich populär bezeichnen, und seine am meisten geliebten Instrumentalwerke beschränken sich auf Gelegenheitswerke wie die *Wassermusik* und die *Feuerwerksmusik*. Einst ein Komponist von überragendem Einfluß läuft Händel heute Gefahr, in der Volksmeinung zum Drei-Stücke-Komponisten zu verkommen. Erst seit den achtziger Jahren haben die aufkommenden Ensembles für alte Musik (vor allem in England) und einige aufgeschlossene Sänger sich an die schwierige Arbeit gemacht, den verlorenen Glanz der Opern zu restaurieren.

Bachs Musik dagegen hat stetig an Ansehen gewonnen – sie ist sogar an Bord von Voyager I und II ins Weltall geflogen, als Beispiel für das Beste, was menschliche Kultur zu bieten hat. Dennoch ist das Bild, das wir uns von Bach machen, so kurzsichtig wie das vorheriger Epochen. »In Bach ist zuviel crude Christlichkeit, zuviel crudes Deutschtum, crude Scholastik. Er steht an der Schwelle der europäischen (modernen) Musik, aber er schaut sich von hier nach dem Mittelalter um«, sagte Nietzsche 1878 und irrte sich damit genauso, wie er sich bei Richard Wagner geirrt hatte. Aber auch wir sehen den Kantor der Thomaskirche in Leipzig vor allem als niemals lächelnden, devoten Lutheraner, der Kathedralen aus Klang errichtete, um die Ehre Gottes zu mehren. Bachs Musik, denken wir, ist groß, weil sie uns guttut. Aber Bach für eine Art musikalischen Geistlichen zu halten heißt, seine Lebensumstände außer acht zu lassen. Wie passen die alles in allem fast hundert Kantaten – viele davon zu weltlichen Themen – oder die beträchtliche Menge an Instrumentalmusik, die verlorengegangen ist, in dieses Bild? Bachs Vermächtnis ist ein Torso wie die Venus von Milo, der für das ganze Werk gehalten wird. Nur allzu schnell geben wir uns mit diesem Torso zufrieden. Vielleicht empfinden wir das so, weil wir außer der Musik, die die Zeiten überdauert hat, nicht viel haben, woran wir uns halten könnten. Für jemanden, der weithin anerkannt ist als der Urquell der deutschen Musik, gibt es erstaunlich wenige physikalische Beweise über seine Existenz in Ostdeutschland. Gut erhaltene Luther-Gedenkstätten findet man überall – in Eisleben steht noch immer das Haus, in dem Luther geboren wurde, und das, in dem er starb –, und das Land ist übersät mit »Hier schlief Luther«- und ähnlichen Tafeln. In Händels Geburtsort Halle steht noch das solide, nach Wohlstand aussehende zweistöckige Eckhaus, in dem Händel geboren wurde, und nicht weit davon entfernt hat man ihm eine recht schmucke Statue am Marktplatz errichtet.

Doch von J. S. Bach ist fast nichts erhalten geblieben. Sein Geburtshaus (sinnigerweise in der Lutherstraße) in der von Hügeln und Wäldern umgebenen Bergwerksstadt Eisenach ist schon vor langer Zeit abgebrannt. Bachs komponierende Söhne Wilhelm Friedemann und Carl Philip Emmanuel wurden in Weimar geboren, dieser gebildeten Stadt Goethes, Schillers und Liszts. In Weimar verbrachte Bach übrigens fast einen Monat im Gefängnis, weil er es gewagt hatte, seine Arbeitsstelle wechseln zu wollen. Doch auch hier erinnert nur eine Tafel daran, daß hier früher das Haus der Familie Bach stand. In Köthen, wo Bach von 1717 bis 1723 für den musikliebenden Fürsten Leopold arbeitete und unter anderen Meisterwerken die *Brandenburgischen Konzerte* und die *Goldberg-Variationen* komponierte, ist das Schloß des Fürsten über die Jahre hinweg ziemlich verrottet, und keiner weiß genau, wo Bach damals wohnte. Und in Leipzig, der sächsischen Hauptstadt der Kunst und des Handels, wo Bach die letzten siebenundzwanzig Jahre seines Lebens verbrachte, ist die Schule, in der Bach wohnte und unterrichtete, 1902 abgerissen worden.

Heute strahlt in Eisenach eine Perücke tragende Steinfigur von einem Podest herab, in der Hand Feder und Notenblatt, allzeit bereit zum Komponieren. In einiger Entfernung dahinter liegt auf einem Hügel die Wartburg, in der Luther sich vor dem Zorn der katholischen Kirche versteckt hielt und das Neue Testament übersetzte. In Leipzig wird vor der Thomaskirche eines etwas finsterer dreinblickenden Bachs gedacht, und zwar sowohl mit einer mannshohen Statue als mit einer von Felix Mendelssohn Bartholdy errichteten Büste, die auf einem kleinen Platz nicht weit von der Kirche entfernt steht. Das Genie verbeugt sich vor dem noch größeren Genie, denn es war der Romantiker Mendelssohn, ein christianisierter Jude, der 1829, ungefähr hundert Jahre nach der Erstaufführung, Bachs größtes kirchliches Werk, die alles überragende *Matthäus-Passion*, wiederaufführte. Und Bach damit unwissentlich heiligsprach.

»Und dieser Mann – der größte musikalische Dichter und der größte musikalische Declamator, den es je gegeben hat, und den es wahrscheinlich je geben wird – war ein Deutscher. Sey stolz auf ihn, Vaterland; sey stolz, aber, sey auch seiner werth!« (Johannes Nikolaus Forkel in J. S. Bachs Leben, Kunst und Werke. Für patriotische Bewunderer wahrer Musikkunst.) – Außerhalb von Weimar, an den Ausläufern des Ettersbergs, steht noch immer das frühere Konzentrationslager Buchenwald als Gedenkstätte an die mehr als halbe Million alliierter Kriegsgefangener, deutscher politischer Dissidenten (darunter Ernst Thälmann, der Führer der deutschen kommunistischen Partei in den dreißiger Jahren), Slawen, Zigeuner, Juden und anderer, den Nazis mißliebiger Menschen, die hier starben. Zwei Schrumpfköpfe werden in einer Glasvitrine ausgestellt zusammen mit einem winzigen Lampenschirm, der aus Haut und Stücken gegerbten und tätowierten menschlichen Leders besteht – Dinge, die Ilse Koch, die Frau des Leiters des Todeslagers, so unwiderstehlich fand und sammelte. Die veralteten Lautsprecher, die mit den SS-Baracken stümperhaft verbunden sind, sind heute still, aber damals verbreiteten sie knisternd Musik, wenn zum Tode verurteilte Gefangene auf dem Weg zu ihrer Vernichtung hinter Kochs Haus liefen.

Wie ist es möglich, daß das Land Bachs, Händels und Goethes auch das Land Himmlers, Eichmanns und Kochs sein konnte? Das ist eine Frage, die den Rest der Welt jahrzehntelang beschäftigt hat, eine Frage, die die Nürnberger Prozesse nicht beantworten konnten. Vielleicht wäre die bessere Frage die: Welches Land sonst hätte es sein können? Die Deutschen waren lange in der Lage, zwei sich widersprechende Ideen im Kopf zu haben, ohne sich über die sich ausschließende Gegensätzlichkeit Gedanken machen zu müssen. Nur in Deutschland konnten Weimar und Buchenwald so friedlich nebeneinander existieren, jeder die Natur des anderen verleugnend. Schließlich forderte schon der christliche Mönch Luther, man solle erbarmungslos und mit aller Härte gegen jüdische Untertanen vorgehen und Feuer an die Synagogen legen. Richard Wagner, der Komponist, der die große christliche Allegorie *Parsifal* schrieb und der einen Juden als Dirigenten der Uraufführung auswählte, war gleichzeitig Autor des schändlichen antisemitischen Pamphlets *Das Judentum in der Musik*.

Es war auch Wagner, der im gleichen Pamphlet über Bach sagte: »Wie die ägyptische Sphinx mit dem menschlichen Gesichte aus dem Tierleibe erst noch herausstrebt, so strebt Bachs edler Menschenkopf aus der Perücke hervor.« Das aus der Feder eines geborenen Leipzigers, der Kontrapunkt bei einem Nachfolger Bachs an der Thomaskirche studiert hatte und der seine Oper *Tannhäuser* in der Wartburg spielen läßt, die über Bachs Heimatstadt blickt. Wie sagt doch Faust in seinem Prolog: »Habe nun, ach! Philosophie, Juristerei und Medizin, und leider auch Theologie! durchaus studiert, mit heißem Bemühn. Da steh' ich nun, ich armer Tor! Und bin so klug als wie zuvor!«

»Sey stolz auf ihn, Vaterland!« Der patriotische Ausruf von Bachs Biographen Johann Nikolaus Forkel steht auf einer Gedenktafel an der Mauer von Fürst Leopolds Schloß in Köthen. Wenn Hannah Arendts Bemerkung über die Banalität des Bösen wahr ist, dann kann man vielleicht das gleiche zur Banalität des Genies sagen. Niemand, der heute im Hof des Köthener Schlosses steht, käme auf die Idee, daß Bach möglicherweise von seiner Umgebung inspiriert worden sei. Der wilde Reformationsgeist von Lutheranismus und Kommunismus hat hier ganze Arbeit geleistet. Ähnlich ergeht es uns mit dem winzigen Sterbebett Luthers in Eisleben, das wir mit unserem überdimensionalen Gespür der historischen Statur des Mannes schwer in Einklang bringen können. Und nur in Deutschland kann in dem Raum, in dem Luther an einem Herzinfarkt starb, eine Erklärungstafel hängen, die seine Gebrechen aufzählt und beschreibt, welches Heilmittel er etwa gegen seine Nierensteine nahm – unter anderem nämlich, als äußerst wichtige Zutat, Pferdemist.

In Deutschland kreuzen sich Mythos und Realität immer wieder: Der historische Faust war ein Zeitgenosse Luthers, und Goethe läßt eine seiner Szenen im alten Leipziger »Auerbachs Keller« spielen, in dem Luthers enger Freund Melanchton behauptete, Faust sei

1525 auf einem Faß aus der Stadt geritten, begleitet vom Teufel in der Gestalt eines Hundes. Heute wird der gleiche »Auerbachs Keller« von Statuen bewacht, die Faust und Mephisto darstellen; Mephisto sieht aus, als würde er die Leipziger Studenten mit einem Zauberspruch bannen und ihnen zurufen: »Wacht endlich auf, seht der Realität ins Gesicht!« und dann, als er sie wieder erlöst, ihnen noch mit auf den Weg geben: »Und denkt dran, wie der Teufel sein Spiel mit euch treibt.«

Bach, der schließlich ein ganz vitaler Mensch gewesen ist (was nicht nur seine zwanzig Kinder beweisen), ist unvermeidlich Teil dieses Mythos geworden: In der Thomaskirche ist sein Butzenglasfenster gleich neben dem Luthers. In Ostdeutschland, wie fast überall auf der Welt, hat er seinen Landsmann Händel in den Schatten gestellt. Und zum Glück hat Bach sich als resistent gegenüber politischen Manipulationen erwiesen – anders als Luther und Wagner. Und auch der Teufel, der so viele seiner Landsleute dazu gebracht hat, dem Grunddogma der Menschlichkeit zu entsagen, konnte bei ihm nichts ausrichten.

»Ei, so habt doch endlich einmal die Courage, euch den Eindrücken hinzugeben, euch ergötzen zu lassen, euch rühren zu lassen, euch erheben zu lassen, ja, euch belehren und zu etwas Großem entflammen und ermutigen zu lassen; aber denkt nur nicht immer, es wäre alles eitel, wenn es nicht irgendein abstrakter Gedanke und Idee wäre!« sagte Goethe gegen Ende seines Lebens. Der Triumph Bachs war, daß er genau das tat. Die Tragödie ist, daß selbst jetzt noch so wenige daran glauben und darauf bestehen, die Perücke zu sehen, anstatt den Menschen zu hören.

6
Die klassische Krise – warum Sie immer dachten, klassische Musik sei nur für Sonderlinge und Insider

Bisher haben wir über das Gute und Richtige an klassischer Musik gesprochen. Sprechen wir jetzt einmal über all das, was nicht so positiv ist. Also: Halten Sie sich fest.

Machen wir uns nichts vor: Die klassische Musik – oder eher das Geschäft mit der klassischen Musik – steckt in ernsthaften Schwierigkeiten, vor allem in den Vereinigten Staaten, in zunehmendem Maß aber auch in Europa. Mit jeder Saison entfernt sie sich weiter vom Ideal der reinen Kunst und wird mehr und mehr zur Ware, die, hübsch verpackt, verkauft und vermarktet wird – als ob Beethoven Star einer Seifenoper – oder noch treffender: ein Politiker – wäre.

Programmgestaltung, einst ausschließlicher Kompetenzbereich des Musikdirektors, ist zu einer Gemeinschaftsaktivität geworden, perfektioniert in Absprache mit den Marketingchefs und manchmal mit Vertretern der PR-Abteilungen. In den Vereinigten Staaten sind wirtschaftliche Aspekte immer schon Teil des Musiklebens gewesen, aber heute ist der Kuhhandel die Norm: Natürlich bringen wir Schönbergs Chorwerk *Gurrelieder* mit tausend Mann, sagt der Marketing-Leiter zum Musikdirektor, Sie müssen nur Beethovens *Fünfte* mit aufs Programm setzen. Andererseits ... ich weiß nicht so recht. Wissen Sie was? Vergessen Sie's.

Nicht, daß der Musikdirektor an allem schuldlos wäre. Doch ist der ortsansässige Dirigent dank der Erfindung des Flugzeugs zu einem Wesen aus der Vergangenheit geworden. Heutzutage haben die prominenten Maestros routinemäßig zwei oder drei feste Stellen, die jeweils mit ungefähr einer halben Million Dollar dotiert sind, und treiben sich überall in der Weltgeschichte herum, reisen von Nordamerika nach Europa und wieder zurück auf einer nie endenden Suche nach dem günstigsten Wechselkurs. Diese modernen Fliegenden Holländer – beziehungsweise Deutschen, Italiener oder Engländer – sind im Grunde nichts weiter als fliegende Vertreter für klassische Musik. Kein Wunder, daß das Ein-großes-Orchester-klingt-wie-das-andere-Syndrom um sich greift, das die gegenwärtige Orchesterlandschaft so trist, trübselig und gesichtslos macht. Vorbei die Tage, als man den Unterschied zwischen dem Philharmonic Orchestra unter Leopold Stokowski und den New Yorker Philharmonikern unter Arturo Toscanini oder zwischen Sergej Koussevitzkys Boston Symphony Orchestra und Fritz Reiners Chicago Symphony hören konnte. Heutzutage serviert man uns nur noch klanglichen Einheitsbrei.

Denken Sie zum Beispiel an den Wirbel um Barenboim und die Pariser Oper von 1989. Es stimmt zwar, daß letzten Endes fast jeder an der Pariser Oper scheitert (ebenso an der Wiener Staatsoper), doch L'affaire Barenboim hat neue Rekorde in Sachen Habgier gesetzt. Barenboim, wie Sie sich vielleicht erinnern, wurde als Musikdirektor des neuen Opernhauses an der Bastille fristlos gefeuert, angeblich wegen seiner Programmplanung nach dem Motto »Treibt die üblichen Verdächtigen auf«.

In Wirklichkeit aber gärte es unter den Franzosen aus ganz anderen Gründen: erstens wegen der astronomischen Höhe seines Honorars (fast eine Million Dollar pro Jahr) und zweitens, weil Barenboim außerdem noch einen Vertrag unterschrieben hatte, der ihn zum Nachfolger von Sir George Solti beim Chicago Symphony Orchestra bestimmte. Der Job war, das versteht sich von selbst, nicht gerade *pro bono publico*.

Wäre Barenboim der Herbert von Karajan von vor dreißig Jahren gewesen, hätte er den Deal vielleicht durchziehen können. Riccardo Muti leitet schließlich auch das Philharmonia Orchestra und das Teatro della Scala in Mailand. Aber selbst bei wohlwollendster Begutachtung gehört Barenboim nicht einmal in die Nähe der ersten Garde moderner Dirigenten. Den Podiumsjob hat der brillante Pianist eben nur als Nebenberuf gelernt. Und nebenbei natürlich eine Menge Dollars extra kassiert. Wie sagte doch der große Musikliebhaber Gordon Gekko im *Wall Street Journal*: Gier ist gut.

Zunehmend drehen sich inzwischen auch die Solisten im Preiskarussell mit. Gagen werden, wie wir schon gesehen haben, auch hier in gigantische Höhen getrieben. Luciano Pavarotti zum Beispiel hat bei einigen Stadionkonzerten gesungen, wofür er und die Firma, die das Ereignis produziert hatte, hundert Prozent aller

Einnahmen bekamen. Doch, doch, komplett alles. Die Organisation, die das Konzert gesponsert hatte, konnte danach prestigeträchtig behaupten, Pavarotti präsentiert zu haben, und sie konnte bei dieser Gelegenheit Abonnements verkaufen – das Konzert war dafür ein guter Köder.

Das Problem ist, daß die institutionalisierte klassische Musik heute eine von ihrer Zeit und ihrem Ort so stark getrennte Kunst ist, daß sie für viele (nicht für Sie und mich) zum Kult geworden ist. Genauso wie die Katholiken glauben, die geheiligte Hostie sei der Leib Christi, so meinen die Musikgläubigen, das Standardrepertoire von Mozart bis Mahler sei auf immer und ewig der Leib der Kunst – unveränderlich, unwandelbar, eine unendliche Quelle ewiger Wahrheiten.

Ist Ihnen schon aufgefallen, daß nie von einer Wiederaufnahme des *Rigoletto* oder von einer Mozart-Retrospektive die Rede ist? In ihrer unhistorischen Willkür sind die Klassikkult-Anhänger wie die futuristische postzivilisatorische Gesellschaft in John Boormans Film *Zardoz* dargestellt, dessen Bibel, wie sich herausstellt, ein unvollständiges Exemplar des *Zauberers von Oz* ist. Oder wie Gabriel Betteredge, einer der Erzähler in Wilkie Collins Krimimeisterwerk *Der Monddiamant*, der sein Leben gemäß den Vorgaben führte, die er in Daniel Defoes *Robinson Crusoe* fand: »Sie brauchen trotzdem nicht meine Meinung zu teilen, wenn ich, als unstudierter Mann, behaupte, daß der *Robinson Crusoe* einmalig ist und auch in Zukunft nicht übertroffen werden kann. (...) Bin ich niedergeschlagen – *Robinson Crusoe*; brauche ich guten Rat – *Robinson Crusoe*; in früheren Jahren, wenn meine Frau mir zugesetzt hatte – *Robinson Crusoe*; heute, wenn ich ein bißchen zu tief ins Glas geschaut habe – *Robinson Crusoe*.«

Setzen Sie anstelle von *Robinson Crusoe* Beethovens *Fünfte*, dann haben Sie das Problem ziemlich gut auf den Punkt gebracht.

Was haben diese Leute getan und warum? Sie haben eine begrenzte Anzahl von Kompositionen zu einem klassischen Kanon erhoben, und dieser Kanon soll – davon gehen sie einfach aus – für alle Ewigkeit gelten. Sie haben diesen Musikkorpus unaufhörlicher Aufführung unterworfen und naiverweise geglaubt, daß die Werke eine so harte Dauerbelastung schadlos überstehen könnten. Doch die große Mehrheit ihrer Schöpfer hätte es nie gewagt, derart extravagante Ansprüche an den ewigen Wert ihrer Kompositionen zu stellen. Daß irgendwann die Schallplatte erfunden werden würde, konnten sie nicht vorhersehen, und kaum ein Komponist hätte erwartet, daß sein Werk öfter als ein- oder zweimal zu hören sein würde. Deshalb schrieben sie auch so viele. (Vergleichen Sie den Ausstoß, sagen wir, Schuberts, der in seinem kurzen Leben Hunderte von Stücken schrieb, mit dem eines modernen Komponisten. Riesenunterschied!) Beethoven hatte keine Ahnung, daß seine Sinfonien eines Tages Tausende zu musikwissenschaftlichen Doktorarbeiten inspirieren würde oder daß er dazu benutzt werden würde, Millionen von Abonnenten mit dem Versprechen zu ködern, hier gäbe es garantiert Kultur ohne Qual. Ein Wunder ist geschehen: Einige der komplexesten, innovativsten und gewagtesten Musikstücke des 19. Jahrhunderts sind durch die pausenlose Wiederholung fast inhaltslos geworden. Presto: Beethoven light – ta-ta-ta-taaaa!

Wie ist es dazu gekommen? Oder besser gesagt: Wie konnten wir zulassen, daß es soweit kam? Bei den anderen darstellenden Künsten – Tanz, Theater, Film – ist die Arteriosklerose bei weitem nicht so weit fortgeschritten wie bei der klassischen Musik, obwohl auch bei ihnen nicht alles zum besten steht. Der Tanz mit seinem kaum ein Jahrhundert umfassenden Repertoire hat nie eine vollkommen befriedigende Notationsform entwickelt und ist deshalb noch immer in starkem Maße von neuen Werken und neuen Schöpfern abhängig. (Da Choreographien heute häufig per Videoband konserviert werden können, ist es inzwischen allerdings möglich, die Werke der großen, nicht mehr lebenden Choreographen akkurat zu reproduzieren, selbst wenn der Meister nicht mehr anwesend ist.) Auch der Film ist noch vergleichsweise jung. Sicher, es gibt inzwischen einen Kern klassischer Werke, doch sind diese »Klassiker« erst, seit fast jeder Haushalt einen Videorecorder besitzt, einem allgemeinen Publikum zugänglich. Doch das Filmpublikum leiht sich, selbst mit Videorecorder, viel lieber die neuesten Filme aus. Der Markt verlangt eben noch immer nach Neuem.

Das Theater, dessen Geschichte und Repertoire noch viel weiter zurückreichen als bei der klassischen Musik, müßte eigentlich ein ähnliches Schicksal erlitten haben. Doch selbst hier sind neue Stücke oder neue Musicals die Norm; Wiederaufnahmen trifft man eher selten an. Die klassischen Stücke existieren hier ganz ohne Berührungsängste neben den Werken zeitgenössischer Schriftsteller, und die alten Meister versuchen nicht, ihre Kinder zu erdrücken.

Doch die Musik ist im Grunde ein geschlossener Kreis. Zwar wurden die Grenzen des Repertoires behutsam auch in die Zeit vor Bach versetzt und am anderen Ende bis hin zum frühen Strawinsky erweitert, doch der Kern ist relativ stabil geblieben. Mit einigen geringfügigen Änderungen könnte das allererste Programm, das die New Yorker Philharmoniker Mitte des 19. Jahrhunderts aufgeführt haben, nächste Woche in der Avery Fisher Hall gespielt werden, und niemand würde sich beschweren, die Auswahl der Musik sei seltsam, altmodisch oder in irgendeiner Weise ungewöhnlich. (Wissen Sie, was die Philharmoniker damals 1842 unter anderem gespielt haben? Wie haben Sie das nur erraten? Beethovens *Fünfte*.) Kein Wunder, daß Virgil Thomson in seinem ersten Artikel als Musikkritiker der New Yorker *Herald Tribune* einen Freund zitierte, der behauptete, die Philharmoniker seien nicht Teil des intellektuellen Lebens von New York. Sind sie immer noch nicht.

Legen wir also den Finger in einige Wunden, und verteilen wir Schelte:

Der Künstler als Held

Darstellende Künstler sollten der Musik dienen und nicht umgekehrt. Dennoch ist der Musikbetrieb heute zu einer Art internationalem Leichtathletikwettbewerb verkommen – Dirigenten und Solisten kämpfen bei ungefähr einer Handvoll Großveranstaltungen um Medaillen. Heutzutage kann ein Dirigent sich auf einige wenige Werke spezialisieren und damit dann Karriere machen – wie etwa Klaus Tennstedt und Carlos Kleiber –, anstatt seine musikalischen Qualitäten im ganzen Spektrum der Musikkultur zu zeigen. Unterhalb der Profi-Ebene sieht es nicht besser aus: Die großen Konservatorien sind eher bestrebt, vergangenem Glanz zu huldigen, als junge Musiker auf die moderne Welt vorzubereiten.

Das Stockholm-Syndrom:
das Publikum als freiwillig Gefangener

Das Motto heutiger Konzertabonnenten kann man am besten mit der berühmten Zeile aus *Casablanca* auf den Punkt bringen:

»Spiel's noch einmal, Sam.« Das Publikum sieht Kunst als religiöse Offenbarung, als Unterhaltung, als egal was, nur nicht als Kunst. Vielleicht sollte man Beethoven für eine Weile verbannen – fünfzig Jahre täten da schon ganz gut. Vielleicht würde dann ein zukünftiges Publikum die Ohren spitzen und zur Abwechslung endlich mal wieder richtig hinhören.

Der Kritiker als Angsthase

Die frühere wohltuende Kampfeslust (»Musik, die bis zu den Ohren stinkt«, schrieb ein bekannter Wiener Musikkritiker über Tschaikowskys *Violinkonzert*) ist inzwischen reduziert auf eine sich alles gefallen lassende Würdigung des Status quo. Vom Feind zum Freund: Die Kritiker haben ihre historische Rolle als unabhängige Wachhunde des Geschmacks verloren und sind statt dessen zu dressierten Schoßhündchen verkommen. Wuff!

Plattenaufnahmen:
Fenster in die Vergangenheit oder große Lüge?

Innerhalb der modernen Musikkritik benutzen viele Rezensenten Aufnahmen als interpretatorische Richtlinien, an denen sie zeitgenössische Künstler messen – eine in höchstem Maße schädliche Unsitte. Aber so ist es immer: Je größer die Akzeptanz einer neuen Technologie, desto stärker ihr Einfluß. Daß Platteneinspielungen häufig willkürliche und nicht gerade repräsentative Momentaufnahmen sind, bedenken wenige. Sie geben uns nur Anhaltspunkte, wie ein Künstler zu einer bestimmten Zeit mit seiner Kunst umgegangen ist, und sind eigentlich keine primären Dokumente. Ihr verderblicher Einfluß geht inzwischen so weit, daß einige Musiker ihre Partien nur noch über das Gehör lernen, statt sie sich aus der Partitur zu erarbeiten. Gibt es dann überhaupt noch einen Unterschied zwischen einer Aufführung von Mahlers *Auferstehungssinfonie* durch den Amateur Gilbert Kaplan und der Herbert von Karajans? (Tip: Allerdings, und zwar einen riesigen.) Sollten Komponisten direkt für Aufnahmen schreiben (wie Morton Subotnik das bei *Silver Apples of the Moon* getan hat), auch wenn dabei andere Interpretationsansätze völlig übergangen werden? (Alles in allem vermutlich nicht.) Und ist die Interpretation, die der Komponist aufgenommen hat, die authentischste Aufführungsart? (In den Fällen Strawinsky und Rachmaninow definitv nicht.)

Aus der Menge der genannten Übeltäter möchte ich gern zur besonderen Beschimpfung meine eigene Berufsgruppe herausgreifen. Musikkritik, zumindest so wie sie in den Vereinigten Staaten gegenwärtig praktiziert wird, ist Betrug. Im Grunde ist das gar keine Musikkritik. Es ist *Aufführungskritik.* Wenn Kritiker zu einem Klavierabend, in die Oper oder in ein Sinfoniekonzert gehen, dann schreiben die natürlich nicht über Liszt, Wagner oder Beethoven, höchstens in vagen, nur dem Insider verständlichen Andeutungen. Stillschweigend setzen Kritiker voraus, daß jede bedeutende Bemerkung zu Werken Liszts, Wagners oder anderer längst von ihren Vorgängern formuliert worden ist, und das wahrscheinlich treffender, als sie es könnten. Die Funktion des modernen Kritikers besteht in der zweiten Hälfte des 20. Jahrhunderts darin, die Aufführung zu beschreiben und zu kommentieren und dabei eine Art journalistisches Verhör durchzuführen. Ungewöhnliche und eigenwillige Interpretationen müssen verurteilt, kunstvoll versteckte technische Unzulänglichkeiten aufgestöbert und Künstler dazu ermahnt werden, um ziemlich jeden Preis an den ach so heiligen Kunststandards festzuhalten. Musikkritiker sind die Gehirnpolizei der Musik, und darauf sind sie auch noch richtig stolz. Sie haben vermutlich vergessen, daß es die emotionale Kraft der Musik war – oder zumindest hätte sein sollen –, die sie auf ihren Platz im Konzertsaal oder in der Oper gebracht hat, und nicht irgendwelche historischen Interpretationen aus einem vermeintlich Goldenen Zeitalter. Musikjournalismus heute ist im großen und ganzen nicht Musikkritik, sondern Hagiographie. Kein Wunder, daß Kritiker vor allem Post von Presseagenturen bekommen.

Mit der Zeit wurde so aber die eigentliche Lebensader der Musik – neue Werke und neue Ansätze, sie zu spielen – gekappt. Schuld daran waren vor allem die Kritiker mit ihrer infantilen Faszination von bestimmten Künstlern, die Beethoven nur so spielen durften wie auf dieser oder jener Platte, sonst gab es was auf die Finger. Meine Tochter bekam früher jedesmal, wenn ich ein Wort ihres liebsten Kinderreims nur ein kleines bißchen veränderte, einen Wutanfall. Diese blindwütige, protektionistische Orthodoxie hätte sie für einen Posten bei jeder größeren Tageszeitung der USA qualifiziert, obwohl sie damals erst zwei Jahre alt war. Die gleiche verbohrte Einstellung – gepaart mit der snobistischen Art und dem bescheuerten Insider-Gehabe – vermittelte Außenstehenden den

Eindruck, die ganze Musikszene sei eine einzige Vetternwirtschaft. Sie dachten doch sicherlich auch, klassische Musik sei cliquenhaft, abschreckend und irgendwie undurchschaubar. Wissen Sie auch, warum Sie das dachten? Die Kritiker und Musikjournalisten wollten es so.

Das hier ist kein Plädoyer für naive Ignoranz. Natürlich sollten wir unsere großen Werke verehren; natürlich sollten wir unsere großen Künstler verehren; natürlich sollten wir so gut wie möglich über die historischen Umstände Bescheid wissen, unter denen ein Werk entstand. Zwischen Meisterwerken und unbedeutenderen Werken keinen Unterschied zu machen ist nicht nur eine höchst eigensinnige, sondern geradezu tollkühne Einstellung. Genauso unverzeihlich ist es, wenn Leute nicht bereit sind, Verständnis dafür aufzubringen, wie wirklich große Künstler Werke aufführen.

Allerdings darauf zu bestehen, daß nur der Kanon es wert ist, gespielt zu werden, zeugt von Engstirnigkeit. Auf stilistische Aufführungskonformität zu bestehen, zeugt von Engstirnigkeit. Und die Interpretationen einiger weniger historischer Aufnahmen – die eindeutig willkürlich hergestellt wurden und in oft nicht sehr aussagefähigem Zustand erhalten sind – als Maßstab für die heutige Aufführungspraxis zu nehmen, ist eine besonders bösartige Form von engstirnigem zardoszianischem Fanatismus. Im Grunde sind Plattenaufnahmen der Kern des Problems. Heute ist es fast unvorstellbar, daß ein Musiker ausschließlich über die Partitur Bekanntschaft mit einer der großen Beethoven-Sonaten macht. Unvorstellbar auch, daß ein Zuhörer Beethovens *Fünfte* tatsächlich zum ersten Mal im Konzertsaal hört – diese beliebte Ausrede der Dirigenten und Konzertmanager, um alle Jahre wieder das gleiche Repertoire zu bringen.

Heute haben die jungen Musiker – und das erstmals, seit das Konzertleben im 19. Jahrhundert erkennbar Gestalt angenommen hat – bei der Auswahl des Repertoires und der Bandbreite der Interpretationsansätze so gut wie keine Einflußmöglichkeiten. Wenn ich heute eine Karriere als junger Pianist starten würde, fände ich diese Haltung so entsetzlich, daß ich ernsthaft über eine andere, aufrichtigere Arbeitsweise nachdenken würde. Doch die meisten jungen Musiker, die heute aus der Juilliard School, dem Curtis Institute und der Indiana School of Music auf die Podien drängen, akzeptieren klaglos die Vorgaben. Aufgewachsen mit den

Märchen von den verwegenen Taten ihrer Idole – welcher Musiker würde nicht gern einem der großspurigen Dirigenten zeigen, was er kann, so wie es damals Horowitz Sir Thomas Beecham bei seinem Debüt in Amerika zeigte –, wollen junge Künstler ihren Vorgängern in jeder Hinsicht nacheifern. Anscheinend haben sie nichts dagegen einzuwenden, ein vorgekautes und vorverdautes Repertoire zu erben. Die älteren Generationen spielten wenigstens Musik, zu der sie noch irgendeinen historischen Bezug hatten – Toscanini war schließlich Mitte des letzten Jahrhunderts geboren, und Brahms lebte noch, als Rubinstein geboren wurde. (Der große Arthur war 1897, als Brahms starb, zehn.) Dennoch gibt es auf höchstem künstlerischen Niveau, von Maurizio Pollini einmal abgesehen, kaum einen Pianisten von Bedeutung, der neue Musik zum integralen Teil seiner Kunst machen würde.

Ich besuchte einmal Claudio Arrau in seinem Haus in Douglaston, Queens. Mein Respekt vor Arraus Interpretationen der Werke Liszts (Arrau ist Liszts pädagogischer Enkel) und Brahms' ist groß. Doch auf seinem Klavier lag, neben der *h-Moll-Sonate* und den *Händel-Variationen*, ein Werk von Pierre Boulez (ich glaube, es war die *Zweite Sonate*). Als ich meine Verwunderung darüber ausdrückte, erzählte mir Arrau, daß er sich sehr für Boulez interessiere. Doch als ich ihn dann fragte, warum er bei seinen Klavierabenden so wenig moderne Musik spiele, erwiderte er, sein Publikum hätte dafür nichts übrig.

Gary Graffmans entzückende Memoiren *I Really Should Be Practicing* beginnen so: »Als ich das erste Mal im Hollywood Bowl spielte, war es Tschaikowsky. Als ich zwei Jahre später wieder spielte, war es der gleiche Tschaikowsky. Beim dritten Mal, wieder zwei Jahre später, sagte man mir: ›Tschaikowsky‹.«

Der Punkt ist der: Musiker aus Arraus Generation (zum Beispiel Rudolf Serkin, Vladimir Horowitz und viele andere auch) sind zu Gefangenen der Erwartungen ihres eigenen Publikums geworden; zu Gefangenen der 57. Straße, Manhattans Hauptverkehrsstraße, an der die wichtigsten Konzertmanager Amerikas ihre Büros haben. Für die jungen Musiker und Dirigenten ist die Situation sogar noch schlimmer. Der historische Imperativ, der vom Musiker verlangt, gute zeitgenössische Musik ausfindig zu machen und sie aufzuführen, sich im Grunde durch Aufführung zeitgenössischer Musik überhaupt erst einen Namen zu machen (siehe Liszt, Chopin und andere), dieser Imperativ gilt nicht mehr. Die Künstler sind zu Eunuchen geworden.

Den Vorrang der Kreativität zu leugnen heißt, das Konzertleben dazu zu verdammen, den gegenwärtigen, unbefriedigenden Status beizubehalten, es bei diesem zeremoniellen Herunterleiern einer Litanei zu belassen, die die gleiche Handvoll Priester einer kleinen Kirchengemeinde vorbetet. Natürlich können wir uns zu unserem exquisiten Geschmack gratulieren und dieser besonderen Sekte beitreten, vor allem, weil wir uns dann so schön hinter der Fassade von Kunst oder Kultur verstecken können. Aber zu welchem Preis? Wohin führt uns das?

Wir stecken in einer Sackgasse, bei der jeder in die falsche Richtung fährt. Aber keiner will der erste sein – oder fühlt sich stark genug –, umzudrehen und das offenkundige Problem anzugehen. Dirigenten beabsichtigen nicht, ihre Mehrfachjobs aufzugeben, und das sowohl aus finanziellen als auch aus emotionalen Gründen. Außerdem spukt im Kopf eines jeden Dirigenten die Gewißheit, daß er allein im Besitz des Steins der musikalischen Weisheit sei und es deshalb verdiene, die Botschaft einem größtmöglichen Publikum zu überbringen. Es ist auch nicht wahrscheinlich, daß Dirigenten in nächster Zeit ihre Programmgestaltung ändern, wie sehr sie auch gegen den Einfluß der Medienhändler protestieren mögen. Wie viele von ihnen wären denn etwa bereit, ein Konzert mit Brahms' *Dritter Sinfonie* zu beenden und auf den Riesenlärm und die Befriedigung von, sagen wir einmal, Tschaikowskys *Vierter* zu verzichten?

Die großen Künstler werden wohl kaum freiwillig auf ihre fetten Gagen verzichten und auch weiterhin eifersüchtig die für sie reservierten Sitze auf dem Gipfel ihres Berufs bewachen. Wie alternde Sportler beobachten sie den Nachwuchs ganz genau, helfen den Talentierten, blockieren die Brillanten. Aber anders als Athleten, deren Karriere im Alter von etwa vierzig Jahren, wenn nicht schon viel früher, vorbei ist, machen Musiker eigentlich ewig weiter, bis sie siebzig, achtzig oder sogar neunzig sind. Oben an der Spitze herrscht kaum Fluktuation, und der Kader ist nicht sehr groß. Wie viele bekannte Pianisten können jederzeit die amerikanischen Konzertsäle füllen? Fünf? Zehn? Nicht viel mehr. Das gleiche gilt für Geiger. Und Cellisten? Zwei oder drei. Flötisten? Einer oder zwei. Hornisten, Trompeter, Bratscher, Kontrabassisten? Höchstens einer. Das wär's dann schon. Ein Ghetto-Kid hat bessere Chancen, der neue Michael Jackson zu werden, als ein junger Pianist, der neue Vladimir Horowitz. (Falls es überhaupt je einen neuen Horowitz geben wird.)

Erwarten Sie bitte nicht, daß von den großen Musikorganisationen irgendeine positive Anregung ausgeht. Das Publikum verlangt danach, jedesmal, wenn es den Konzertsaal betritt, die gleichen Werke in der gleichen Aufführungsart zu hören. Orchestern und Opernhäusern liegt nicht daran, ihre Dauerkunden herauszufordern, weder intellektuell noch emotional. Statt dessen bieten sie den Trost des Vertrauten. Sie verkaufen keine Kunst (früher hätten sie sich noch geschämt, selbst das zu tun), sie verkaufen unter dem Deckmantel Kunst nichts anderes als Unterhaltung.

Und erwarten Sie weiß Gott nicht, daß die Kritiker Anklage erheben.

Also: Jenseits der Hoffnung? Sollte klassische Musik abgeschafft werden? (Natürlich nicht die Musik selbst, nur die landläufige Vorstellung davon, was klassische Musik ist.) Oder sollten Orchester und Opernhäuser offen zugeben, daß sie jetzt in erster Linie Museen sind, und damit jeden weiteren Anspruch fallenlassen? Sollten Opernhäuser und Sinfonieorchester versuchen, für jeden etwas zu bieten, oder sollten sie eine breitere Programmpalette erarbeiten, vor allem in Großstadtgebieten? Zwei Wege könnten aus der Programmsackgasse führen: unbekannte Werke toter Komponisten und neue Werke lebender Komponisten zu spielen. Aber wie stehen die Chancen dafür, daß einer dieser Wege eingeschlagen wird? Und wie wird das in der Zukunft sein? Wird die Spirale sich immer weiter nach unten drehen, die Musik immer tiefer in Bedeutungslosigkeit versinken? Oder leuchtet am Horizont eine heilsame Synthese aus Altem und Neuem? Die Antwort lautet, glaube ich, ja. Ja, was die heilsame Synthese, ja, was die Programmalternativen, ja, was die Spezialisierung der Ensembles angeht. Wer hätte vor zwanzig Jahren den beachtlichen Aufstieg der Minimalisten, die Akzeptanz des Kunstrocks in intellektuellen Kreisen, den Triumph der SoHo-Avantgard-Scene New Yorks (so enannt nach dem Stadtbezirk South Houston im Süden Manhattans) vorhersehen können, die alle der Musik neues Leben und Innovation gebracht haben? In vieler Hinsicht ist E-Musik heute gesünder als vor vierzig Jahren. (Siehe folgendes Zwischenspiel.)

Es gibt eine hartnäckige Künstlergruppe – Pollini, Pierre Boulez, David Burge –, die in ihrem Glauben daran, daß neue Musik so wertvoll ist wie alte, unerbittlich bleibt. Der Erfolg der Minimalisten sowohl beim Publikum als auch bei der Kritik hat gezeigt, daß eine Verbindung von klassischer Musik und avantgardistischer Rockmusik ganz spannend sein kann. Eine neue Generation von Musikkritikern, die sich für das ganze Spektrum der Musik interessiert, auch für Rock, Jazz, Dritte-Welt- und Volksmusik, kämpft gegen den Kult und seine Mythen und entdeckt die Freude an klassischer Musik neu. Die Zeit und die Geschichte sind auf unserer Seite. Aber wir müssen am Ball bleiben.

Feuern wir die Guten an. Jetzt sind Sie dran.

Zwischenspiel: Moderne amerikanische Komponisten

»Gelegentlich überkommt den zeitgenössischen Komponisten die Einsicht, daß die Schuld für die Entfremdung zwischen ihm und dem E-Musik-Publikum bei ihm selbst liegen könnte.« (Henry Pleasants, *The Agony of Modern Music*, 1955) – Gelegentlich? Soll wohl heißen, fast nie. Nach dem Zweiten Weltkrieg ergriff weltweit eine besondere Art von Arroganz die kreativen Künstler, und die Musikszene traf es vielleicht am schlimmsten. Seit Anbeginn der Zeit war es Pflicht eines jeden Künstlers, dem Publikum zu gefallen, egal ob dies ein königliches, bourgeoises oder plebejisches war. Das Konzept einer Kunst, die keinerlei Bezug zum Zuschauer sucht und nur in ihrer eigenen isolierten Welt existiert, war früheren Künstlern fremd.

Die *L'art pour l'art*-Idee der Spätromantik war ein Warnschuß, gerichtet gegen das Mittelklasse-Publikum. Als das 19. Jahrhundert dem Ende zuging, entfernten sich ruhelose Poeten, Maler und Musiker immer weiter von einem im Grunde zutiefst bourgeoisen Publikum. Sie brachen, alarmiert vom fatalen Lauf, den sie die Geschichte einschlagen sahen, ihre Verbindung zum Volk ab und suchten Schutz in einem, wie wir es heute nennen, Elfenbeinturm. »Meine Zeit wird noch kommen!« rief Gustav Mahler aus, wütend über das Unverständnis, das seinen monumentalen Sinfonien anfänglich entgegenschlug. Sein *cri de cœur* sollte zum Losungswort der folgenden Generationen werden. Mit diesem Slogan rechtfertigten sie gleichermaßen die Aktivitäten eines Genies, eines Talentierten und eines Inkompetenten.

Nachdem der Erste Weltkrieg die ehedem so hochgehaltenen kulturellen Werte Europas genauso wie die Blüte seiner Jugend und einige seiner einst unumstößlichen Grenzen zerstört hatte, spürten die kreativen Künstler, daß sie mit ihrer Staatsverdrossenheit richtig gelegen hatten. Genauso wie der Krieg eine gesellschaftliche Struktur ausmerzen konnte, die seit der Renaissance bestanden hatte, so konnte der Kubismus die konventionelle Perspektive zerstören und der Serialismus die Hegemonie eines tonalen Systems, das von Bach errichtet worden war, zerschlagen.

Wie uns schon die alten Barden sangen, hatte fast jeder große Schöpfer, der es wagte, veraltete Konventionen umzustürzen, unter der reaktionären Feindseligkeit einer Lumpenbourgeoisie zu leiden gehabt. Es stimmt zwar, daß viele wichtige Komponisten, bildende Künstler und Dramatiker ihrer Zeit voraus waren und ihr Werk anfangs bei einigen auf Verwirrung und Unverständnis stieß; aber richtig ist auch, daß sie fast alle noch zu ihren Lebzeiten richtig gewürdigt und anständig entschädigt wurden. Fast ausnahmslos hat man – wenn auch widerstrebend – selbst die kühnsten Künstler (Wagner zum Beispiel) trotz aller Schmähungen ihrer Feinde als wichtig anerkannt. Man hat sie nicht einfach ignoriert, so wie es mit ihren eventuellen Nachfolgern der zweiten Hälfte des 20. Jahrhunderts geschieht.

Während der sechziger Jahre unseres Jahrhunderts erweiterte sich plötzlich der Horizont der amerikanischen Musik, Publikum und Komponisten fanden wieder zueinander. Mehr als ein Jahrzehnt streng theoretischer und intellektueller Hegemonie des Post-Webernismus ging seinem Ende entgegen. Die neuen Parolen lauteten genauso wie in Politik, Gesellschaft und in Sachen Sex: Freiheit, Individualität und mehr Mut zum Risiko. Während sich zwei Komponistengenerationen noch in den Haaren lagen, löste sich die sture zwölftönige Autobahn in die Zukunft einer Vielzahl von Straßen auf; einige davon führten zurück zu Straßen, die man bereits bereist hatte. Der Niedergang der Darmstädter Schule war eine Befreiung, endlich hatten Komponisten wieder Raum, nicht nur für individuellere Stile, sondern auch für individuellere Ausdrucksweisen. Anfangs fielen die Reaktionen noch zögerlich und unsicher aus, innerhalb von fünfzehn Jahren aber waren tausend Blumen erblüht.

Eine jüngere Generation amerikanischer Komponisten, die selbst gerade erst einer revolutionären Zeit entwachsen war, hatte wenig Verwendung für die Regeln und Bestimmungen der Dodekaphonie – der Zwölftonmusik, die Arnold Schönberg hinterlassen, Anton Webern verfeinert und Pierre Boulez, das *enfant terrible* von Darmstadt, aufgeführt hatte. (In den fünfziger und sechziger Jahren war Darmstadt, wo seit 1946 alljährlich große Festivals moderner Musik stattfinden, das Mekka, das die Crème der Avantgarde-Künstler aus aller Welt anzog.)

Dann, am 21. und 28. November 1976 veränderte sich unwiderruflich das Konzept des Avantgarde-Künstlers im späten 20. Jahrhundert. An diesen beiden Tagen führten der Komponist Philip Glass und der Theaterkünstler Robert Wilson ihre Gemeinschaftsoper *Einstein on the Beach* am Metropolitan Opera House in New York auf, ein fast fünfstündiges Werk, das sich jeder vorherigen konventionellen Vorstellung darüber, was eine Oper – oder eher: was ein Bühnenwerk – sein sollte, widersetzte. Statt Dialoge gab es nur gesprochene Nummern eins bis acht und die italienischen Tonsilben der Tonleiter: do, re, mi, fa, sol, la, si. Statt einer Handlung gab es eine Reihe von vage etwas andeutenden, traumartigen Bildern, die in Zeitlupenbewegungen versetzt wurden. Statt Musik gab es Glass' erbarmungslose, stampfende, immer wieder elektronisch verstärkte Klänge, eine lärmende Verschmelzung von Rockrhythmen und asiatischer Melodik. Dinge, denen ein Publikum, das sich dem Mainstream verschrieben hatte, bis dato nie ausgesetzt war. Die Met war zu beiden Terminen ausverkauft, und das, obwohl dieser schwierige Theaterabend von Männern bestritten wurde, von denen nur wenige Amerikaner überhaupt je gehört hatten – und das will was heißen.

Also stieg die edel-schmuddelige SoHo-Kunstszene von New York City in die feineren Viertel auf. Fast mit einem Schlag – damals hat man das allerdings nicht sofort erkannt – war die Hegemonie der Komponisten aus dem akademischen Establishment des Nordostens zerschlagen. Jahrelang hatten sie entschieden schwerverständliche, hoch intellektualisierte serielle Musik geschrieben, die zu hören nur wenige Zuhörer gerüstet waren. Zu ihrer Verteidigung führten sie an, daß ihr Stil das zwingende Ergebnis einer Entwicklung sei, deren prägende Elemente das Ende der Romantik und die Schaffung des Zwölftonsystems durch Arnold Schönberg waren. Die Kräfte der Vernunft und der Geschichte, so sagten sie, stünden auf ihrer Seite. Daß das Publikum fast überall ihre Musik verschmähte, war ihnen egal. Waren nicht alle Pioniere einer neuen Kunst immer zu ihrer Zeit unterschätzt worden? (Ganz nebenbei: Besonders gern dozierten sie an den Fakultäten der großen Universitäten und waren dadurch vor niederem Ansinnen – etwa dem, die Gunst eines Publikums zu suchen – geschützt.) Sie glaubten, genau wie Mahler, ihre Zeit würde noch kommen. Diese Elfenbeinturm-Einstellung brachte Milton Babbitt in einem Artikel der Zeitschrift *High Fidelity*, der 1958 erschien, knallhart und arrogant auf den Punkt. »Wen kümmert es schon, ob Sie zuhören?«

Was Glass und Wilson damals gelang, war, den Kontakt zwischen Publikum und kreativem Künstler wiederherzustellen. Seit dem Ende des Zweiten Weltkrieges war allein schon der Begriff »zeitgenössische Musik« zum Synonym für Unerfreuliches geworden. Hier war nun eine Musik entstanden, die eine makellose Avantgardtheorie namens Minimalismus mit der animalischen Eindringlichkeit des Rock'n'Roll zu einem explosiven Gemisch verband – eine intellektuelle Bewegung, bei der man tanzen durfte! Auch wenn Glass und Wilson anfangs jeder 50000 Dollar pro *Einstein*-Aufführung an der Met zuschießen mußten, ihr Achtungserfolg hat sich auf lange Sicht ganz klar gelohnt.

In Werken wie *Satyagraha* (1981), einer phantasievollen Meditation über das Leben des jungen Gandhi in Südafrika, und *Akhnaten* (1984), einer Oper über den ersten monotheistischen Pharao, erwies sich Glass als der führende zeitgenössische Opernkomponist. Zu jeder neuen Premiere zog er ein großes, enthusiastisches Publikum an. Glass, schöpferisch außerordentlich produktiv, brachte bald ein Stück nach dem anderen heraus. Das Ansehen, das ihm seine früheren Opern eingebracht hatten, zahlte sich jetzt aus – heute ist Glass Amerikas führender zeitgenössischer Komponist der Musikbühne.

Allein 1988 hatte Glass drei große Uraufführungen: *The Fall of the House of Usher*, das am American Repertory Theater in Cambridge, Mass., aus der Taufe gehoben wurde; *The Making of the Representative from Planet Eight*, eine Science-fiction-Oper, die sich von Doris Lessings Roman inspirieren ließ, und *1000 Airplanes on the Roof*, ein geradezu halluzinatorisches Melodram für Schauspieler und kleines Ensemble, geschrieben von dem Dramatiker David Henry Hwang und uraufgeführt in einem Hangar des Wiener Internationalen Flughafens. Auch wenn mancher schon Sorge hat, Glass könne erfolgreicher geworden sein, als ihm guttue – und man kann nicht leugnen, daß Glass dazu tendiert, sich zu wiederholen, selbst bei einem Stil, der ja auf Wiederholung basiert –, mit jedem neuen Werk hat er sich weiter nach vorne gekämpft und einen Stil, der ihn zum aufregendsten Komponisten der achtziger Jahre gemacht hat, weiterentwickelt und vervollkommnet.

Sein Kollege und Rivale Steve Reich, der die minimalistische Kompositionstheorie in so frühen Tonbandstücken wie *The Desert Music* (1966) eigentlich ins Leben rief, ist zu einem führenden Komponisten für Orchestermusik geworden, der sowohl in den Staaten als auch in Europa Aufträge hat. Reichs *The Desert Music* wurde im Mai 1984 in Köln uraufgeführt und noch im selben Jahr an der Brooklin Academy of Music gebracht. Zwar hat Glass in den letzten Jahren Reich an öffentlicher Anerkennung weit überragt, doch Reich hat schon angekündigt, daß er sich in den nächsten Jahren verstärkt dem Musiktheater zuwenden wolle.

Beide Männer sind übrigens neben ihrer Kompositionsarbeit auch noch aktive Musiker, Leiter von Ensembles, die jeweils ihren Namen tragen. In diesem Punkt und in ihrer direkten Beziehung zum Publikum stehen sie in der Tradition der Komponisten des 19. Jahrhunderts, die fast grundsätzlich die ersten Interpreten ihrer eigenen Musik waren.

Bedeutenden Anteil am Erfolg moderner Opern hat der Regisseur Robert Wilson, eine der kreativsten Figuren des Theaters. Seine sorgfältig gearbeiteten, exquisit ausgeleuchteten Bühnenbilder, sein Freudscher, nicht-linearer Sinn in der Erzählstruktur und seine wagnerianische Zeitauffassung, die sich in Werken wie dem zwölfstündigen *The Life and Times of Joseph Stalin* zeigt, weisen ihn als eine wichtige Figur mit einem im wesentlichen nonverbalen Theaterkonzept aus. Wilsons Kunst ist immer eng mit der Musik verbunden; er nennt seine Werke »Opern« und arbeitet häufig mit führenden modernen Komponisten zusammen (Glass,

Gavin Bryars von Britain, David Byrne von den Talking Heads). Wilson hat sein Wirkungsfeld inzwischen auch auf »normale« Opern ausgeweitet und Marc-Antoine Charpentiers Oper aus dem 17. Jahrhundert *Médéa* in Lyon als Teil einer Doppelaufführung inszeniert, zu der auch eine moderne *Medea* von Wilson und Bryars gehörte. Außerdem produzierte er Wagners *Parsifal*, ein ur-wilsonsches Werk, wenn man so will.

In den letzten Jahren hat John Adams aus San Francisco gezeigt, daß auch er zu den Großen unter den Minimalisten gehört. *Nixon in China*, Adams unvergleichliche Meditation (zu Alice Good-mans wunderbar poetischem Libretto) über den Nutzen der Macht, hat bei seiner Uraufführung 1987 in Houston allerdings die Geister geschieden. Eine Oper über dieses *Bête noire* der liberalen Linken, über Tricky Dick persönlich? Mao Tse-tung als Heldentenor? Eine sympathische, warmherzige und verletzliche Pat Nixon? *Nixon* bot all das und noch mehr. Adams hatte seine Glass- und Reich-Lektionen gut gelernt, dabei aber den Minimalismus mit einer tra-ditionelleren, flexibleren Musiksprache verschmolzen, die in ih-rem Vokabular noch Platz ließ für Kurzzitate von Richard Strauss und Glenn Miller. Brillant wäre nicht das richtige Wort dafür; wie Glass' *Einstein* und *Satyagraha* ist Adams' *Nixon in China* eines dieser Werke, die einen Keim legen, der Zeit braucht, um in der modernen Operngeschichte aufzugehen. Aber Adams hat mehr zu bieten als nur *Nixon*; Orchesterwerke wie *Harmonium* und *Harmonielehre* haben ihn bereits zu einer der Hauptstimmen sei-ner Generation gemacht.

Es ist beachtlich, daß gerade die Musik eine so wesentliche Rolle in der populistischen künstlerischen Revolution der achtziger Jahre spielen sollte. Traditionell nämlich hinkte die Musik, was das Aufnehmen des vorherrschenden Zeitgeists angeht, immer hinter den anderen Künsten hinterher. Romantische Strömungen gab es beispielsweise in der Literatur (Goethe und andere) schon seit fast einem halben Jahrhundert, bevor sie auch die Musik erfaßten. Der Minimalismus kam zwar zuerst in der bildenden Kunst auf, etwa in den Werken von Jon Judd, Sol LeWitt und Richard Serra, doch hat-te die Bewegung in der Musik ihre größte Wirkung, eine, die die Idee von der Avantgarde veränderte.

Das nach dem Zweiten Weltkrieg vorherrschende Avantgarde-konzept hatte Komplexität, Unverständlichkeit und Schwierigkeit zu seinen zentralen Dogmen erklärt. Zumindest empfanden die Zuhörer das so angesichts der Werke, mit denen sie konfrontiert wurden. Das Publikum lehnte Konzept und Musik fast vollständig ab. Eine Konterrevolution war unvermeidbar, und das aus zwei Gründen.

Erstens ist es nur natürlich, wenn zwei Generationen gegenteilige Auffassungen vertreten; wenn Komplexität das Motto der Väter war, dann muß Schlichtheit das Schlüsselwort der Söhne sein. Zweitens, und dieser Punkt ist noch wichtiger, war eine lebendige Beziehung zwischen Schöpfern und Publikum künstlerisch notwendig und erwünscht.

So gewann eine frühere Generation amerikanischer Komponisten – die Generation, die mitten im Kampf zwischen den Darmstädtern und einem älteren, konservativeren kompositorischen Establishment gefangen war – an Bedeutung. Männer wie George Rochberg (geboren am 5. Juli 1918 in Paterson, New Jersey), George Crumb (geboren 1929 in Charleston, West Virginia) und auch Jacob Druckman (geboren 1928 in Philadelphia, Pennsylvania) – alles Komponisten, deren Musik nicht einfach zu kategorisieren ist – waren auf einmal die Nutznießer des Bindungsverlustes. Während der sechziger und siebziger Jahre gehörten sie zu den signifikantesten Figuren. In Werken wie dem *Dritten Streichquartett* (1973), *Echoes of Time and the River* (Pulitzer-Preis 1968) und *Windows* (Pulitzer-Preis 1972) zeigten Rochberg, Crumb und Druckman alternative Wege für den Verlauf der Musik im 20. Jahrhundert auf.

Auch wenn sie in der Wahl und Verwendung ihres musikalischen Materials wenig Ähnlichkeiten aufwiesen, hatten die drei doch mehr gemein als nur die Periode ihrer Geburt. Der hochgewachsene, sanftmütig-freundliche Rochberg ist eigentlich ein untypischer Revolutionär. Dennoch war vor allem er es, der den entscheidenden Hieb gegen die serielle Orthodoxie in den Vereinigten Staaten führte. Rochberg, Schüler Gian-Carlo Menottis am Curtis Institute, begann als moderner Komponist des musikalischen Mainstream, ließ sich dann auf den Serialismus ein. Doch mit *Contra Mortem et Tempus* (1965), geschrieben nach dem tragischen Tod seines Sohnes, machte er sich zögernd, aber unwiderruflich nicht nur die Tonalität, sondern das ganze Universum emotionaler Zustände, die meist damit verbunden sind, wieder zu eigen. Aus dieser »Collage« heraus, die vereinzelt Musik anderer Komponisten zitierte, entwickelte Rochberg schließlich einen Stil, der teilweise auf einem Gemisch verschiedener Stile beruhte; die ausdrücklichen Verweise auf Haydn, Mahler, Bartók und andere waren nicht als Parodie gemeint, sondern als eine Reihe von Wegweisern, die den Weg zurück zur (wie er meinte) verlorenen Expressivität der Vergangenheit zeigen.

Zur Zeit des zukunftsweisenden neoromantischen *Dritten Streichquartetts* von 1973 (mit einem langsamen Satz, der von Beethoven geschrieben sein könnte) hatte Rochberg entschieden mit seinen eigenen serialistischen Wurzeln gebrochen: »Mein Drittes Streichquartett steht am Ende einer fast fünfundzwanzigjährigen unablässigen Suche nach dem überzeugendsten und wirksamsten Weg, meine musikalischen Energien in klarste und direkteste Gefühls- und Denkmuster zu übersetzen. Zu Beginn dieser Suche betrat ich eine Welt der Atonalität und des Serialismus, und ich beschäftigte mich mit dem musikalischen Esperanto, das Arnold Schönberg konzipiert hatte; ich suchte darin nicht nur die Beherrschung der Syntax und die Kunstfertigkeit dieser speziellen Sprache, sondern auch ihre expressiven Möglichkeiten. In diesen frühen Jahren fühlte ich eine neue Befreiung; es schien, als hätte ich die Mittel gefunden, zu sagen, was ich sagen wollte oder mußte. Ich war überzeugt von der historischen Unvermeidbarkeit der Zwölftonsprache – ich spürte, daß ich lebte, und zwar ganz am Rand der musikalischen Grenze, der Geschichte überhaupt.«

Nach und nach wurde Rochberg vom Serialismus desillusioniert, obwohl er das herrlich dichte *Zweite Streichquartett* (1959-61) noch nach dessen Prinzipien komponierte. »Zu Beginn der Sechziger«, schrieb Rochberg, »war ich absolut unzufrieden mit den inhärenten Erzählstrukturen [des Serialismus]. Ich fand die Palette ständiger Chromatizismen zunehmend einengend und konnte den begrenzten Umfang an Gesten nicht weiter akzeptieren, die immer die Musik in irgendeine Form des Expressionismus kanalisierten. Mein Drittes Streichquartett ist das erste Hauptwerk, das aus der, wie ich es inzwischen empfinde, ›Wendezeit‹ hervorging.«

Es fällt uns heute schwer, den Mut dieser Unabhängigkeitserklärung richtig zu würdigen. Plötzlich galt Rochberg als durchaus »marktfähiger« Komponist. Sein Ruf im akademischen Umfeld allerdings, wo der Serialismus nach wie vor der bevorzugte Modus operandi war, war ruiniert. Der freundliche Pennsylvanier geriet ins Kreuzfeuer der Kritik seiner Kollegen, die seine Abtrünnigkeit mit größter Besorgnis betrachteten. Dennoch blieb er bei seinem neuen Stil, schrieb sein *Violinkonzert*, das 1974 von Isaac Stern aufgeführt wurde, die drei *Condorde Streichquartette* (Nr. 4, 5 und 6) und die Oper *The Confidence Man*. Der Mißerfolg der Oper (sie basiert auf Herman Melvilles dichtestem und höchst undurchsichtigem Roman) bei der Premiere von 1982 an der Oper von Santa Fe markierte das Ende von Rochbergs schöpferisch so fruchtbarer Periode.

Crumb, Rochbergs Kollege an der Universität von Pennsylvania, wuchs in den Appalachen auf und studierte später bei Ross Lee Finney – beide Phasen hatten starken Einfluß auf sein musikalisches Schaffen. Crumb ist ein Komponist mit ausgeprägtem Hang zum Theater; seine Vokal- und Instrumentalwerke zeigen eine dunkle, schwermütige Sensibilität. Konventionelle Instrumente setzt er auf oft unkonventionelle Art ein – man denke nur an den Angriff der Musiker auf die Innereien der Instrumente in der *Makrokosmos-Suite* (eine phantasievolle Erweiterung der Theorie über das »präparierte Klavier«) sowie an seine gesprochenen Inkarnationen (der Ruf »Christe!« im *Crucifixus*-Satz) und an die Höhenflüge vokaler Phantasievorstellungen des Mezzosoprans in *Ancient Voices of Children*. Crumbs Partituren sind wie die von John Cage auf dem Papier ein genauso großes Kunstwerk wie die Musik selbst, suggerieren sie doch rein optisch den gewollten Klang. Der Satz *Spiral Galaxy* aus *Makrokosmos*, Vol. 1, etwa dreht sich um sich selbst wie der Schwanz eines Skorpions.

Druckman, der aus dem Nordosten der Vereinigten Staaten stammt (dort auch bei Vincent Persichetti und Peter Mennin an der Juilliard School in New York City und bei Aaron Copland in Tanglewood studierte), ist noch expliziter ein Theatermann. Am Columbia-Princeton Electronic Music Center, wo er ab 1965 arbeitete, lernte er die expressiven Möglichkeiten der Technik kennen, die besonders in Verbindung mit Live-Musikern wirkungsvoll eingesetzt werden können. In Werken wie der *Animus*-Reihe, vor allem in *Animus II* für Frauenstimme, zwei Schlagzeuger und Tonband, zeigt sich Druckmans Hang zur dramatischen Geste ganz deutlich; *Animus II* ist ein Melodram, in dem ein flirtender, verführender Mezzo aggressive sexuelle Gefühle in der Schlagzeuggruppe weckt. Über *Animus II* für Klarinette und Tonband schrieb der Komponist: Das Werk »geht davon aus, daß die theatralischen und musikalischen Elemente untrennbar miteinander verbunden sind; daß die ideale Aufführung der Musik schon die Aufführung des Dramas in sich birgt«.

In den Werken beider Männer hat die Phantasie eine herausragende Bedeutung. In Druckmans preisgekröntem Orchesterstück *Windows* gibt es sorgsam bezeichnete aleatorische Passagen, in denen von den Musikern verlangt wird, beim Improvisieren aufeinander zu hören. Genauso erwartet Druckman im *Bratschenkonzert* von 1978, daß der Solist sein eigenes Temperament in das musikalische Gemisch mit einbezieht und er alle List und Tücke einsetzt, um »die ungeheuerliche Macht des vollen Orchesters«, wie Druckman es ausdrückt, auszutricksen. *Windows* setzt auch Phantasie seitens des Zuhörers voraus. Über dieses Stück sagte er Komponist: »Die Windows des Titels sind die Fenster nach innen. Sie sind Lichtpunkte, die aufscheinen, wenn die dicke orchestrale Textur sich öffnet. Sie gestatten uns flüchtig, Augenblicke außerhalb unserer Zeit zu hören – Erinnerungen, nicht an jedwede Musik, die bisher existierte, sondern Erinnerungen an Erinnerungen, Schatten von Geistern.

Die Bildersprache wirkt genauso, wie wenn einer, nachdem er eine menschenleere Fensterfront gesehen hat, wegschaut und das Nachbild eines Gesichts spürt.«

Bruchstücke konventionellerer Musik – ein halberinnerter Walzer hier, ein Choral dort – fließen durch die Partitur, scheinen auf, wenn die Fenster sich kurz öffnen. Trotz des irgendwie abweisenden Äußeren ist *Windows* eine warme, romantische Musik, eine, die dem Zuhörer die aktive Mitwirkung seines Verstandes reichlich lohnt.

Crumb nimmt uns noch tiefer mit in das dunkle Reich der Erinnerung und des Unbewußten, nähert sich dabei oft dem Zustand des Urschreis. Seine Vokalwerke aus der Periode 1963 bis 1970 basieren nicht von ungefähr auf den unvergeßlichen Dichtungen Federico García Lorcas. Crumb sieht sie als Zyklus: *Night Music I*, die vier Hefte *Madrigals*; *Songs, Drones and Refrains of Death*; *Night of the Four Moons* und *Ancient Voices of Children*. Seinem Hang zu qualvoll beschreibenden Textvertonungen wird in diesen Werken freier Lauf gelassen. Man denke nur an *Casida del Herido por el Agua* (Casida des Jungen, der vom Wasser verwundet wurde) aus den *Songs, Drones and Refrains of Death* (1968), von dem der Komponist sagt, es sei ihm von allen García-Lorca-Gedichten, die er über all die Jahre vertonte, das liebste. Bei den Worten »What a fury of Love, what a wounding edge, such nocturnal murmurs, such a white death!« bricht die Musik in einen Wutanfall aus, und der Bariton schreit vor Schmerz, fast wagnerartig, bis zur Besinnungslosigkeit.

Ähnlich reizen die ersten beiden Bände von *Makrokosmos* die Fähigkeiten des Solopianisten voll aus (sie sollten, um ihrer vollen Wirkung wegen, von einem Mann aufgeführt werden), selbst seine vokalen Kapazitäten sind gefragt. Der Spieler ist aufgerufen, zu singen und zu pfeifen, und das zusätzlich zu den geforderten schlagzeugartigen Effekten, die sich ergeben, wenn er mit den Fingerknöcheln gegen die Metallträger des Klaviers pocht. Und es gibt noch mehr schwindelerregende Spezialeffekte, etwa wenn ein Blatt Papier oder eine Metallkette auf die Saiten gelegt werden und der Pianist auf den anderen Saiten mit Fingerhüten an den Fingern spielt (zum Beispiel in dem spektakulären *Phantom-Gondolier*-Satz in *Makrokosmos, Vol. I*). Crumb setzt auch Zitate ein, zum Beispiel, wenn er in *Night Spell I* aus *Makrokosmos, Vol. I*, den Pianisten anweist, Phrasen aus der Erweckungshymne *Will There Be Any Stars in My Crown?* zu pfeifen. Und dann huscht da auch noch, unvermeidlich, die alte lateinische Sequenz *Dies irae* durch seine Musik – zum Beispiel in der *Prophecy of Nostradamus* aus *Makrokosmos, Vol. II*, oder im elektronisch verstärkten Streichquartett *Black Angels*.

Auch wenn keiner von ihnen heute in der vordersten Reihe der Avantgarde-Komponisten steht, bleiben Rochberg, Crumb und Druckman wesentliche Figuren der amerikanischen Musik. Ihre Hauptwerke sind im großen und ganzen gut angenommen worden, und Crumbs Werke für Soloklavier haben einen festen Platz im Repertoire so ambitionierter Pianisten wie David Burge und Robert Miller. Rochbergs gewagter Bruch mit der serialistischen Orthodoxie öffnete Glass und dem Minimalismus die Tür, durch die sie Jahre später triumphal einmarschieren und den Respekt vor der C-Dur-Tonart wiederherstellen konnten. Auch in Hinsicht auf Klangvorstellung und Ausweitung instrumentaler Techniken erwies sich die Musik Crumbs und Druckmans als außerordentlich einflußreich. Sie kodifizierte viele der Fortschritte der späten fünfziger und sechziger Jahre und transformierte sie aus der experimentellen Ebene in die Lingua franca der Komponisten auf der ganzen Welt. Die Musik aller drei Männer ist direkt, instinktiv kommunikativ. Man muß keine Theorien kennen, sich keiner Denkschule verschreiben, um sie genießen zu können. Bedenkt man, daß sie in einer übermäßig politischen Ära entstanden sind, ist das vielleicht ihre größte Leistung.

Was sie und auch Glass, Reich und Adams erreicht haben, war, daß sie den Sinn für Partnerschaft und gemeinsames Erleben wiederhergestellt haben – die historischen Normen für Künstler und Publikum. Die akademischen Komponisten des amerikanischen Nordostens (Donald Martino, Charles Wuorinen und andere), die während der post-Webernschen Jahre die Aura der Avantgarde für sich beanspruchten, waren, mit Ausnahme möglicherweise von Elliott Carter, in die Defensive gedrängt. Für sie hieß das: Schmoll, paß dich an oder stirb.

Wir haben vorhin mit einem Zitat aus Henry Pleasants' zukunftsweisendem Buch *The Agony of Modern Music* begonnen, einer kleinen Bombe, die mutig die Vorurteile des musikalischen Establishments der Nachkriegszeit in die Luft sprengte.

Dreißig Jahre später hat diese Agonie der Musik endlich ein Ende.

7
Wo – und wie – soll ich anfangen?

Jetzt muß ich endlich Wort halten. Ich weiß schon, Sie denken, das, was wir bisher gemacht haben, war noch ganz lustig. Aber jetzt kommt der Teil, an dem wir alles zusammensetzen und Ihre geheimsten, drängendsten Fragen beantworten. Zum Beispiel: In welche Konzerte soll ich gehen? Wie soll ich entscheiden, welche Aufnahmen ich am besten kaufe? Mit welchen Künstlern? So Zeug eben. (Einige Seiten weiter vorne habe ich mich darüber lustig gemacht, daß Sie bei Einladungen immer George Winston auf den Plattenteller legen; lesen Sie jetzt in Anhang, welche Alternativen es gäbe.)

Die sokratische Methode reicht Ihnen nicht? Sie wollen, daß ich Ihnen Vorgaben mache? Und ich dachte schon, Sie seien Plato. Na gut, aber ich habe Sie gewarnt!

Gewarnt, daß mein Geschmack nicht immer mit Ihrem übereinstimmen würde. Daß vernünftige Männer und Frauen unterschiedlich reagieren können. Daß sogar ich mich irren könnte.

Ja, irren. Einmal, vor einigen Jahren, erhielt ich einen Fanbrief. Ich war damals Kritiker in Rochester. Jeder Kritiker bekommt Briefe: In einigen wird er gelobt, in Millionen von Briefen wird er beschimpft. Was soll's? Man muß in der Lage sein, Kritik genauso einzustecken, wie man sie schließlich in diesem Gewerbe austeilt. »Lieber Mr. Walsh«, begann der Brief, und das war eindeutig der netteste Teil, »Sie sind für mich der Inbegriff des widerlichsten Wurms der Welt. Ständig verbreiten Sie Dreck und Krankheit unter Ihren Fußtritten.« Und dann wurde er richtig fies. »Selbst der Blitz würde sich weigern, in Ihr lepröses Kleinhirn zu fahren«, hieß es da. »Die Liste der Fehler, die Sie in aller Öffentlichkeit begangen haben, muß doch selbst Ihre Mutter zum Weinen bringen vor lauter Kummer, daß sie ein Wesen wie Sie geboren hat« oder so ähnlich.

Mein Herz endgültig gewonnen aber hat er mit der Schlußwendung: »Eines Tages werden Ihre Sünden Sie einholen, und das wird ein trauriger Tag für Sie sein, Mr. Walsh, aber ein glücklicher

Tag für die Dämonen, die Sie an den Dampftöpfen der Hölle mit Schreien und satanischem Entzücken willkommen heißen werden. Verflucht seien Sie!!«

(Beachten Sie bitte, wie leicht ich aus dem Gedächtnis zitiere. Die meisten Künstler behaupten, sie würden nie Kritiken lesen, aber das ist eine dreckige Lüge. Sie lesen sie nicht nur, sie lernen sie auswendig; noch Jahre, nachdem ich mit einem Künstler hart ins Gericht gegangen war, kommt er zu mir und rezitiert mir Abschnitt für Abschnitt und Zeile für Zeile einer Kritik, die er natürlich nie gesehen hat! Ist doch erstaunlich.)

Bis zu diesem Punkt war meine Bewunderung für den Schreiber des Briefes grenzenlos. Doch dann – mein anonymer Briefpartner hatte den Brief schon aus der Schreibmaschine herausgezogen, wollte aber wie viele Fans das letzte Wort haben und spannte ihn noch einmal ein (der Zeilenabstand paßte aber nicht mehr genau) – schleuderte er mir noch eine letzte Sprengladung entgegen: »Sie sind ein Blödmann!« (Sie kriegen auch noch Ihre Chance!)

Dann mal los! Wo sollen wir anfangen?

Wie wär's mit dem Thema, das ich von Anfang an zu umgehen versucht habe? Aufnahmen. Okay, Sie wollten es so.

Was Aufnahmen angeht, bin ich etwas gespalten. Einerseits haben sie unendlich viel zu unserem Wissensstand in Sachen Musikrepertoire beigetragen. Denken Sie darüber mal nach. Sie drücken nur auf einen Knopf, und schon lernen Sie Musik von Machaut bis Todd Machover kennen. Sie können Beethoven-Sinfonien oder Brahms-Streichquartette tausendmal besser studieren als je ein Zuhörer des 19. Jahrhunderts. Sie können, ohne sich auch nur aus Ihrem Wohnzimmersessel zu erheben, den größten Opernsängern der Welt befehlen, für Sie zu singen. Das ist doch nicht übel.

Andererseits haben Aufnahmen dem Verständnis für Live-Aufführungen unendlich geschadet. Da wir die Makellos-Mentalität der Plattenproduzenten und Toningenieure übernommen haben, erwarten wir jetzt von unseren Künstlern notengetreue Wiedergabe der Standardstücke. Wir achten inzwischen beim Hören, wenn auch nicht bewußt, zuallererst auf die Technik. Ein Pianist wie Arthur Schnabel, der manchmal haufenweise Noten ausließ, hätte heute große Probleme – wie übrigens auch die meisten Virtuosen des 19. Jahrhunderts.

Wie jetzt – sind Aufnahmen nun etwas Positives oder Negatives? Ein Irrtum, oder hat er uns das absichtlich angetan? Offen gestanden, ich weiß es nicht. Ich würde meine Plattensammlung nicht gegen lebenslange Freikarten für alle Orchesterkonzerte und Opernaufführungen der Welt eintauschen wollen. (Na ja, vielleicht doch. Aber wenn ich es mir recht überlege ...) Doch ich sehe die Gefahren, die sie für die Zukunft bringen, und dazu zählt auch die lähmende Wirkung, die Aufnahmen auf junge Künstler ausüben.

Aber frei nach dem Motto: Wenn du sie schon nicht schlagen kannst, dann mach eben mit – hier einige willkürlich zusammengestellte Bemerkungen zum Erwerb von Platten.

Erstens: Gehen Sie in Ihren Plattenladen und kaufen Sie sich Platten. Nicht zu viele auf einmal. Wenn Sie schon damit geliebäugelt haben, demnächst in Konzerte Ihres örtlichen Sinfonieorchesters zu gehen, kaufen Sie Aufnahmen von einem der Stücke, die Sie dort vermutlich hören werden. Studieren Sie es. Dann gehen Sie ins Konzert. Anders als bei Filmen oder den meisten Romanen wird ein Musikwerk immer schöner, je öfter man es hört – na ja, bis zu einem gewissen Punkt natürlich nur. Auch wenn man die *Eroica* schon beim ersten Hören genießen kann, das Stück wird klarer beim zweiten, zehnten oder achtzehnten Hören. Es dauert, bis das Ohr sich an manche Klänge gewöhnt hat, und deshalb sind Aufnahmen zum Eingewöhnen enorm hilfreich. Bei der Fülle an Einspielungen braucht man heute einem Standardwerk nicht mehr unvorbereitet entgegenzutreten – es sei denn natürlich, Sie möchten es gern.

Zweitens: Falls Sie nicht gerade für ein Konzert büffeln, kaufen Sie etwas, das Sie anspricht. In Kapitel 5 habe ich Ihnen eine große Auswahl an Musikstücken gegeben. Suchen Sie sich einige Werke aus dieser Liste aus und probieren Sie es erst damit. Allerdings gibt es keine Geld-zurück-Garantie; die Geschmäcker sind einfach zu verschieden. Einiges aus meiner Auswahl an moderner Musik können Sie vielleicht nicht ausstehen. Vielleicht finden Sie aber auch alles, was vor Schönberg war, unmöglich und total rückständig. Wie soll ich das wissen? Aber wie sollen Sie es wissen, wenn Sie die Musik nicht ausprobieren?

Einer der Gründe, warum ich hier keine Plattenempfehlungen gebe, ist der, daß die Industrie seit einigen Jahren zu sehr im

Wandel begriffen ist. Die LP ist schon fast museumsreif, und damit fällt ein großer Teil des Repertoires aus den Katalogen. Einiges erscheint vielleicht doch wieder auf CD, aber keiner weiß genau, was. Nur eines scheint sicher: Je unbekannter das Stück oder der Künstler, desto unwahrscheinlicher ihr Wiederaufleben auf CD.

Und das bedeutet, daß viele der interessantesten LPs unter den Tisch fallen, die routinierten Aufführungen eines Eugene Ormandy dagegen ihre nächste Inkarnation erleben werden.

Dennoch, Sie haben ein Recht auf einige Richtlinien, also dann:

Ein vollkommen willkürlicher, durch und durch subjektiver Künstlerleitfaden, in dem einige prominente Künstler – sowohl lebende wie tote – bewertet und einige gute Namen befleckt werden.

Dirigenten

Arturo Toscanini

Der Big Boss. Entweder man liebt oder man haßt ihn; seinem Ruf entkommt man jedenfalls nicht. Ich tendiere zu Zweitem, aber er hat die moderne Art des Dirigierens erfunden. Außerdem eine schillernde Persönlichkeit. *Porco miserio*!

Wilhelm Furtwängler

Das Gegenstück zu Toscanini: langsam (manchmal) statt schnell (manchmal); vergeistigt statt oberflächlich; langweilig statt durchdringend. (Alles eine Frage des Standpunktes.) Wie die meisten Klischees teilweise wahr. Ein großer Wagnerianer. Wenn Sie die reinste Achterbahnfahrt erleben wollen, dann versuchen Sie, die Aufnahme mit Schuberts *Neunter Sinfonie* zu ergattern, die während der Kriegsjahre entstand. Unglaublich!

Herbert von Karajan

Der Mann, der liebend gern gehaßt wird. Der Wirbel um Karajans Mitgliedschaft in der Nazipartei während der Hitlerzeit hatte sich schnell gelegt, was es ihm gestattete, schon bald wegen seines erheblichen musikalischen Talents gewürdigt zu werden. Karajan verstand sich vor allem auf romantische Musik des 19. Jahrhunderts: Beethoven, Brahms, Bruckner, Mahler, Wagner. Bei Mozart war er schlecht – was seltsam ist, schließlich wurde Karajan in Salzburg geboren.

Georg Solti

»Sir Georg« für Sie. Sein mit Spannung erwarteter Bayreuther *Ring* von 1983 war eine der heroischen Katastrophen der modernen Opernproduktion. Doch seine Londoner Einspielung des Zyklus aus den fünfziger und sechziger Jahren ist großartig.

Eugene Ormandy

Das musikalische Mädchen für alles. Gut im Aufbau von Orchestern. Der »Philadelphia-Klang« ist allerdings mit ihm gestorben.

George Szell

Noch ein Ungar namens Georg. Bekannt für seinen Mozart, auch wenn dieser für meinen Geschmack auf Platten dünn und fahrig klingt. Aber wer ihn live erlebt hat, schwört auf Szells Interpretationen. Vielleicht hätte man dabeisein müssen.

Leonard Bernstein

Das *enfant terrible*, ehemals der große alte Mann der amerikanischen Musik. Früher bekannt für seinen großartigen Haydn und guten (im nachhinein aber überschätzten) Mahler, in seinen letzten Jahren gefeiert für einen leicht kitschigen Brahms.

Pierre Boulez

Das einzige Genie, das ich persönlich kenne. Der Avantgarde-Komponist will inzwischen nicht mehr dirigieren, was ein großer Verlust für die Welt ist. Kommen Sie zurück aufs Podium, Pierre. Ihre Kunst braucht Sie.

James Levine

Das frühere Opernwunderkind wird von Tag zu Tag besser. Erstklassig im gesamten Opernrepertoire, wenn auch sein Geschmack bei der Auswahl der Sänger wirr und eigenwillig bleibt. Weniger genial im sinfonischen Repertoire, auch wenn sein Mahler-Sinfonien-Zyklus einige herrliche Momente hat, vor allem in der *Dritten.*

Carlos Kleiber

Sohn des heiliggesprochenen Erich. Geboren in Berlin, aufgewachsen in Argentinien. Sicher, fordert Millionen von Proben, ist stolz auf seine Absagen und scheint nur eine Handvoll Stücke zu kennen. Aber was für eine Handvoll!

Claudio Abbado

Der temperamentvolle Italiener ist sehr gut bei temperamentvoller italienischer Musik – Verdi und seinesgleichen. Aber er kennt sich auch im deutschen Repertoire aus. Manchmal etwas eigenartig, aber immer interessant.

Riccardo Muti

Noch ein Italiener, nicht so feurig wie Abbado. Eher schon unterkühlt. In Philadelphia liebt man ihn, kein Wunder.

Bernard Haitink, Edo de Waart

Zwei stinklangweilige Holländer. Seit Willem Mengelberg gab es keinen tollen holländischen Dirigenten mehr. De Waart ist wenigstens bei Rachmaninows Orchestermusik ganz gut.

Colin Davis, Andrew Davis

Zwei stinklangweilige Engländer; allgemeine Regel: alle Dirigenten namens Davis sind langweilig.

Seiji Ozawa

Empfehlenswert: das franko-russische Bonbon-Repertoire von *Capriccio Espangol* bis *Bolero.* Abzuraten: von allem anderen.

Lorin Maazel

Der kalte Fisch unter den Dirigenten. Als gäbe es nur Musik von Eskimos.

Zubin Mehta
Keiner kauft seine Platten, warum auch? Hätte in Los Angeles bleiben sollen.

Daniel Barenboim
Der geistige Sohn Wilhelm Furtwänglers, zumindest seiner Meinung nach. Als musikalischer Leiter der neuen Pariser Oper an der Bastille fristlos gefeuert, um nur einige Tage später zum Nachfolger Soltis in Chicago ernannt zu werden. Schwer zu begreifen, was all die Aufregung damals sollte. Ordentlicher Pianist.

Pianisten

Vladimir Horowitz
Der tollste Hochseilakt der Klaviergeschichte. Unschlagbar bei Liszt und Rachmaninow; ansonsten eigenartig. Aber immer faszinierend.

Arthur Rubinstein
Gestorben, aber nicht vergessen. Der vermutlich beste Allround-Pianist – und *Musiker* –, den es je gab. Mit einer Rubinstein-Aufnahme können Sie nichts falsch machen.

Claudio Arrau
Der aristokratischste unter den Pianisten. Manche finden ihn langweilig; ich finde ihn aufregend. Unerreichbar bei Beethoven und sehr klar bei Brahms und Liszt, allerdings nicht so prunkvoll wie Horowitz.

Rudolf Serkin
In seiner Jugend Maienblüte ein verdammt guter Brahms-Spieler. Auch bei Beethoven einfach toll. Vater von Peter.

Svjatoslav Richter
Weithin bewunderter russischer Pianist. Schlägt sich genial gut durch Mussorgskys *Bilder einer Ausstellung*.

Maurizio Pollini

Intellektueller Italiener mit weitreichendem Repertoire. Einer von den richtig Guten, wenn auch manchmal ein bißchen unterkühlt.

Krystian Zimerman

Der beste aus der jüngeren Generation und ein würdiger Nachfolger seines polnischen Landmanns Rubinstein. Wenn er nur mehr spielen würde! Chopin und Brahms sind sein Ding.

Emanuel Ax

Pflichtbewußt, aber ein bißchen, na ja, einschläfernd.

Alfred Brendel

Große Klasse! Gewissenhaft wie Arrau, vielseitig wie Rubinstein und ein großer Mozartinterpret. Man sollte sich Mozarts Klavierkonzerte mit Brendel kaufen.

Glenn Gould

Verstorben, großartig und mehr als nur ein bißchen verrückt. Spitze bei Bach; die *Goldberg-Variationen* müssen Sie haben.

Geiger

Jascha Heifetz

Der Beste, den es je gab – oder je geben wird. Ja, er spielte eine Menge Schrott, und, ja, als Privatmensch war er ein Fiesling. Aber der Mann konnte einfach Geige spielen!

Nathan Milstein

Horowitz' Kumpel aus der alten russischen Heimat. Spitzenklasse.

Isaac Stern

Zum Verzweifeln. Manchmal ist er der beste und manchmal der schlechteste, je nachdem, ob er geübt oder lieber die Carnegie Hall gerettet hat. Schönster Ton aller Zeiten.

Shlomo Mintz

Israeli wie Perlman. Sah aus, als würde er den Heifetz beerben, zumindest was die reine Technik angeht. Macht er vielleicht noch. Oder auch nicht.

Pinchas Zuckerman

Noch ein in Israel geborener Geiger. Der Perlman für Arme hat sich neben dem Geigenspiel auch aufs Dirigieren verlegt. Guter Geschmack bei zeitgenössischer Musik; das Berg-Konzert spielt er allerdings scheußlich.

Itzhak Perlman

Man muß nicht Jude sein, um Geige zu spielen, aber es scheint auf jeden Fall von Vorteil zu sein (siehe vorangegangene Liste). Riesentalent, hat sich in den letzten Jahren allerdings ein bißchen verzettelt. Dennoch wunderbarer Ton.

Anne-Sophie Mutter

Gutaussehend, fabelhafte Geigerin. Ein Augen- und Ohrenschmaus – dafür gibt man gern sein hartverdientes Geld aus.

Kyung-Wha Chung

Stammt aus Korea. Teilte sich 1967 den Leventritt-Preis mit Zuckerman. Großer Ton, solide Technik, feines Musikgespür. Müßte eigentlich angesehener sein, als sie ist.

Cho-Liang Lin, Mi Dori und andere

Man muß nicht Asiate sein, um Geige zu spielen, aber es ist auf jeden Fall von Vorteil.

Cellisten

Gregor Piatigorsky

Kehrte Mütterchen Rußland den Rücken wie alle anderen auch und floh in die USA. Spielte Kammermusik mit Heifetz und Rubinstein. Damals lebten wirklich Giganten auf der Erde.

Pierre Fournier

Der große französische Cellist, gestorben 1986. Seine Einspielung des Dvorak-Konzerts mit Szell und den Berliner Philharmonikern, erschienen bei der Deutschen Grammophon, muß man einfach haben.

Janos Starker

Ungar. Was für eine Technik! Ihn mit Kodálys *Sonate für Solo-Cello* zu hören ist eine der staunenswertesten Darbietungen der Musik.

Mstislav Rostropowitsch

Für einen Dirigenten ist er ein wirklich toller Cellist. Außer bei russischer Musik leider total überschätzt.

Yo Yo Ma

Hat vielleicht die beste Cellotechnik weit und breit. Geboren in Paris als Kind chinesischer Eltern, so amerikanisch wie Apple-Pie. Talent wie Heu, einnehmendes Wesen – für Yo Yo Ma ist der Himmel die Grenze. (Nicht zu verwechseln mit »Yo, Mama!«, ein Ausdruck, der in die Rap-Musik gehört.)

Opernsänger

Es gibt Hunderte wichtiger Sänger, damals wie heute, und jeder, so scheint es, hat seine Partisanen. Die folgende Liste berücksichtigt nur einige der berühmteren modernen Stimmen.

Leontyne Price

Für meinen Geschmack die ideale Lady für die großen italienischen Opern (sprich: Verdi und Puccini). Die beste Aida unserer Zeit, die beste Leonora (in Verdis *Forza*), die einzig wahre Tosca ... Na ja, Sie haben schon verstanden.

Joan Sutherland

Hatte ihre Bewunderer, zu denen ich nie gehörte. »La Stupenda« nannte man sie; sicher, sie traf die hohen Töne und hauchte ein zartes Pianissimo. Aber Oper ist mehr als das; keiner verstand je ein Wort von dem, was sie sang.

Birgit Nilsson

Die Dame sang Wagner. Und wie! Eine ganze Generation lang war sie *die* Brunhilde oder Isolde, aber auch *die* Salome oder Elektra in Richard Strauss' gleichnamigen Opern.

Kiri Te Kanawa

Tolle Stimme. Langweilige Sängerin. Wird immer schlechter, je länger sie eine Rolle singt; versuchen Sie, sie zu hören, wenn sie in einer Rolle ihr Debüt gibt.

Marilyn Horne

Die geborene Hosenrollen-Mezzosopranistin. Technik wie ein Maschinengewehr. Eine Erinnerung an die großen Tage des Belcanto, als Männer noch Männer – und Männer auch Frauen waren; heute sind es die Frauen, die die Hosen anhaben. Vor allem »Jackie«.

Luciano Pavarotti

Bekannt auch als Lucianissimo, der Große, der Fette, der König des hohen C und so weiter. Ist auch nicht mehr das, was er früher mal war, aber wer ist das schon? Besorgen Sie sich Aufnahmen aus seiner Bestzeit, den frühen und mittleren siebziger Jahren – die *Bohème* mit Karajan wäre nicht schlecht. Dann wissen Sie, was das ganze Geschrei sollte.

Placido Domingo

Sein großer Rivale. Hatte nie die Schönheit der Stimme wie Pavarotti, aber das machte er durch harte Arbeit und solide Musikalität wieder wett. Außerdem ein netter Kerl. Fängt vielleicht irgendwann mal an zu dirigieren.

Das war, wie man sieht, nur eine kleine Auswahl aus den vielen Künstlern, die Platten gemacht haben. Jetzt ist es an der Zeit, kurz und knapp zu bewerten, wer für was gut ist (Dirigenten; Instrumentalisten; Sänger):

Bach: Gustav Leonhardt; Glenn Gould.
Beethoven: Karajan; Arrau.

Brahms: Istvan Kertesz; Rubinstein, Arrau, Julius Katchen (Klavier), Szeryng, Josef Suk (Geige).

Bruckner: Karajan, Haitink, Jascha Horenstein.

Chopin: Rubinstein, Vladimir Ashkenazy.

Debussy: Boulez.

Haydn: Karajan, Bernstein, Neville Marrinier.

Liszt: Arrau, Brendel, Earl Wild, Jorge Bolet.

Mahler: Bernstein, Karajan, Levine, Walter.

Mozart: Christopher Hogwood, Trevor Pinnock, Bruno Walter, Karl Böhm, Sir Thomas Beecham; Brendel, Perahia; Pilar Lorengar, Benita Valente (Soprane), Frederica von Stade (Mezzo).

Schönberg, Berg, Webern: Boulez, Karajan; Suk (Berg-Konzert).

Schostakowitsch: Rostropowitsch, Bernstein, Maxim Schostakowitsch.

Schubert: das Beaux Arts Trio; Elly Ameling (Sopran), Dietrich Fischer-Dieskau, Hermann Prey (beide Bariton).

Strawinsky: Boulez, Bernstein.

Tschaikowsky: Bernstein.

Verdi: Abbado, Karajan, Levine; Leontyne Price, Margaret Price, Domingo, Sherrill Milnes.

Wagner: Solti, Karajan, Furtwängler, Boulez.

Einige abschließende Überlegungen zum Thema Plattenkauf:

Sie müssen nicht gleich ein Vermögen ausgeben. Jedes größere Label bietet Reihen zu einem günstigen Preis an, in denen ältere Aufnahmen neu zusammengestellt werden. Wenn Sie aufs Geld schauen müssen, können Sie auch Editionen kleinerer und billigerer Labels kaufen. Da spielen vielleicht relativ unbekannte Interpreten, aber was soll's? Schließlich geht es Ihnen ja um die Musik, nicht um die Interpretation, oder?

Haben Sie keine Angst davor, die Plattenkritik-Kolumne Ihrer örtlichen Tageszeitung zu konsultieren oder eine Plattenzeitschrift zu lesen. Als ich noch jung war, verließ ich mich, was Bildung und Meinungsbildung anging, auf *High Fidelity* und *Stereo Review*. Leider haben die Gesellschaften, denen die Zeitschriften gehören, sie inzwischen so heruntergewirtschaftet, daß sie heute nicht mehr zu empfehlen sind.

Was ist mit Fernsehen und Radio?

Fast überall gibt es heute sowohl öffentlich-rechtliche als auch private Klassikprogramme. Einige sind ziemlich gut. Und auch das Fernsehen bietet über Antenne, Kabel und Satellit viele Opern- und Konzertübertragungen. Ist zwar nicht das gleiche Erlebnis wie im Konzertsaal oder im Opernhaus, aber so oft kommt man ja nicht in die Met oder in die Mailänder Scala.

Und wie ist das mit Live-Konzerten? Wahrscheinlich schüchtern all diese befrackten Typen auf dem Podium Sie immer noch ein. Ganz zu schweigen von den befrackten Menschen im Publikum. Sie haben keinen Frack oder Smoking beziehungsweise kein Kleines Schwarzes?

Wie denn, Sie haben immer noch Angst? Nachdem wir all die Ikonen zerschlagen haben? Denken Sie daran, Konzertbesuche sollen Spaß machen. (Stretching ist eigentlich auch eine sanfte Übung, trotzdem tut's höllisch weh.)

Spaß, sagte ich. Und es macht wirklich Spaß. Man sollte nur klein anfangen. Sie müssen nicht gleich ein Jahresabo kaufen, auch wenn das von den Orchestern natürlich gern gesehen wäre.

Warum? Weil man dem Einzelkarten-Käufer nicht trauen kann, daß er auch beim nächsten Konzert wieder auftaucht. Nur bei einem hohen Abonnentenanteil weiß man schon im voraus, wie hoch das Defizit am Saisonende sein wird, und fällt dann nicht aus allen Wolken.

Dennoch hat diese Argumentation einen großen Haken: Keiner weiß, wie viele Leute – Leute wie Sie – schon entmutigt sind, in ein Konzert zu gehen, weil sie für ein bestimmtes Programm, das sie gern gehört hätten, keine Karte bekommen haben. Nichts ist vorhersehbarer als der Geschmack eines Abonnementpublikums, und das ist zum Teil der Grund für die allzu zaghafte Programmgestaltung, die die Orchester dem Musikpublikum in den letzten Jahren zugemutet haben. Woher soll ein Orchestermanagement denn wissen, daß es Neuem gegenüber aufgeschlossene, neugierige Menschen wie Sie gibt, wenn Sie sich nie Gehör verschaffen? Wenn Sie nie einen Leserbrief an den Kritiker Ihrer Lokalzeitung schreiben und ihm sagen – tut mir leid, liebe Feministinnen, aber es ist meistens ein Er –, er solle sich auf die Hinterbeine setzen und anfangen, seine Arbeit zu machen? Wenn Sie nicht Teil der Lösung sind, sind Sie Teil des Problems.

Jedenfalls bieten die meisten Orchester mehrere Konzertreihen an, auch oft kleinere Blöcke mit vier oder fünf Konzerten pro

Saison. Sie sind eine gute Möglichkeit, erst einmal ein bißchen zu schnuppern. Und falls Sie wirklich noch nie ein Schlachtroß wie Beethovens *Fünfte* gehört haben, dann sind Sie genau die Person, die Orchesterleiter und Marketingchefs ständig heraufbeschwören, wenn sie ihre Programmphilosophie mit dem schwachen Argument verteidigen: »Einen gibt's immer im Publikum, der Beethovens *Fünfte* noch nie gehört hat« – als wenn damit alles erklärt wäre. Ich habe so jemanden noch nie getroffen, aber wenn Sie der- oder diejenige sind, heben Sie bitte Ihre Hand. Ist es nicht toll, jemand Besonderes zu sein?

Also: immer mit der Ruhe. Lassen Sie sich Zeit. Nichts, was der Mühe wert ist, passiert sofort. Rom wurde nicht an einem Tag, in einer Woche oder auch innerhalb eines Jahres erbaut. Aber Rom steht noch, und das ist mehr, als man von manch modernem Häuserkomplex unserer Großstädte sagen kann. Die Sache mit dem sofortigen Genuß und den superschnellen Lösungen funktioniert einfach nicht.

Es dauert Jahre, bis man das Repertoire kennt, und auch dann gibt es immer noch ein oder zwei Stücke, die man hören sollte, ein neues Werk, das es zu entdecken gilt, eine Uraufführung, bei der man dabeisein sollte. Musikliebhaber zu werden ist eine unendliche Geschichte. Die Suche nach immer höherem persönlichem Kenntnisstand ist zeitlich völlig unbegrenzt. Wenn Sie ein Vertreter des kurzsichtigen, zielorientierten mittleren Managements sind, dann sollten Sie schnell von hier verschwinden; wenn Sie allerdings mit Robert Williams – »Unendlichkeit: was für ein Gedanke!« – einer Meinung sind, dann ist klassische Musik das Richtige für Sie.

Denken Sie an die Zukunft. Planen Sie rechtzeitig, wenn Sie am Wochenende in ein bestimmtes Konzert oder zu einer bestimmten Opernaufführung gehen wollen. Dann können Sie sich zu Hause in Ruhe mit einer Platte, der Partitur oder dem Libretto darauf vorbereiten. Statt während Ihres Frankreichurlaubs Ihre Zeit damit zu vertun, einen Tisch in einem Drei-Sterne-Restaurant zu ergattern, sollten Sie das Geld lieber sparen und eine Karte für die Pariser Oper kaufen; auch wenn die Oper in das neue Haus an der Bastille umgezogen ist, ist das Garnier-Gebäude den Eintrittspreis wert, und für einen Abend kann man auch mal ein Ballett ertragen.

Wenn Sie, was durchaus passieren kann, zu einem unverbesserlichen Wagnerianer werden sollten – geben Sie nicht mir die Schuld daran. Ich habe Sie gewarnt. Aber Vorsicht, es ist ein nervenaufreibendes Unterfangen, Karten für die Bayreuther Festspiele zu bekommen. (Tip Nr. 1: Schreiben Sie sehr frühzeitig, und beten Sie dann, daß Ihre Nummer gezogen wird. Tip Nr. 2: Nehmen Sie einen Koffer voll Geld mit.) Vielleicht geben Sie Ihre Ersparnisse aber sowieso lieber für zwei Karten bei den Salzburger Festspielen aus.

Vielleicht möchten Sie einfach zu Hause bleiben und sich in aller Ruhe ein paar CDs anhören; auch das wäre völlig in Ordnung. Wie die Geschichte immer wieder bewiesen hat, wird eine Technologie, sobald sie erfunden ist, auch eingesetzt, egal ob zum Nutzen oder Schaden der Menschheit. Wenn Sie also Ihren CD-Spieler einschalten, handeln Sie im Einklang mit dem historischen Zeitgeist.

Am Ende werden Sie ein glücklicherer Mensch sein. Und darum geht es doch. (Kommen Sie zurück, Sie Vertreter des kurzsichtigen, zielorientierten mittleren Managements. Alles längst vergeben und vergessen.) Es gibt weiß Gott eine Menge Leute auf dieser Erde, die noch nie *Figaros Hochzeit* oder *Carmen* oder den *Ring* gehört haben und sich dennoch nicht für die Schlechtesten halten. Aber die Liebe zu diesen und anderen Musikwerken erweitert den intellektuellen Horizont – denken Sie nur daran, wieviel klüger Sie sich fühlen werden, wenn Sie endlich, ohne mit der Wimper zu zucken, über Leitmotivtechnik diskutieren können. Und obendrein fördern Sie Ihr emotionales Fassungsvermögen. Sie sind auf der Suche nach einer liebevollen, partnerschaftlichen Beziehung? Hier ist sie.

Erinnern Sie sich daran, daß ich Ihnen am Anfang sagte, klassische Musik würde Sie nicht zwangsläufig zu einem besseren Menschen machen?

Das war gelogen.

Epilog

Also gut, ich habe gelogen. Bitte verzeihen Sie mir; es war nur zu Ihrem Besten. Wir sind gemeinsam einen weiten Weg gegangen, und ich hoffe, es hat Ihnen Spaß gemacht. Ich wollte Sie nur nicht gleich verschrecken; Sie sollten klassischer Musik erst eine Chance geben.

Denn das haben Sie getan! Ob Sie jetzt weitermachen oder nicht, liegt an Ihnen. Aber Sie können nicht behaupten, Sie seien dazu nicht in der Lage. Herzlichen Glückwunsch.

Wir haben eine Menge Repertoirestücke besprochen, einige Komponistenlebensläufe gestreift und kurz ein paar umstrittene Punkte aus dem heutigen Musikleben angeschnitten. Aber eines möchte ich Ihnen noch auf den Weg mitgeben – mein Leitprinzip: Im Mittelpunkt steht immer die Musik, über sie denke ich nach, sie liegt mir am Herzen, sie liebe ich, nicht die Interpreten.

Fan sein kann jeder. Achten Sie in der Oper auf diese Leute, die frech den Gang nach vorne eilen, irgend so einer welkenden Diva Blumensträuße zuwerfen, deren beste Töne schon viele, viele Jahre zurückliegen. (Wer sind bloß diese Leute?) Man sieht sie, wie sie im Konzert ostentativ aufstehen und einem verbrauchten Pianisten »Bravo!« entgegenschreien (dabei die zweite Silbe betonen), obwohl sie im Grunde dem vergangenen Glanz früherer Zeiten applaudieren, nicht der aktuellen Leistung. (Wer sind bloß diese Leute?) Man hört sie, wie sie in den Pausen heftig diskutieren, sich Schlägereien mit den Stehplatzinhabern liefern, alles nur wegen einer vermeintlichen Beleidigung irgendeiner Kultfigur. Wer sind bloß diese Leute?

Zu uns gehören sie jedenfalls nicht. Für uns ist Musik der Sport der Götter – nicht Mars, sondern Jupiter. Wenn wir uns ein Konzert oder eine Oper aussuchen, tun wir das, weil wir an dem interessiert sind, *was* gespielt wird, und nicht daran, *wer* es spielt oder singt: Die Arbeit ist es, die uns mitreißt, die unsere Phantasie anfeuert, die uns verrückt vor Verlangen macht. Wenn wir nach Bayreuth fahren, dann wegen des *Rings*, nicht wegen des Gesangs. Selbst

wenn wir nur in ein Konzert unseres nächstliegenden Sinfonieorchesters fahren, dann, um Bergs *Violinkonzert* zu hören oder
Franz Schmidts *Vierte Sinfonie*, und nicht, um Mr. Perlman zum
x-ten Mal das Tschaikowsky-Konzert spielen zu hören.

Außerdem ist klassische Musik für uns kein in sich geschlossener, auf sich selbst verweisender Hexensabbat der Eingeweihten,
sondern ein Element in dem weiteren Horizont europäischer und
amerikanischer Kultur. Musik ist nicht unser Leben. Sie ist ein Teil
– wenn auch ein sehr wichtiger Teil – unseres Lebens, aber wir
reißen sie nicht aus ihrem Zusammenhang.

Wir sind nicht damit zufrieden, dauernd zu wiederholen, daß
»Beethoven ein großer Komponist« ist, ohne zu verstehen, warum
diese Aussage stimmt – und ohne zu verstehen, warum sie ab und
zu nicht stimmt. Wir nehmen die Wirkung wahr, die Wagner auf
seine Zeitgenossen hatte – und auf uns. Und wir sind uns bewußt,
wie wichtig es für die Musik ist, daß sie in unserer Zeit ihre alte
Frische und Vitalität wiedererlangt, damit sie überlebt und noch
ein langes Leben führen kann. Wir möchten nicht auf dem Grab-
stein lesen müssen: Klassische Musik 1685 bis 1945. Wir wollen
eine Zukunft, nicht nur eine Vergangenheit.

Und die, liebe Freunde, liegt bei Ihnen.

Also: Wer hat Angst vor klassischer Musik? Niemand mehr. Sie
gehören jetzt zu uns.

Anhang

Dieses Kapitel soll eine Art Nachschlagekartei für Sie sein. Wie wir gesehen haben, werden in der klassischen Musik eine Menge Dinge einfach vorausgesetzt, ohne daß zuvor etwas erklärt oder auch nur angesprochen würde. Deshalb alles Wichtige im folgenden:

Die Namen der Komponisten

Sie wollen	weitere Namen oder Schreibweisen
J. S. Bach	(Johann) Sebastian Bach
Bela Bartók	Bartók Bela (ungarisch)
Ludwig van Beethoven	Luigi van Beethoven (italienisch)
	Louis van Beethoven (französisch)
Georg Friedrich Händel	George Frideric Handel (englisch)
Joseph Haydn	Franz Joseph Haydn
Franz Liszt	Liszt Ferenc (ungarisch)
Felix Mendelssohn	Jakob Ludwig Felix Mendelssohn Bartholdy
Giacomo Meyerbeer	Jakob Liebmann Beer (sein richtiger Name)
Jacques Offenbach	Jakob Eberst (sein richtiger Name)
Robert Schumann	Florestan, Eusebius (seine Pseudonyme)
Richard Wagner	Richard Geyer (als Kind)
Anton Webern	Anton von Webern

Einige bekannte Werke, die manchmal
unter anderen Namen laufen

Sie suchen	heißt eigentlich (oder stammt aus) sowie sonstige Bezeichnungen

BARTÓK
Herzog Blaubarts Burg — *A Kekszakallu Herceg Vara*

BEETHOVEN
Mondscheinsonate — *Sonate Nr. 14 in cis-Moll, op. 27, Nr. 2 (Sonata quasi una fantasia)*
Eroica — *Sinfonie Nr. 3 in Es-Dur, op. 55*
Die Fünfte — *Sinfonie Nr. 5 in c-Moll, op. 67*
Pastorale — *Sinfonie Nr. 6 in F-Dur, op. 68*
Chorsinfonie — *Sinfonie Nr. 9 in d-Moll, op. 125*

BERLIOZ
Symphonie fantastique — *Symphonie fantastique / Fantastische Sinfonie*

BORODIN
Strangers in Paradise — *(Prince Igor)*

CHOPIN
I'm Always Chasing Rainbows — *Fantasie-Impromptu, op. 66*

COPLAND
The Gift to be Simple — *(Appalachian Spring)*

DEBUSSY
Nachmittag eines Fauns — *Prélude à l'Après-midi d'un faune*
Das Mädchen mit dem Flachshaar — *La Fille aux Cheveux de Lin*

DUKAS
Der Zauberlehrling — *L'Aprenti Sorcier*

DVORAK
Aus der Neuen Welt — *Sinfonie Nr. 9 in e-Moll*

Sie suchen	heißt eigentlich (oder stammt aus) sowie sonstige Bezeichnungen

DE FALLA

Feuertanz	*(El Amor Brujo)*
Nächte in spanischen Gärten	*Noches en los Jardines de España*
Der Dreispitz	*El Sombrero de Tres Picos*

GLUCK

Tanz der seligen Geister	*(Orpheus et Eurydice)*

GOUNOD

Faust	*Margarete*

HAYDN

Sinfonie mit dem Paukenschlag	*Sinfonie Nr. 94 in G-Dur*
Sinfonie mit dem Paukenwirbel	*Sinfonie Nr. 103 in Es-Dur*

JANÁCEK

Jenufa	*Jijí Pastorkyna* (eigentlicher Titel)

MENDELSSOHN

Fingals Höhle	*Hebriden-Ouvertüre, op. 26*
Italienische	*Sinfonie Nr. 4 in a-Moll, op. 90*

MOZART

Jupiter-Sinfonie	*Sinfonie Nr. 41 in C-Dur, KV 551*
Figaros Hochzeit	*Le Nozze di Figaro*

RACHMANINOW

Prélude	*Prélude in cis-Moll, op. 3 Nr. 2*
Vollmond und leere Arme	*(Klavierkonzert Nr. 2 in c-Moll, op. 18)*

SAINT-SAËNS

Orgelsinfonie	*Sinfonie Nr. 3 in c-Moll, op. 78*

SCHUBERT

Forellenquintett	*Quintett in A-Dur, D 667*
Celloquintett	*Quintett in C-Dur, D 956*

Sie suchen	heißt eigentlich (oder stammt aus) sowie sonstige Bezeichnungen

SCHUMANN
Frühlingssinfonie — *Sinfonie Nr. 1 in B-Dur, op. 38*
Rheinische — *Sinfonie Nr. 3 in Es-Dur, op. 97*

SKRJABIN
Ekstatisches Gedicht — *Poème d'Extase*

STRAWINSKY
Frühlingsopfer — *Le Sacre du Printemps*
Kuß der Fee — *Le Baiser de la Fée*
Der Feuervogel — *L'Oiseaux de feu*

TSCHAIKOWSKY
Pathétique — *Sinfonie Nr. 6 in h-Moll, op. 74*

VAUGHAN WILLIAMS
Sea Symphony — *Sinfonie Nr. 1*
A London Symphony — *Sinfonie Nr. 2*
Pastoral Symphony — *Sinfonie Nr. 3*
Sinfonica Antarctica — *Sinfonie Nr. 7*

VERDI
Ein Maskenball — *Un Ballo in Maschera*
Die Macht des Schicksals — *La Forza del Destino*
Don Carlos (französisch) — *Don Carlo (italienisch)*

VIVALDI
Die vier Jahreszeiten — *Le Quattro Stagioni*

Transkriptionen und Bearbeitungen

Manchmal kommt es Komponisten in den Sinn, mit Werken – eigenen und fremden – ein bißchen herumzuexperimentieren. Sie glauben natürlich, sie würden sie verbessern. Tun sie auch manchmal.

Werk	Originalquelle
BACH *Vier Orgelkonzerte*	Vivaldis *L'Estro Armonico* und andere Quellen
BACH-BUSONI *Toccata und Fuge in d-Moll*	Bachs Original für Orgel (bearbeitet für Klavier)
MOZART *Messias*	Händels *Messias*
MUSSORGSKY-RAVEL *Bilder einer Ausstellung*	Mussorgskys Klavierfassung (für Orchester)
RAVEL *Le Tombeau de Coupérin* *Sonatine* *Pavane pour une Infante Défunte* *Valses Nobles et Sentimentales*	jeweils Ravels ursprüngliche Fassung für Klavier
SCHÖNBERG *Klavierquartett*	Brahms, *Klavierquartett in g-Moll*

Praktische Verwendung für klassische Musik

Wenden wir uns nun dem Thema »Gebrauchsmusik« zu. Keine Sorge, das ist schmerzlos. Bekannt wurde der Begriff der Gebrauchsmusik durch Paul Hindemith im 20. Jahrhundert. Hindemith, der mehrere Millionen Sonaten für diverse Instrumente schrieb, die heute allerdings kaum noch aufgeführt werden, stellte diese Stücke in die alte Tradition der »Tafelmusik« oder »Hausmusik«, Musik also, die die Leute bei sich zu Hause machen konnten. Wir allerdings meinen damit etwas ganz anderes. Für uns ist Gebrauchsmusik etwas richtig Nützliches.

Beim Brunch am Sonntagmorgen: Barock und Frühklassik. Genau das, was Gott im Sinn hatte, als er Telemann erfand. Zum Beispiel: Vivaldis *Vier Jahreszeiten*, Händels *Wassermusik* und diverse *Concerti grossi*. Bachs *Brandenburgische Konzerte*. Die ersten neunzig Sinfonien Haydns. Mozarts Frühwerke. Ein Brunch am Sonntagmorgen ist so ziemlich die einzige Zeit, zu der Sie gern ein Trompetenkonzert hören werden.

Bei Einladungen zum Abendessen: Kammermusik. Klaviertrios und Streichquartette von Mozart, Haydn und Schubert. Die Streichquartette op. 18 von Beethoven. Schuberts *Streichquin-tett*. Siehe auch: Brunch am Sonntagmorgen.

Bei Verführungen: Was, wenn, na ja, Sie wissen schon, Sie jemand Attraktiven vom anderen Geschlecht eingeladen haben und unauffällig irgend etwas Stimmungsvolles auf den Plattenteller gleiten lassen wollen? Kommt ganz darauf an, welche Art von Musik für Sie sexy ist. Allerdings können nur wenige dem folgenden Sirenengesang widerstehen: Schönbergs *Verklärte Nacht*, *Vorspiel* und *Liebestod* aus Wagners *Tristan und Isolde*, Vaughan Williams' *Tallis Fantasy*, dem dritten Akt aus *La Bohème*, den Chopin-*Nocturnes*, Elgars *Sea Pictures* und dem Quintett aus den *Meistersingern*, dem *Adagietto* aus Mahlers *Fünfter Sinfonie* und *Les Illuminations*, Brittens Liederzyklus für Frauenstimme nach Gedichten von Rimbaud. Und wissen Sie was? *Scheherazade* ist auch nicht schlecht. Sie werden mit Sicherheit bald selbst passende

Werke finden, das verspreche ich Ihnen. Schließlich macht Not zwangsläufig erfinderisch.

Beim Konditionstraining: Wagners Ouvertüren zu *Rienzi* und *Tannhäuser*. Barockmusik der »Nähnadel-Schule«: Telemann, Vivaldi und so weiter. Der erste Satz von Mozarts *Prager Sinfonie*. Anders als die Rockmusik neigt klassische Musik zu raschen Stimmungswechseln. Die allerdings verhindern, daß Sie Ihren ostinaten Volldampf-Rhythmus durchhalten – nicht gerade das, was Sie für Ihre Jazzgymnastik brauchen. Dennoch sorgt klassische Musik, bei eingeschränkter Anwendung, für einen netten Schrittwechsel.

Bei der Arbeit: Sie gehören vielleicht nicht zu den Glücklichen, die dafür auch noch bezahlt werden, daß sie bei der Arbeit Musik hören, aber eine nette Melodie läßt die Zeit schneller und angenehmer vergehen. Betrachten Sie es doch mal so: Eine Mahler-Sinfonie – und eine Stunde ist um, und allein schon der erste Akt der *Götterdämmerung* dauert fast zwei Stunden. Ehe Sie sich's versehen, ist schon Mittagspause!

Beim Autofahren: Kommt darauf an, wohin Sie fahren. Ich würde nicht versuchen, gegen den Verkehr von Manhatten mit Musik der Sorte Talking Heads oder Kinks anzukämpfen, doch für Fälle sanfteren Fahrens bietet Musik eine enorme Vielfalt. Versuchen Sie, die Musik auf die Stimmung der Landschaft abzustimmen. Wenn Sie etwa die Alpen überqueren, könnten Sie Schuberts *Große C-Dur-Sinfonie* einschieben – die Anrufung der Natur in den Eröffnungstakten wird Sie sicherlich erschauern lassen. (Auch Richard Strauss' *Alpensinfonie* paßt in dieser Hinsicht perfekt.) Zum Sonnenaufgang hallt Strauss' *Also sprach Zarathustra* im Einklang mit der kosmischen Harmonie, wie Stanley Kubrick entdeckte. Wer vorhat, Nebraska zu durchqueren, der wird mit den Bruckner-Sinfonien nette Gesellschaft haben. Für Fahrten quer durch die Vereinigten Staaten empfiehlt sich als Reisegenosse der *Ring*. (Obwohl ich zugeben muß, daß Rock'n'Roll immer noch die beste Musik beim Autofahren ist: Steppenwolfs *Born to Be Wild* beispielsweise oder Jimi Hendrix' *All Along the Watchtower*.) Auch Ihre Lieblingsoper paßt immer: Wer könnte vergessen, wie Al Pacino in *Serpico* über die Brooklyn Bridge fährt und dabei

Puccinis *Gianni Schicchi* aus voller Kehle mitsingt? Kein Gesetz verbietet Ihnen, es ihm gleichzutun.

Für unterschiedliche Launen: Egal, ob man gerade den totalen Durchhänger hat oder vor Freude Luftsprünge machen könnte, Musik kann Gefühle verstärken. Vielleicht sind wir aber durch hundert Jahre Kino so konditioniert, daß wir uns kaum noch einen Gefühlszustand ohne begleitenden Soundtrack vorstellen können. Die Sowjetunion hat jahrelang bei jeder Beerdigung eines ihrer Führer eine Orchesterbearbeitung von Chopins *Trauermarsch* aus der *Klaviersonate Nr. 2* spielen lassen. In den Vereinigten Staaten verbindet man inzwischen Barbers *Adagio für Streicher* mit nationaler Trauer, während in Deutschland »Siegfrieds Trauermarsch« aus der *Götterdämmerung* für solche Fälle sehr beliebt ist.

Bei Liebeskummer wirken Werthers Mitleid heischende Arien aus Massenets gleichnamiger Oper mildernd, wenn nicht gar tröstlich; immerhin ist da jemand, der sich noch mieser fühlt als Sie. Für Frauen ist Tatjanas Briefszene aus Tschaikowskys *Eugen Onegin* passender. Musikalischen Ausdruck größter Freude finden Sie dagegen in so schweren Geschützen wie Beethovens »Ode an die Freude« (dem Finale der *Neunten Sinfonie*), aber auch in der schlichten Walzerseligkeit von Johann Strauß' (Sohn) »Rosen aus dem Süden« und »Kaiserwalzer«. Denken Sie immer daran: Egal, was Sie gerade durchmachen, irgendein Komponist hat das vor Ihnen auch schon erlebt.

Wenn Sie Ihr Repertoire erweitern wollen

Diese Liste, die abgestimmt ist auf Werke aus Kapitel 5, soll Sie in die Welt des·Unbekannten führen. Gefällt Ihnen ein Werk aus der ersten Spalte? Dann wagen Sie sich doch mal an die Stücke aus der zweiten heran. So einfach ist das. Ehe Sie sich's versehen, stellen Sie schon selbst Listen auf.

Komponisten und Werke	Alternativen
BACH	
Die Kunst der Fuge	BACH: Brandenburgische Konzerte
	Das musikalische Opfer
BARTOK	
Blaubarts Burg	BARTOK: Der holzgeschnitzte Prinz
	Der wunderbare Mandarin
BEETHOVEN	
Eroica	MAHLER: Sinfonie Nr. 3
Violinkonzert	BEETHOVEN: Pastorale
	Klavierkonzert Nr. 4
Streichquartette (16)	BARTOK: Streichquartette (6)
	SCHOSTAKOWITSCH: Streich-quartette (9)
Klaviersonaten (32)	BRAHMS: Klaviersonaten (3)
BERLIOZ:	
Symphonie	ORFF: Carmina Burana
fantastique	SAINT–SAËNS: Danse Macabre
	LISZT: Totentanz
	RIMSKY-KORSAKOW: Scheherazade
BERG	
Violinkonzert	BERG: Lyrische Suite
Wozzeck	Lulu

BIZET
Carmen
                              BIZET: Die Perlenfischer
DELIBES: Lakme
MEYERBEER: L'Africaine
Robert le Diable

BRAHMS
Sinfonie Nr. 2
                              BRAHMS: Sinfonien Nr. 1, 3 und 4
DVORAK: Sinfonie Nr. 7
Klavierkonzert Nr. 2
                              BRAHMS: Violinkonzert
DVORAK: Cellokonzert
Klaviertrio op. 8
                              BRAHMS: Klavierquintett
Violinsonaten (3)

BRITTEN
Tod in Venedig
                              BRITTEN: Billy Budd
Peter Grimes
Les Illuminations (Liederzyklus)

BRUCKNER
Sinfonie Nr. 9
                              BRUCKNER: Sinfonien 4, 6, 7, 8

DEBUSSY
La Mer
                              DEBUSSY: Images für Orchester
Streichquartett
                              Sonate für Flöte, Viola und Harfe
RAVEL: Streichquartett

ELGAR
Sinfonien Nr. 1 und 2
                              ELGAR: Cellokonzert
Violinkonzert

HOLST
The Planets
                              JANÁCEK: Sinfonietta
BARTOK: Konzert für Orchester

IVES
Sinfonie Nr. 2
                              IVES: Sinfonie Nr. 3
MACDOWELL: Klavierkonzert Nr. 2
MOERAN: Sinfonie in g-Moll

JANÁCEK
Jenufa

JANÁCEK: Katja Kabanowa
Der Fall Makropoulos

MAHLER
Sinfonie Nr. 9

MAHLER: Das Lied von der Erde
Auferstehungssinfonie
Tschaikowsky: Pathétique

MENDELSSOHN
Italienische

MENDELSSOHN: Sinfonie Nr. 3

MESSIAEN
Turangalila-Sinfonie

GLASS: Satyagraha (Oper)
MENOTTI: Das Medium (Oper)
JARRE: Laurence von Arabien (Film)

MOZART
Sinfonien
Klavierkonzert KV 595

HAYDN: Sinfonien
MOZART: Klavierkonzert KV 466
Klavierkonzert KV 488

Figaros Hochzeit

Così fan tutte
Don Giovanni
Die Zauberflöte

MUSSORGSKY
Boris Godunow

MUSSORGSKY: Chowantschina
BORODIN: Prinz Igor

ORFF
Der Mond

ORFF: Ödipus der Tyrann
BRITTEN: Curlew River

PROKOFIEW
Violinkonzert Nr. 1

TSCHAIKOWSKY: Violinkonzert

PUCCINI
La Bohème

PUCCINI: Tosca
Madama Butterfly
Turandot
MASSENET: Werther
CHARPENTIER: Louise

SCHOSTAKOWITSCH
Sinfonie Nr. 15

SCHOSTAKOWITSCH: Sinfonie Nr. 5
Lady Macbeth von Mtzensk
Die Nase
SCHAPORIN: Die Dekabristen

SCHUBERT
Forellenquintett

SCHUBERT: Klaviertrios Nr. 1 und 2
Streichquintett
Die schöne Müllerin
Die Winterreise

SCHUMANN
Sinfonie Nr. 2

SCHUMANN: Sinfonien 1, 3, 4

SIBELIUS
Sinfonie Nr. 2

SIBELIUS: Sinfonie Nr. 4

J. STRAUSS (SOHN)
Die Fledermaus

STRAUSS: Der Zigeunerbaron
LEHAR: Die lustige Witwe

R. STRAUSS
Don Quixote

STRAUSS: Ein Heldenleben
Also sprach Zarathustra
Eine Alpensinfonie
Sinfonia domestica

STRAWINSKY
Le sacre du printemps

STRAWINSKY: Petruschka
Der Feuervogel
PROKOFIEW: Skytische Suite
KHATSCHTURIAN: Spartacus
Gayane

TSCHAIKOWSKY
Klavierkonzert Nr. 1

RACHMANINOW: Klavierkonzert Nr. 3

VAUGHAN WILLIAMS
Sinfonie Nr. 5

VAUGHAN WILLIAMS: Sinfonien
Nr. 2, 3, 8, 9
The Pilgrim's Progress (Oper)
Serenade to Music (Chorwerk)
The Lark Ascending (für Violine und
Orchester)

VERDI
Don Carlos

VERDI: Rigoletto
Otello
PFITZNER: Falstaff

WAGNER
Die Meistersinger

WAGNER: Tristan und Isolde
Der Ring des Nibelungen
LORTZING: Zar und Zimmermann

WOLF
Das italienische Lieder-
buch

WOLF: Das spanische Liederbuch
Mörikelieder

Namenregister

A

Abbado, Claudio 190
Adams, Adolphe 132
Adams, John 34, 37, 80, 177, 183
Ahrendt, Hannah 40, 158
Albinoni, Tommasio 152
Andersson, Benny 132
Arco, Karl 28
Arrau, Claudio 169, 191
Ax, Emanuel 192

B

Babbitt, Milton 175
Bach, Carl Philip Emmanuel 156
Bach, Johann Christian 154
Bach, Johann Sebastian 11, 17, 31,
 34, 36ff., 44, 54 ff., 62, 70, 85, 93,
 100, 113, 145 ff., 154 ff., 165, 173,
 192
Bach, Wilhelm Friedemann 156
Barenboim, Daniel 162, 191
Barrymore, John 12
Bartók, Bela 36, 126, 134, 144, 179
Bax, Arnold 151
Beatles, The 33 ff., 54
Beaumarchais, Pierre Augustin 117 f.
Beecham, Thomas 100, 107, 169
Beer, Jakob 87
Beethoven, Ludwig van 14 f., 17 f.,
 20 ff., 31, 36 f., 40, 42 ff., 52 f.,
 59 f., 63 f., 68, 82, 85, 93, 95 f.,
 98 f., 102, 104, 109, 111 f., 118,
 120, 138 ff., 161, 163 ff., 179, 186,
 189, 191, 198
Bellini, incenzo. 63, 130
Bensten, Alice 40
Berg, Alban 37, 54, 58 f., 78, 81,
 113 f., 116, 130, 149, 193
Berio, Luciano 17
Berlin, Irving 60, 62
Berlioz, Hector 36 f., 102
Bernstein, Leonard 84, 97, 100, 130,
 189
Betteredge, Gabriel 163

Binkley, Thomas 100
Bizet, Georges 37, 75, 127 f.
Boito, Arrigo 120
Boormans, John 163
Borodin, Alexander 17, 122, 150
Boulez, Pierre 34, 59, 116, 169, 172,
 174, 189
Brahms, Johannes 14 f., 17, 36 f., 47,
 54, 61, 65, 68 ff., 90, 93 ff., 103 f.,
 109 f., 134, 139, 141, 146, 169 f.,
 186, 189, 191 f.
Brendel, Alfred 59, 192
Brentano, Antonie 45
Brentano, Bettina 45
Brentano, Clemens 66
Brian, Havergal 151
Bridge, Frank 54
Britten, Benjamin 54, 79, 123, 130
Brontë, Emily 83
Brooks, Louise 116
Bruch, Max 68 f.
Bruckner, Anton 21, 36, 47, 64, 96 f.,
 122, 189
Brunsvik, Josephine von 45
Bryars, Garvin 177
Büchner, Georg 115
Bülow, Cosima von (auch
 Wagner, Cosima) 86, 89 ff.
Bülow, Hans von 86, 95
Burge, David 172, 182
Butterworth, George 151
Byrne, David 177
Byron, George (Lord) 67

C

Cage, John 180
Calvé, Emma 71
Carmen, Eric 17
Carter, Elliott 183
Caruso, Enrico 71
Cäsar 46
Cervantes, Miguel de 135
Char, René 59
Charpentier, Marc Antoine 177

Michael Walsh

Keine Angst vor Opern

Aus dem Amerikanischen übersetzt und bearbeitet von Corinna Steinbach. 202 Seiten. SP 2317

Manchem wird schon mulmig, wenn er das Wort »Oper« nur hört. Viele denken beklommen an Galazwang, Pomp und Prunk, an melodramatische Liebesduette und nicht endenwollende Todes-Arien – das sind die Leser, die Michael Walsh im Sinne hatte, als er seine launige, respektlose und durchaus einseitige Einführung schrieb. Er ist ein Liebhaber, dem die Zauberwelt der Oper schlechthin das Größte ist, und er will diese Liebe seinen Lesern weitergeben, Befangenheiten lösen, Hemmschwellen abbauen. Also hält Walsh die Glut seiner Opern-Leidenschaft zurück und beantwortet mit manchmal bissigem Witz auch die Fragen, die wir nie zu stellen wagten: Warum braucht Tristan so lang, bis er endlich tot ist? Was ist wichtiger: die Wörter oder die Musik? Woran kann man eigentlich einen großen Sänger erkennen?

Volker Klotz

Operette

Porträt und Handbuch einer unerhörten Kunst. Darin 106 Werke, ausführlich vorgestellt. 757 Seiten. SP 2481

Die Operette – auf den Hund gekommen? Eine miese Kunst, die Schwachsinn als Frohsinn ausgibt? Volker Klotz, passionierter Theatermensch, kenntnisreicher Literaturwissenschaftler und Musikliebhaber, hält dagegen und stellt überzeugend die Operette als eigenwertige, heiter rebellische, als vitale und vitalisierende Kunst vor.

Im ersten Teil dieses einmaligen Standardwerkes umreißt er, was dieser »unerhörten« Kunstform durchgängig eigen war: ihre aufsässig umgesungenen Geschichtsbilder, ihre Tanzdramatik, ihre klingende Exotik, ihr musizierendes Gelächter.

Der zweite Teil ist ein ebenso beeindruckender wie ungewöhnlicher Operettenführer. In ausführlichen Informationen und Interpretationen stellt Klotz alle wichtigen Einzelwerke der europäischen Operette vor.